眉山 李民植 博士의 國史硏究書

근대사의 한 장면

콜럼비아 세계박람회와 한국

이 민 식 지음

백 산 자 료 원

출품대원 정경원(후손 소장본)

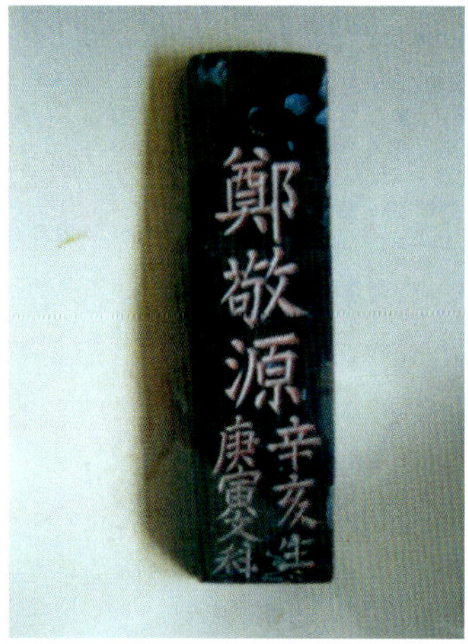

정경원 호패(후손 소장)

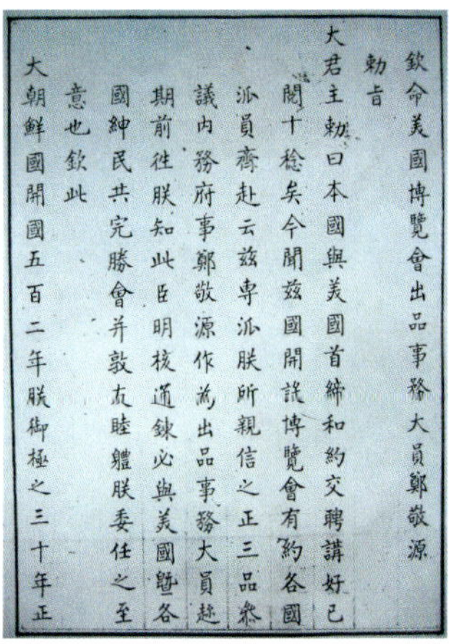

欽命美國博覽會出品事務大員鄭敬源
勅旨
大君主勅曰本國與美國首締和約交聘講好已
閱十稔矣今聞玆國開設博覽會有約各國
派員齊赴云玆專派朕所親信之正三品參
議內務府事鄭敬源作爲出品事務大員趁
期前往朕知此臣明核通鍊必與美國暨各
國紳民共究勝會幷敦友睦體朕委任之至
意也欽此
大朝鮮國開國五百二年朕御極之三十年正

정경원 칙지 1

月二十四日在漢陽京城景福宮中親筆畫
押蓋用國寶
大君主
奉

정경원 칙지 2

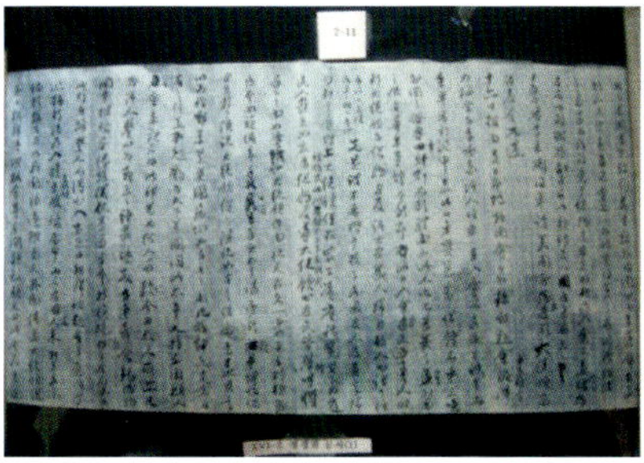

정경원문서-개회식 기사가 보임.
필자가 원보에서 인영한 것임.

주미조선공사 이승수-필자가 원본에서 인영한 것임.

이승수 묘비

이승수 묘-필자가 답사후 촬영

안기선(오른쪽 2번째)

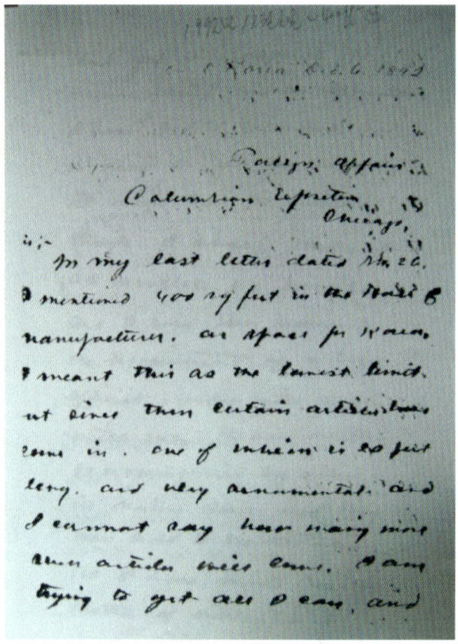

Foreign Affairs
Columbian Exposition
Chicago.

Sir:
In my last letter dated Jan 26.
I mentioned 400 sq feet in the Hall of
manufactures, as space for Korea.
I meant this as the lowest limit.
But since then certain articles have
come in, one of which is 20 feet
long, and very ornamental, and
I cannot say how many more
such articles will come. I am
trying to get all I can, and

알렌문서 - 알렌은 1892년 2월 6일 Walker Fearn에게 보낸 외교 문서에서 한국전시실의 넓이를 400ft^2 으로 만들겠다고 하였다.

한국전시실

1. Australian hut on Wooded Island.
2. An Algerian.
3. Dancer in Egyptian theater.
4. A sailor on the Viking ship.
5. Eskimos and their hut.
6. A Javanese musician.
7. South-Sea Islanders.
8. Actor in Chinese theater.

AN AUSTRALIAN HUT AND ETHNOLOGICAL TYPES.

인종전시관 한국인 전시 그림 - 중국 배우라고 잘못 설명하고 있음(하단 우측).

라라비다 수도원 복제건물

시카고 콜럼비아 세계박람회 콜럼버스의 산타마리아호 복제선

시카고 콜럼비아 세계박람회 콜럼버스의 핀타호 복제선

시카고 콜럼비아 세계박람회 콜럼버스의 니나호 복제선

페리스 휠

머리말

시카고 콜럼비아 세계박람회는 개화기에 세계를 무대로 한국인이 활동한 장면의 하나이다. 우리나라는 박람회장 제품전시관 서남쪽 B sections에 466ft^2(43.29m^2)의 한국전시관을 짓고 21명이 출품한 5종의 물품을 전시하여 국제적 행사에 처음으로 모습을 들어 냈다. 그 주역들이 출품대원 문산 정경원을 비롯하여 주미조선공사대리 이채연, 주미조선공사 이승수, 공사관원 장봉환, 공사관원 이현직, 주한미국공사관 서기관 알렌, 사무원 최문현, 통역관 안기선, 이창업 등 10명의 전통음악가, 현지 도움이 박용규와 서병규이다.

시카고 콜럼비아 세계박람회 출품이 갖고 있는 역사적 의미는 대단히 크다. 첫째로 문호개방 이후의 한국 건축이 국제세계에 소개되는 첫 계기가 되었다는 점이다. 당시 지은 한국전시관은 개방형 직사각와가로써 출품국 47개국중 샴 전시관과 더불어 가장 작은 규모였지만 한국의 건축물이 세계에 처음으로 선을 보여 주었고 와가의 지붕 위에는 태극기가 게양되어 있어 먼 이국땅에서 박람회를 관람하려고 왔던 윤치호처럼 한국인의 애국심을 불러 일으켜 주기에 충분하였다는 점이다. 둘째는 전통음악가들이 전시장에서 어전법악인 황풍악을 연주하여 한국의 전통문화가 해외에 소개되는 첫 케이스가 되었다는 점이다. 전통음악가들의 이와 같은 활동은 문화사적 측면에서도 주목하여야 할 대목이라는 점이다. 셋째는 문호개방 이후 한국 외교의 폭이 재래의 중국 일본 위주의 아시아와 미국 위주의 미주 및 영국 독일 프랑스 위주의 유럽을 넘어 멀리 아프리카 대양주에 이르기 까지 넓어졌다는 점이다. 넷째는 속방론에 시달리고 있었던 한국이 출품으로써 독립성을 회복하기에 절호의 기회가 되었다는 점이다. 이때는 청일전쟁 직전으로 중국이 약세로 돌아 섰던 동아시아의 국제정세 때문에 한국이 출품으로써 독립성을 유지하기에 가장 적절한 시기였다는 점이다.

시카고 콜럼비아 세계박람회 선행연구는 문일평이 『한미관계50년사』에서 논의한 것 이외는 없다. 선행연구는 황무지나 마찬가지이다. 그러나 이 황무지 위에 필자의 『정경원문서』를 이용한 연구로, 역사학적 입장에서 볼 때 다행한 일라고 할 수 있다. 그래서 『근대사의 한 장면-콜럼비아 세계박람회와 한국출품』이라는 제목으로 등재하게 되었다.

필자는 등재하기 위하여 다음과 같은 점에 유의하여 집필하였다. 첫째는 필자가 학계에 발표한 논문을 총집하여 새로운 체제를 구축하였다. 둘째는 정경원문서 외에도 국내외의 자료를 발굴하여 서술하였다. 국무성 기록청 문서, 시카고 역사학회 자료, 국사편찬위원회 자료, 이승수 사진자료, 최문현 묘비문, 안기선 사진자료, 후손들의 문집 및 증언을 서술에 새로 이용하였다. 셋째는 정경원의 생가 답사, 최문현 묘소답사, 이승수묘소답사 등에서 언은 정보를 충분히 반영하였다.

이 한권의 연구서가 시카고 콜럼비아 세계박람회와 한국전시관의 출품에 관한 모든 문제에 답을 줄 수 있는 만능의 열쇠는 아니다. 이 방면의 연구자나 관심자가 읽어 보고 기탄 없는 지적이나 질책을 주시어 겸허히 수용하여 이를 연구에 반영할 때에 열쇠는 풀린다고 생각한다. 강호제현의 충고를 진심으로 바란다.

2006년 4월 19일 임시거소 송파에서

차례

V. 콜럼비아 세계박람회 악공에 관한 연구

VI. 완역 정경원문서

요 약

1. 미시건 호반 세계박람회에서 전개된 개화문화의 한 장면

시카고 콜럼비아 세계박람회(Chicago Columbian World's Exposition)는 콜럼버스(Christopher Columbus)의 아메리카 발견 400주년을 기념하기 위하여 1893년 5월 1일부터 10월 30일까지 183일간 젝슨 공원(Jackson Park), 워싱턴 공원(Washington Park), 미드웨이 프레이잔스(Midway Plaisance)에서 열린 국제 행사이다. 회장은 팔머(Thomas W. Palmer), 시카고 콜럼비아 세계박람회 회사〔World's Columbian Commission(Corporation)〕 회장은 히긴보담(Harlow N. Higinbotham), 총무는 데이비스(George R. Davis)로, 27,529명이 관람하였다. 회장 설계는 오름스테드(Frederick Law Olmstead, Sr.) 번햄(D. H. Burnham), 코드맨(Henry S. Codman)이 하였고, 건축설계는 서리반(Louis Sullivan)이 하였다. 1876년 필라델피아 세계박람회(1876 : Philadelphia Centennial Exhibition of Arts, Manufactures and Products of the Soil and Mines)때 처음 구상하여 47개국이 출품하여 1851년 제1회 런던 세계박람회(The Great Exhibition of the Works of Industry of All Nations) 이후 가장 큰 행사를 치른 박람회였다.

박람회장의 위치는 67가와 S Stony Island Ave와의 교차지점에서 S Stony Island Ave와 56가 교차지점까지의 S Stony Island Ave 이동이었고 미드웨이 프레이잔스는 S Stony Island Ave와 Cottage Glove Ave 간의 59가와 60가 사이었다. 건물은 총무원(Administration Building)을 비롯하여 농산물전시관(A-Agricultural Building), 원예전시관(B-Holticultural Building), 가축전시관(C-Live Stock Pavilion), 어류전시관(D-Fisheries Building), 광물전시관(E-Mining Building), 기계류전시관(Fltlsua-Machinery

Hall), 수송물전시관(G-Transportation Building), 제품 및 교양전시관(H · L-Manufactures and Liberal Arts Building), 전기전시관(J-Electricity Building), 예술전시관(K-Art Building), 인종전시관(M-Anthropological Building), 목제전시관(N-Forestry Building), 여성부전시관(Woman's Building)이었다. 이중에 우리나라 전시관이 있었던 제품전시관은 관장이 에리슨(James Allison), 설계자는 포스트(George B. Post)였다. 도리아식으로 지은 건물로써 주문은 서문이며 제2문은 북문으로 건물 가격이 1,812,691$였다. 전시실은 ABCDEFGH IKLMNOPQ의 16개 sections로 구분되어 있었다.

현재 남아 있는 유물은 150종이나 되며 유적은 과학 산업 박물관(Museum of Science and Industry), 오사카 가든(Osaka Garden), 공화국 복제상(Statue of the Republic)이 있다.

2. 콜럼비아 세계박람회 조선 전시실에 관한 연구

조선 전시관에는 출품대원 정경원, 사무원 최문현, 통역관 안기선, 이외 도움이 박용규 서병규가 일을 하였고, 세계종교회의 참석차 조선 전시실을 찾은 좌옹 윤치호는 전시물을 관람하고 악평하였다. 악평을 한 가장 중요한 원인은 정경원과 개인적인 사이가 좋지 못하였기 때문이었다.

조선 전시실에 대한 규모문제는 정경원의 1893년 12월 18일자 건청궁에서 행한 보고에 근거를 둔 6~7간설, 주조선 미국공사관 서기관 알렌(Horace N. Allen)이 1892년 콜럼비아 세계박람회 외국담당 책임자 펀(Walker Fearn)에게 보낸 문서에 근거를 둔 400ft^{2}설, 존슨(Rossiter Johnson)의 466ft^{2}설이 있다. 전시실을 건축한 기간은 1892~93년간이었다. 건축의 공로자는 알렌과 주미조선공사관 대리공사 이채연이었다. $500.00 들여 지어진 전시실에 5종의 물품을 전시하였다. 한국전시관은 박람회에 출품한 47개국중 가장 규모가 작은 전시관으로 오늘날의 위치는 사우드 러군 연안(South Lagoon) 헤이스로(Hayes Dr) 북안인 이스트 러군(East Lagoon) 남해안 동편에 있었다.

벤크로프트(Herbert Howe Bancroft)는 조선의 전시품은 장남감 같다고 악평하였으나 관람인이 너무 많아 일일이 설명을 할 수가 없어서 물건에 설명서를 부쳐 대응할 정도라고 하였다.

콜럼비아 세계박람회가 끝난 다음해 불이 나서 제품전시관이 파괴될 적에 조선 전시실도 같이 소실되고 말았다. 그러나 남아 이었던 물건들은 시카고 과학산업박물관을 거쳐 필드 박물관(Field Museum)에 보관되어 있다.

3. 정경원의 시카고 정착과 월드 이벤트에 관한 연구

1851년 세계 최초의 세계박람회인 런던 세계박람회가 시작된 후 42년만인 1893년 콜럼비아 세계박람회에 조선은 처음 출품하였다. 출품하게 된 동기는 미국의 초빙과 알렌의 권고가 주효하여 출품하였으나 실은 조미조약 이후 이홍장(李鴻章)의 속방론에서 벗어나려는 고종의 의지 때문이었다. 그래서 정경원을 출품대원으로 삼아 수원(隨員) 안기선과 최문현 그리고 전통음악인 10명 도합 13명을 세계박람회가 열린 시카고에 파견하였다. 일행들은 샌프란시스코에서 펠리스 호텔(Palace Hotel)에 투숙한 뒤 대륙횡단철도를 타고 옥덴 오마하를 거쳐 1883년 4월 28일 시카고 유니온역(Union Passenger Station)에 내렸던 것이다. 그래서 유니온역은 개화기 한국인과 한국문화의 출입구가 되었다.

정경원은 시카고에 도착한 당일 팔머 하우스(Palmer House)에서 일박하였으나 숙박비가 비싸 다음날인 29일 42가 275호 빌딩으로 옮겼다. 이곳도 숙박비가 비싸 악공들이 귀국한 5월 3일 번지 미상의 집으로 옮기고 양녀를 가사도우미로 고용하여 자취생활을 하였다.

정경원은 세계박람회 기간 월드 이벤트를 주관하거나 참가하여 세계 외교무대에서 한국의 위명을 날렸다.

9월 5일 월드 이벤트는 한국전시관이 주관이 되어 당시 시카고 제1 등급의 오디토리움 호텔(Auditorium Hotel)에서 연회를 베풀었다. 음식은 뷔페식이었는데 한국이 다른 나라의 이벤트에서는 볼 수 없는 것들이었다. 정경원과 이승수의 공동명의로 각국 대표에게 청첩장을 보내고, 온 손님들에게 태극기가 그려진 기념물을 선물하였다. 각국에서 100여명이 참가하였다. 10월 11일 연회는 미국이 세계각국 대원들을 위하여 베푼 연회였는데 정경원은 이 연회에 참석하였다. 이 연회에는 태극기를 게양하였을 뿐만 아니라 환영악세사리에도 각국기와 더불어 태극기를 게양하였다. 이 연회에서 특히 호기심을 자아내게 한 것은 한국인의 갓이었다.

9월 5일 연회와 10월 11일 연회는 한국의 활동무대를 세계로 넓힐 수 있는 계기가 되었다.

4. 콜럼비아 세계박람회 수원 최문현 안기선 박용규 서병규 연구

사무원 최문현은 최온을 시조로 하는 해주 최씨로 성균관 진사 최재원의 둘째 아들로 1856년 개성에서 출생하였다. 최문현은 경기도 안산시 고잔리로 와서 살면서 활동한 개화기 인물이다. 그의 호는 정제이다. 그는 제중원 주사로 근무중 시카고 콜럼비아 세계박람회 사무원으로 임명 받아 시카고에 갔다. 그는 1893년 4월 28일 박람단 동료들과 같이 시카고내 팔머 하우스에서 일박한 다음 42가 275번지로 거처를 옮겨 5월 1일 개막식에 참석하였다. 개막식이 끝난 뒤 주조선

미국공사관 서기관 알렌의 안내로 제품관내 미국전시관 앞 콜럼비아 애비뉴(Columbia Avenue)에 가서 클리블랜드 대통령(Stephen Grover Cleveland) 을 맞이하였다. 최문현은 국악사들이 연주한 황풍악을 들은 뒤 한국관으로 가서 사무원으로 근무하기 시작하였다. 그는 한국전시관 관람자가 너무 많아 일일이 대응하기 힘든 것을 보고 종이에 물품명과 용도를 써서 물품에 붙혀 놓았다. 최문현은 관장 정경원의 워싱턴 사행 때 불음을 받아 워싱턴에 가서 Penna여관에 투숙하면서 워싱턴을 관람하고 1893년 6월 5일 기념사진을 촬영하였다. 그는 워싱턴에 돌아와 계속 근무하다가 박람회가 끝나자 12월 18일 귀국하였다. 귀국한 뒤 최문현은 통신원 참서관을 비롯하여 여러 관직을 거쳤다. 그는 슬하에 양자 최승만, 최승억, 최승희, 최승조를 두었는데 최승만의 아내 박충애는 문학가였던 최승구(최소월)의 애인으로 신식여성이며 서양미술가로 이름이 높았던 라혜석의 수원 삼일학교 동창이었다.

안기선은 경기도 안성에서 아버지 안형수, 어머니 전주 이씨 사이에 3남매 외아들로 1865년 출생하였다. 자는 딕경이며, 호는 딕제이다. 그는 외아문에서 근무하다가 통역관으로 임명 받았다. 안기선은 시카고에 도착하여 거처를 정하고 외출을 하자 빌딩에서는 미국소녀들이 '헬로' 라고 웨치고, 길거리에서는 미국소녀들이 사진을 찍자고 하자 새로운 세계의 환희를 만끽하였다. 그는 한국전시관에서 홍삼을 팔기도 하였으며, 신미양요시 출전용사를 만나기도 하였다. 안기선은 최문현과 같이 정경원의 불음으로 워싱턴으로 갔다. 6월 5일 정경원 최문현 서병규와 같이 기념사진을 촬영하였다. 박용규가 사진 촬영에서 빠졌는데, 이는 박용규가 한국전시관을 지켜야 하였기 때문에 정경원 워싱턴 사행에 수행하지 못하여서이다. 이 사진은 조선공사관 벽에 걸어 두었는데 윤치호가 이 사진을 보고 인물들이 모두 메스꺼운 사람들이라고 악평하였다. 기념사진들은 일제강점기 조선사편수회에서 구입하여 현재 국사편찬위원회에 보관중인데, 필자가 2005년 6월 24일 처음으로 발굴하였다. 안기선은 박람회일을 끝내고 귀국하여 진산 군수 등 여러 관직을 거치다가 1919년 은퇴하고 안동교회를 다녔다. 1936년 2월『신동아』에서 안기선과 박람회 관련 인터뷰 기사를 실었는데, 이것은 박람회 연구의 귀중한 자료이다. 그의 슬하에는 음악가 안보승, 문학가 안필승(안막), 무용가 안제승을 두었는데 안필승의 부인이 무용가 최승희였으며 안제승의 부인이 무용가 김백봉으로 문예로써 일가를 이루었다.

박용규는 부산인으로 1883년부터 영어공부를 하였다. 그는 샌프란시스코를 거쳐 워싱턴에서 공부하였다. 박람회 소식을 듣고 박용규는 서병규와 같이 정경원과 인터뷰하여 도움이 취업을 하였다. 그는 춤을 잘 추어 정경원과 같이 세인트 루이스(St. Louis) 관광 때 한 호텔에서 박용규는 춤을 너무 잘 추어 정경원의 부러움을 사기도 하였다. 박람회가 끝난 후 박용규는 미국에 남아 이현직 대리공사의 뒤를 이어 서광범 공사 부임 때까지 대리공사로 근무하였다. 대리공사 근무중 을미사변의 소식을 듣고 미국정부에 알려 주고 미국의 관심을 갖도록 하였다. 귀국후 그는 독립협회 회원으로 활동하였으며 지도 군수 등 관직을 거쳤다. 그는『매일신문』에 입사하여 베델(Ernest Thomas Bethell) 사장의 통역을 맡기도 하였으며 영문신문을 번역하여 배일사상을 고취하였다.

서병규는 대구 서씨로써 1871년생이다. 그는 샌프란시스코에 와서 공부하다가 워싱턴으로 가서 공부하다가 박용규와 같이 박람회장에 가서 도움이가 되었다. 그는 악공들의 연주곡이 어전법악(황풍악)이라는 것을 밝혔으며, 영어를 잘 하여 정경원 워싱턴 사행에 수행하였다. 그는 박람회가 끝난 뒤 로아노크 대학(Roanoke College)에서 예술학 학사 학위를 취득하였으며 프린스톤 대학(Prinston University)의 대학원(Graduate School)에서 정치학으로 석사학위를 취득하였다. 이때 취득한 석사학위는 한국인으로써는 석사학위 제1호이다. 그는 윌슨(Woodrow Wilson)을 존경하고 프린스톤 대학에서 미서전쟁 지원군을 모집하였다. 귀국후 그는 인천 부윤 등 여러 관직을 거쳤다.

최문현 안기선 박용규 서병규는 박람회 실무 요원으로써 개화기 한미문화 교섭에 일익을 담당하였던 인물들이었다.

5. 콜럼비아 세계박람회 악공에 관한 연구

한국의 해외 첫 연주국악은 1893년 5월 1일부터 3일까지 미국 시카고 젝슨공원내 콜럼비아 세계박람회 제품전시관에서 연주되었다. 첫날 연주는 박람회 개회식날인 5월 1일 제품전시관내 미국전시관이 있는 폭 12.192m의 콜럼비아 애비누에 있었다. 개회식이 끝난뒤 제품전시관 제1문인 서문을 통하여 미국전시관 부근에 온 미국 대통령 클리블랜드를 위하여 국악을 연주하였다. 국악의 소리는 심벌 소리처럼 들렸다. 이때 연주자는 신흥석 이재용 안백용 이경옥 이창업 최을용 강삼석 이경용 이수동 정기용이었으며 이들이 사용한 악기는 신흥석-대금, 이재용-필율, 안백용-가야금, 이경옥-비파, 이창업-장고, 최을용-필율, 강삼석-해금, 이경용-현금, 이수동-교방고, 정기용-필율이다. 연주된 곡목은 어전법악(황풍악)이다.

연주 악기명은 악공들의 진연 진찬 때의 연주악기를 살펴보면 알 수 있고 연주곡목인 어전법악은 안확의 「천년전의 조선군악」을 보면 알 수 있다.

5월 이후 연주는 박람회장을 떠나 귀국하는 5월 3일까지 무시로 이루어 졌다. 그 장소는 제품전시관내 서남쪽에 위치하고 있었던 한국전시관이다.

악공에 대한 개별적 연구는 불가하나 다행스럽게도 『장악원악원이력서』에 강삼석과 이경옥의 이력서가 있어 악공들의 일부 모습 파악이 가능하다.

강삼석은 서부 반송방 대평동에 본적을 둔 진주 강씨로 사는 곳은 남부 명례방 대룡동으로 장악원과 가까운 곳에 살았다. 1852년생으로 1867년 악공이 되어 도미할 때 41세였다. 이경옥은 서부 반송방 냉동을 본적으로 하고 있었던 전주 이씨로써 남부 명례방 종현에 살았다. 역시 장악원과 가까운 곳에 살았다. 이경옥은 1854년생으로 1868년에 악공이 되어 39세 때 도미하여 연주하였다.

6. 완역 정경원문서

정경원문서는 필자가 쓴 『근대한미관계사』에서 일부의 내용을 번역 소개한 바 있다. 1893년 1월 15일(양 3월 3일)부터 9월 2일(양 10월 11일)까지의 일기문, 1893년 11월 9일(양 12월 18일) 정경원의 복명서, 박물회약기 등에 대한 내용들이다.

본 완역 정경원문서는 도미도중 정경원과 일본인 염전진과의 필담, 모담초, 3월 그믐 일본인 염전진 내방문답, 유럽제국과 미국유래의 풍속약기, 풍속의 부, 점사의 제, 가로지제, 선제, 철도에 대한 내용들을 번역 소개한 것이다.

정경원은 염전진과의 대화에서 우리나라의 전시실은 샴 전시실 옆에 있는 협소한 곳이며 진열품은 포백 피물 등으로 이득을 얻으려고 출품하는 것이 아니라 우의를 다지기 위하는 것이라고 출품의 의도를 밝힌 내용을 볼 수 있다. 유럽제국과 미국의 유래와 풍속약기에서는 '마마 파파' 라는 서양어는 어머니 아버지를 가르치는 말인데 중국어와 같다고 하였다. 풍속의 부에서는 남녀간의 애무 장면을 소개하면서 남녀가 나누는 소리는 제비가 지져기는 것 같고 원앙새가 노는 것 같다고 묘사하였다.

7. 윤치호일기 번역

윤치호가 세계종교대회와 세계박람회가 열린 시카고에 대하여 쓴 일기를 번역한 것이다.

이 일기에서 윤치호는 시카고로 가는 도중 워싱턴에서 조선 공사관을 둘러 공사관 응접실벽에 한폭의 조선 출품원들의 사진이 걸려 있는 것을 보고 그들의 인상이 우둔하고 호색에 빠진 사람들 같아 속이 메스꺼워졌다고 쓴 것이 눈에 띈다. 8월 14일자 1893년 9월 15일 네쉬빌(Nashiville)에서 시카고로 가서 그곳에서 체재 1주일이 되는 날인 9월 24일부터 10월 9일 까지의 일기이다. 그는 종교대회에 참석하면서 박람회에 가서 조선 전시실을 방문하고 관람하였다. 9월 28일자 일기에서 그는 박람회장을 관람하려고 갔는데 전시관들의 건물에 다른 나라들의 국기는 보이나 태극기는 보이지 않아 많은 모멸감을 느꼈다고 기록하였다. 당일 조선 전시실에 11시에 가서 오후 5시까지 머물러 있었는데 전시물들이 보잘것 없었다고 기록하였다. 더불어 그는 종사원들의 인상이 좋지 않았다고 하면서도 박용규에 대하여서는 호감이 간다라고 기록하였다.

Ⅰ. 미시건 호반 세계박람회에서 전개된 개화문화의 한 장면

盛惟備福古來稀
名在達尊世前稀
冥報仁門昌
人識端知以道形
微星廻靈關蟠花
重歳畵承筵　白髮輝人
是淸和佳節會
芳樽賀席醉　言歸

鄭敬源再拜謹 稿

〈번　역〉

옛적부터 복(福)은 자주 찾아드는 일이 드물고
인간 세상에서 이름으로 존경을 받는 일도 드물도다.
내가 사는 창문에 저 세상 소식이 전하여 오니
나는 도(道)로서 다만 그 한 부분을 알 수 있을 따름이라.
작은 별은 영롱하게 비치고 있고 벌은 날고 꽃은 피어 있는데
세월은 그림같이 이어지고 이어져 백발을 날리게 하는구나!
아! 맑고 평화스런 좋은 계절에 모여
향기로운 술단지가 있는 즐거운 자리에서 취하니
집으로 돌아가자고 말하는 구나.

1. 서 론

유럽인들은 지리상발견, 과학의 발견으로 과학 예술 상품 도덕 정치 정부 등등의 지식에 만족하지 않고 새로운 것에 대하여 수집 전시 정보취득을 추구하려는 욕구를 갖게 되었다. 그래서 그들은 촌락 도시 국가 단위로 전시를 행하기 시작하였다. 그러나 국가 단위의 전시회 이외는 박람회 성격을 지닌 행사는 아니었다. 국가전시회의 시초는 1761년 영국의 조오지 3세(George Ⅲ)때 영국예술가협회(English Society of Arts) 주관으로 기계 농산물 등을 협회의 사무실에서 개최한 것이 그 처음이었다. 이 전시회는 미숙한 전시회였다. 그뒤 전시회는 1849년 버밍검에서 개최하였다. 1761~1849년 사이인 1829년에는 아일랜드가 왕립 더블린 협회(Royal Dublin Society) 사무실에서 열었으며, 1833년에는 런던에서 조지 4세의(George Ⅳ) 지휘로 열었으나 실패하였고, 1845년에는 런던의 코벤트 가든(Covent Garden)에서 열었다. 영국 다음에는 프랑스가 프랑스 혁명기인 1798년 국가전시회를 열었다. 프랑스의 예술 제품 상품을 전시하였는데 9명의 검사원이 출품을 검사하고 110명이 출품하였다. 프랑스는 계속하여 1801년, 1802년, 1806년, 1819년, 1823년, 1827년, 1834년, 1839년, 1844년, 1849년 전시회를 개최하였다. 1849년 전시회에는 4,491명이 출품하였다. 프랑스사에서 전시회를 성공으로 이끌어 준 요인은 나폴레옹(Bonaparte Napoleon) 탈레랑(Tallerand)이 후원하여 준 덕택(德澤)이었다. 영국 프랑스 이외에도 전시국들이 많았다. 오스트리아는 1820년 여러 지역에서 박람회를 열었으나 국가박람회는 1835년부터 열기 시작하였다. 그뒤 1839년, 1845년 비엔나에서 전시회를 열었다. 독일은 베르린에서 1822년, 1827년, 1844년 열었고 삭소니에서 1824~1845년간 열었다. 스위스는 1837~1848년간 로산

(Lausanne), 베른(Bern), 성 갈(St. Gall), 주리히(Zurich)에서, 벨기에는 1835~1850년간 브루셀(Brussels)과 겐트(Ghent)에서, 1829~1849년간은 러시아의 모스코우 성페텔스부르그 폴랜드의 바르샤바에서, 포르투갈은 1844~1849년간 리스본에서, 1829~1855년간은 사르디니아 왕국에서, 스페인은 1827~1850년간 마드리드에서, 미국은 1828~1844년간 뉴욕과 워싱턴에서 국가전시회를 열었다.[1)]

세계박람회는 1849년 6월 30일 빅토리아 여왕(Queen Victoria)의 부군 알버트(Prince Albert)가 영국예술협회(British Society of Arts) 주최의 회의장에서 내놓은 1851년 런던 세계박람회안에 따라서 펙스톤경(Sir Joseph Paxton)이 하이드 공원(Hyde Park)에 18acres 땅에 크리스탈 펠리스(Crystal Palace) 전시장을 지어 개최한 것이 그 시초이다. 빅토리아 여왕이 1851년 5월 1일 개막식을 연 이 박람회는 폐막일이 10월 11일이었다. 이 전시장은 ⊥형으로 936×1,846ft, 936ft 가격이 1,000,000$로 원료, 기계, 제품, 예술의 4개 진열실을 갖추고 영국인 및 그 식민지 28개국에서 13,937명이 출품하고 6,039,195명이 방문하여 2,530,500$의 수입을 올린 박람회였다.

런던세계박람회에 이어 1853년 뉴욕서 세계박람회가 열렸다. 뉴욕의 브리안트 공원(Bryant Park)에서 자금 200,000$를 투입하여 1853년 7월 14일 개막하였다. 주전시장이 170,000ft^2, 부속전시장이 33,000ft^{2}으로 건물값이 640,000$로 출품자는 반 이상이 외국인으로 4,100명이 참가하였고 수익은 34,000$를 올렸다. 동년 아일랜드 더블린(Dublin)에서도 박람회가 개최되었다. 익년 1854년에는 뮤닉히(Munich)에서 세계박람회가 열려 7,005명이 출품하였다. 1855년에는 프랑스 파리에서 박람회

---

1) John J. Flinn, *Official Guide to the World's Columbian Exposition*(Chicago : The Columbian Guide Company, 1893), pp.257~262.

가 개최되었다. 나폴레옹이 박람회 개회식을 개막하였다. 총출품자 23,954명으로 프랑스인이 11,986명, 외국인이 11,968명이었다. 이후 높이 984ft 에펠탑(Eiffel tower)을 건립하고 프랑스 대혁명(1789)을 기념하기 위하여 1889년 5월 4일 개막한 유명한 파리 세계박람회까지 박람회는 1857년 런던, 1862년 런던, 1867년 파리, 1873년 비엔나, 1876년 필라델피아, 1878년 파리, 1879년 시드니 뉴사우드 웨일스, 1880년 멜보른 빅토리아, 1883년 보스톤, 1888년 글라스고 스코트랜드에서 박람회가 개최되었다. 이중에서 9월 3일부터 열렸던 보스톤 박람회에는 보빙사 민영익이 근자에 발굴된 뉴욕 제5 애비뉴 호텔(Fifth Avenue Hotel)에서 아더 대통령(Chester A. Arthur)을 면담한 뒤 보스톤으로 가서 9월 20일 하루 동안 박람회를 관람한 적이 있었다. 보스톤 박람회는 미국 산업의 관점에서 보면 성공한 기업박람회였다. 총출품은 680종이었으며 방문객은 300,000명이었다. 그러나 이 박람회는 지역 박람회에 불과하였다.[2] 중요한 세계박람회의 현황을 표로 살펴보기로 한다.

---

2) Rossiter Johnson ed., *A History of the World's Columbian Exposition Held in Chicago in 1893*, vol. 1(New York : D. Appletion and Company, 1897), pp.7~8 ; Flinn, *op. cit.*, pp.257~274.
프린은 보스톤 전람회에 대하여 다음과 같이 말하였다. *Ibid.*, p.273.
"1883년 보스톤 전람회는 국제전람회라고 할 수 없다. 이 전람회는 미국 기업박람회에 불과하다. 그러나 미국 산업의 관점에서 본다면 성공적이었고 유익한 박람회였다. 출품은 680종이었으며 방문객은 300,000명이었다."(The Boston Exhibition of 1883 was hardly claimed to be an international Exhibition, nor does it deserve to be ranked as such. It was a private enterprise entirely, and yet it proved to be not only successful but beneficial in a large sense to American industries. The total number of exhibits was but 680, of visitors 300,000).

바람회명	연대	면적 acres	지붕 feet	출품 자수	방문자수	기간	수입	보증	건물가격$
런던	1857	21.5	7000,000	17,000	6,039,196	144	1,780,000	영국정부	
파리	1855	24.5	1,866,000	22,000	5,162,330	200	6,441,200	프랑스	5,000,000
런던	1862	23.5	1,291,800	28,653	6,211,103	121	1,644,260	영국정부	2,300,000
파리	1867	87	3,371,904	52,000	10,200,000	217	2,103,675	프랑스정부	
비엔나	1873	280	2,963,421	142,000	7,254,687	186	6,971,832	$4,500,000	7,850,000
필라델피아	1876	236	1,688,858	30,864	9,910,996	159	3,813,724	2,510,000	
파리	1878	100	1,858,778	40,366	16,032,725	191	2,531,650	2,250,000	
파리	1889	173	1,000,000	55,000	28,149,353	183	8,300,000	3,600,000	6,500,000
시카고	1893	645	5,000,000		35,000,000	183		19,500,000	18,750,000

* A Week at the Fair of the World's Columbian Exposition(Chicago : Rand, McNally & Co., 1893), p.29.

1889년 파리세계박람회에 이어 1893년 5월 1일부터 10월 30일까지 183일간 미국의 주도로 47개국이 시카고 미시건(Lake Michigan) 호반인 젝슨 공원(Jackson Park), 워싱턴 공원(Washington Park), 미드웨이 프레이잔스(Midway Plaisance)에 전시관 등 200여개의 구조물을 지어 콜럼비아 세계박람회를 개최하였다. 이 박람회에 우리나라는 5000년 역사상 처음으로 세계박람회에 출품하였다. 세계무대 서 본 경험이 없었던 우리나라로써는 이 박람회 출품은 문화적 외교적 측면에서 매우 의의 깊은 것이다. 그래서 콜럼비아 세계박람회의 유래와 기구, 홍보활동, 낙성식, 개회식, 우리나라 진열실이 있었던 제품전시관 및 교양전시관을 중심으로 주박람회장(主博覽會場)의 위치 및 각전시관의 내부구

조와 더불어 우리나라 진열실 및 출품대원의 활약이나 출품 등에 대하여 살펴볼가 한다.

2. 콜럼비아 세계박람회 성립과정

1) 유래와 기구조직

콜럼비아 세계박람회 처음 구상은 1876년 필라델피아 세계박람회가 열렸을 때었다. 1880년초 센트 루이스가 박람회건에 대하여 주장하다가 흐지부지하였으나 1888년 일반의 관심을 갖기 시작하면서 1889년에 유치작전에 열기가 최고조에 달하였다. 뉴욕 시카고 루이스 워싱턴 4도시가 다투어 유치경쟁을 벌였던 것이다. 이중에 뉴욕과 시카고가 경쟁의 선두였는데 시카고는 유치자금으로 5,000,000$를 모았고 10,000,000$를 유치비용에 썼으며 지리적으로 미국의 중앙에 위치하고 있어 관람인을 쉽게 유도할 수 있고, 알레가니 산맥(Alleghany Mountains) 이서보다도 발전의 기회를 포착하기에 좋다고 미국인들은 일반적으로 생각하였으며, 상업 산업 지적 발전이 신생국 미국에 맞고, 경쟁도시들의 호응이 컸다. 의회에서 8차의 투표 결과 1890년 2월 24일 시카고가 157표, 뉴욕 107표, 루이스가 25표로 시카고를 박람회장으로 정하였다.[3)]

1890년 3월 버지니아 상원의원 다니엘(Senator Daniel)이 상하 양원에 특별위원회를 구성하자고 제의하여 통과시키고 1890년 4월 25일 시카고 박람회법을 대통령이 승인을 하여[4)] 이법에 따라서 콜럼비아 박람

---

3) Flinn, *op. cit.*, p.11 ; Johnson, vol., 1, *op. cit.*, p.10 ; *A Week at the Fair of the World,s Columbian Exposition*(Chicago : Rand, McNally & Company, 1893), p.26.

4) Flinn, *op. cit.*, p.11 ; Johnson, vol. 1, *op. cit.*, p.15, p.19.
"예술, 산업, 제조, 흙, 광물, 바다산물에 관한 세계박람회를 콜럼버스 아메리카 발견

회 기구를 조직하였다. 핵심이 되는 기구는 국립 콜럼비아 세계박람회(U. S. World's Columbian Commission), 법인(회사) 콜럼비아 세계박람회〔(World's Columbian Commission(Co.)〕였다. 국립 콜럼비아 세계박람회는 회장 1명(Thomas W. Palmer), 부회장 2명(Harlow N. Higinbotham, D. H. Burnham), 대통령이 임명하는 위원 8명, 각주지사가 임명하는 콜럼비아 지역위원 2명(서리 2명) 각주위원 및 각지속지위원 2명(각각 서리 2명)으로 구성되어 있었다. 국립 콜럼비아 박람회 산하에 여성부(회장-Mrs.Potter Palmer)와 법인 콜럼비아 세계박람회(회장 Higinbotham)를 두었다. 국립 세계박람회는 박람회 계획, 전시공간, 전시품의 범위, 전시품 등급, 검사관 및 심사원과 외국출품대원을 관리하였다. 원래 국립 세계박람회는 낙성식을 1892년 10월 12일, 개회식을 1893년 5월 1일, 폐회식을 10월 26일에 거행하고 외국 출품을 받아들이기로 계획하였다. 외국이 출품을 하는 경우에는 관세를 부과하지 않으나 미국내 국인에게 전시품을 판매하는 경우에는 관세를 부과하기로 하였다. 이 중에 낙성식과 폐회식만 계획대로 시행하지 못하고 10월 21일, 10월 30일 행하였다. 국립 세계박람회는 1890년 6월 26일부터 가동하였다. 법인 세계박람회(이하 '법인'자를 생략 서술함.)는 위에서 말한 국립 세계박람회의 전시장 준비 및 위치결정, 전시품의 등급, 출품 전시 등을 위임 맡아 행하는 회사이었다. 세계박람회는 회장(Harlow N. Higinbotham), 위원, 법률부, 총무원 총무(G. R. Davis) 및 직원, 총무위원(Board of Directors), 총무집행위원(Executive Committee), 작업부로 구성되었다. 총무원 밑에 각 전람장, 홍보실(O), 외국부가 있었다.

400주년 기념 경축으로 시카고시에서 준비를 하는 법임."(An act to provide for celebrating the 400th anniversary of the discover of America by Christopher Columbus, by holding an international exhibition of arts, industries, manufactures, and the products of the soil, mine, and sea, in the city of Chicago, in the State of Ilinois.)

이상의 기구 이외에 보조기구(World's Congress Auxiliary)가 있었다. 이 기구는 과학, 문학, 교육, 정부, 법률, 도덕, 자선, 종교 기타 인간활동에 대한 협동과 진보번영, 평화의 효과적인 증진에 필요한 자료를 세계박람회와 관련하여 만든 모임들이었다.5) 위대한 세계적 사상가들이 모여 토론한 내용들을 다루고 있었는데 세분하여 본다면 다음과 같다.

① 여러 민족의 언어, 문학, 가정생활, 종교, 과학, 예술, 시민제도에 관한 협동분야
② 현재 처한 시대의 경제, 산업, 제정문제 분야
③ 교육의 장단점과 모든 지식분야를 증진시키는데 필요한 수단에 과련된 분야
④ 문명화 세계에 있어서 상업적 관련을 갖기 위한 공통언어의 실용화 관련 분야
⑤ 국제저작권 지적재산권과 상업에 관한 법률 분야
⑥ 이민과 자연법, 외국정부와 그들의 국민에 대한 국제적 특권 분야
⑦ 빈곤 비위생 범죄의 효과적 예방과 생산력 증대와 도덕성 문제와 관련된 분야
⑧ 상호 보호수단의 연합을 위한 국제법 분야
⑨ 국제분쟁 해결을 위한 사법제도의 제정, 국제분쟁을 막기 위한 대안에 관련된 분야6)

200여개 보조기구가 있어서 종교, 의약, 치과, 경기, 클라식 연주 등에 관여하여 박람회를 도와 주었다. 예를 들면 연주자로서 수사(John

---

5) Flinn, *op. cit.*, pp.11~13, pp.285~292 ; G. L. Dybwad and Joy V. Bliss, "Wiring Diagram Organizational Chart Used for this Book," *Annotated Bibliography : World's Columbian Exposition, Chicago 1893*(New Mexico : The Book Stops Here, 1992)

6) Flinn, *op. cit.*, pp.13~14.

Philip Sousa)가 인기 있었으며 들소법안(Buffalo bill)을 위하여 18,000명이 모인 것이 그러한 것이었다.[7)]

2) 부지선정

1890년 7월 2일 부지선정을 확정하고 1891년 1월 박람회 사무실을 랜드 멕넬리사(Rand, McNally Co.) 빌딩에 개설하고 박람회 건축을 위한 작업은 목재전시관 남쪽에 도랑을 파고 경사를 완만하게 고르면서 처음으로 시작하였다. 1891년 7월 2일 광물전시관 건축을 서두로, 1891년 8월말 총무원 수송물전시관 제품전시관 및 교양전시관 전기전시관 농산물전시관 박물관 여성부전시관 어류전시관 건축이 진척되었으며 9월에는 목재전시관 건축계약, 10월에는 기계류전시관과 예술전시관 등 계약을 하게 되었다.[8)]

3) 홍보활동과 우리나라 초대

1890년 12월 24일 박람회 초대에 대한 대통령의 담화발표에 따라서 콜럼비아 세계박람회는 뉴욕과 시카고에는 단독홍보원이나 연합홍보원을 보내고 고워드(Gustavus Goward)는 일본 한국, 히치콕크(Romyn Hitchcock)는 중국, 아들러(Cyrus Adler)는 이집트 터어키 세르비아 페르시아, 커티스(William E. Curtis)는 라틴 아메리카에 홍보원으로 파견하였다.[9)] 그 결과 프랑스, 스페인, 영국, 멕시코, 콜롬비아, 독일, 페루, 중국(나중에 포기)[10)], 덴마크, 베네주엘라, 산토 도밍고, 칠레(나중에

---

7) Dybwad and Bliss, *op. cit.*, p.xi.
8) Johnson, vol. 1, *op. cit.*, p.156 ; *A Week at the Fair*, p.26.
9) Johnson, vol. 1, *op. cit.*, pp.109～110.
10) *Ibid.*, p.131. 중국은 1891년 9월 박람회에 이익을 얻을 것이 없다고 생각하여 출품

포기), 터어키, 페르시아, 러시아, 일본, 자마이카, 하이티, 샴, 에콰도르, 우르과이가 처음으로 박람회 참가를 신청하였다. 우리나라를 위시한 아르헨티나, 오스트랄리아, 오스트리아, 벨기에, 볼리비아, 브라질, 불가리아, 카나다, 실론, 코스타리카, 쿠바, 이집트, 그리스, 과테말라, 혼두라스, 이태리, 리베리아, 모나코, 네덜란드, 니콰라과, 노르웨이, 파라과이, 포르투갈, 살바도르, 스웨덴, 스위스, 등 국가는 적절한 시간을 택하여 참가를 신청하였다.[11] 프랑스를 위시하여 각국이 출품대원을 임명하였다.[12] 처음으로 1891년 10월 볼리비아가 티티카나 호반(Lake Titicana)의 인디안 상품인 발사스(balsas) 2, 제복과 무기로 치장한 음악기를 출품하였다.[13] 1892년 4월 오스트리아 스웨덴 노르웨이 하와이 출품대원이 시카고에 도착하였다.[14] 우리나라에는 고워드가 우리나라에 와서 1891년 5월 2일 고종에게 주조선미국공사관 서기 알렌(Horace N. Allen)을 통하여 독판교섭통상사무 민종묵(閔鍾默)에게 우리나라를 박람회에 초청하고 1892년 11월 17일 박물지사 게르빌(A. B. de Guerville)은 일본 경유 우리나라에 조감도를 가시고 와서 어람시키므로써 우리나라는 문산 정경원(文山 鄭敬源)을 출품대원(出品大員)으로 임명하고(1893. 3. 12) 박람회에 파견하였다. 정경원은 3월 16일자 독판교섭통상사무 조병직(趙秉稷)이 국무장관에게 보내는 신임장을 들고 수원 최문현(崔文鉉), 안기선(安琪善), 전통음악인 10명을 인솔하고 주미국조선공사관원인 이승수(李承壽), 장봉환(張鳳煥), 이현직〔李鉉(玄)植〕과 함께

대원을 소환하자 중국 홍보를 맡았던 아들러는 홍보를 중단, 중국은 불참국이 되었다.

11) *Ibid.*, p.112.

12) *Ibid.*, p.129.

13) *Ibid.*, p.130.

14) *Ibid.*, p.131.

제물포에서 이세환(伊勢丸)을 승선하여(3. 23) 일본에 가서 일본서 벨기스호(Belgis)로 갈아타고 4월 28일 시카고에 도착하였다.[15] 홍보활동으로 박람회에 처음으로 도착한 전시품은 볼리비아의 물품이었다.

4) 낙성식과 우리나라 불참

1892년 10월 21일 콜럼비아 세계박람회는 1891년 봄에 위원을 구성하여 시카고 및 인근지역의 시민단체, 각주 지사 등을 초빙하여 낙성식을 거행하였다. 그런데 이 낙성식에 콜럼비아 세계박람회는 우리나라를 초빙하였다.[16] 주조선미국공사 허드(Augustine Heard)가 민종묵에게 1892년 4월 10일자로 낙성식에 우리나라를 초빙하는 요청서를 보냈으나 우리나라는 낙성식에 참석하지 못하였다. 총무원은 국립 콜럼비아세계박람회가 구성한 위원회〔회장-위데너(Peter A. B. Widener)〕와 연결을 짓고 낙성식 위원회를 구성하여 로렌스(Edward F. Lawrence)를 위원장으로, 엘스워드(James W. Ellsworth), 옐크스(Charles T. Yerkes), 쉬와브(Charles H. Schwab), 웩커(Charles H. Wacker), 켈푸트(William D. Kerfoot), 헨로틴(Charles Henrotin), 리벨(Alexander H. Revell)을 위원으로 정하고 실무진 24명을 위촉하였다.[17] 원래 미국의회가 정한 낙성식 일자는 1892년 10월 12일이었다. 그런데 콜럼버스가 신대륙을 발견한 정확한 날자가 10월 21일이기 때문에 뉴욕시가 주장하여 21일를 낙성식일로 정하였다. 육군성은 육군소장 밀레스(Nelson A. Miles)에게 군사행진 시민행렬의 책임을 맡기고 장군 스톡톤(Joseph Stockton)에게

15) 『美案』 1, (『舊韓國外交文書』 卷10)(高麗大學校 附設 亞細亞問題硏究所, 1967), p.655, pp.694~695, pp.709~710 ; 『高宗純宗實錄』中(探究堂, 1979), p.446, 癸巳 高宗 30年 1月 24日 ; 이민식, 『근대한미관계사』(백산자료원, 2001), pp.479~482, p.485.

16) 『美案』 1, p.655, 1892년 4월 16일 : 이민식, 앞의 책, p.479.

17) Johnson, vol. 1, *op. cit.*, p.259.

행사실무책임자로 맡겼다. 낙성식 프로그램은 시카고시의 교회들이 맡았는데 3일 걸려 만들어 냈다. 10월 19일(수요일)은 콜럼버스의 날로 정하여 1시 30분 모든 학교가 행사를 하고 워싱턴 공원에서는 군사 사열이 있었으며 오디토리움 호텔(Auditorium Hotel)에는 부통령 몰톤(Levi P. Morton), 각료, 대법원장, 외교사절, 각주 지사가 참석하여 저녁 9시에 리셉션과 무도회를 열었다. 10월 20일(목요일)은 오전 9시부터 시카고 상거리에서 시민 8,000명이 퍼래이드를 펼쳤는데 관세청 건물앞 아담스가(Adams Street)에 있는 스탠드에서 대통령이 사열을 하였으며 저녁에는 제1병참연대 대령 터너(Henry L. Turner)가 리셉션 및 무도회를 열었으며 킹스레이스(Kingsley's)에 있는 펠로우쉽 클럽(Fellowship Club)에서는 대통령 및 유명 인사를 정찬에 초빙하였다. 육군소장 밀레스, 대령 필드(Field), 풀만(George M. Pullman), 아모아(Philip D. Armour), 페어뱅크Nathanael K. Fairbank) 등은 리셉션을 개별로 열었다. 10월 21일은 낙성식날로 젝슨공원에서 군사 퍼레이드가 있었으며 대통령이 사열하였다. 제품관 및 교양관에시 낙성식이 있었는데 100,000명이 운집하였다. 그들은 '아메리카'(America)를 외치면서 식을 끝냈다. 4,000명으로 구성된 합창단과 몬로(Miss Harriet Monroe) 작시의 리사이트가 행사중 인상적인 부분을 차지하였다.[18)]

저녁에는 보조기구에서 공연이 있었으며 시카고의 북, 서, 남쪽에 위치하고 있는 공원에서 불꽃놀이를 하였다.[19)] 이때 대통령 헤리슨(Benjamin Harrison)은 부인의 상중이었기 때문에 식에는 참석하였으나 오히려 부통령 몰톤이 시카고를 화이트 시티(white city)로 만드는데 공헌

18) *A Week at the Fair* (Chicago : Rand, McNally & Company, 1893), p.134.

19) Johnson, vol. 1, *op. cit.*, pp.258~260 ; James W. Shepp and Daniel B. Shepp, *Shepp's World's Fair Photographed*(Chicago : Globe Bible Publishing Co., 1893), p.18.

하였다. 그래서 움직인 인구가 150,000명이나 되었다.

5) 개회식

콜럼비아 세계박람회는 콜럼버스의 후손을 초빙하여 박람회 개회식을 행하였다. 그래서 1892년 8월 5일 미국 국회는 스페인 왕 알폰소 8세(Alfonso VIII)와 모후 크리스티나(Dona Maria Christina)를 국무성이 주선하여 국빈으로 박람회에 초빙하자는 공동결의안을 제안하였다. 그래서 대통령은 국회의 제안을 수행하기 위하여 국무성 특사 커티스(William E. Curtis)를 스페인에 보냈다. 커티스는 1892년 9월말 마드리드(Madrid)에 도착하여 주스페인미국공사 스노우덴(Colonel A. Louden Snowden)과 스페인 정부관리의 진심어린 환영을 받았다. 10월 6일 커티스는 스노우덴의 소개로 모후에게 1892년 9월 5일자 대통령 헤리슨이 보내는 모후 초청장을 제정하였다.

스페인 헌법에 따라 모후와 알폰스 8세는 참석할 수 없다고 10월 8일 통지하였다. 그러나 대신 알폰소 7세의 누이 유라리아 공주(Princess Eulalia)가 참석하기로 하여 그녀는 5월 19일 뉴욕에 도착하였다. 한편 미국은 1892년 10월 6일 베라구아 공작(Duke of Veragua)과 그 가족을 초빙하여 1893년 4월 15일 일행이 뉴욕에 도착하였다. 가족중에는 동생 발보레스 후작(Marquis of Barboles)이 있었다. 그들은 개회식에 참석하기 위하여 4월 28일 시카고로 갔다. 박람회 개회일(월요일)은 폭풍우가 심하게 불고 비가 왔다. 아직도 완성하지 못한 도로 위에 물웅덩이가 파여져 있었다. 아침 7시쯤 비는 그쳤다. 식장에는 입장객 200,000명이 입장하기에는 너무 좋지 않은 날씨었다. 겨울에 얼룩졌던 건물벽은 페인트를 칠하여 말끔하게 보였다. 오전 9시 렉싱턴 호텔(Lexington Hotel)에서 관료와 유명인사들이 개회식 참석준비를 하고 있었다. 박람회 행사원의 안내로 총무 데이비스, 국립 콜럼비아 세계박람회 부회장 겸 총무원 작업부 책임자 번햄이 먼저 차를 타고 뒤를 이어 국립 세계콜럼비아 박람회 회장 팔머, 박람회 회사 회장 히긴보담의 안내로 대통령이 승차하였다. 세계박람회 제1부회장 펙크(F. W. Pecker)와 제2부회장인 월러(R. A. Waller)의 안내로 베라구아 공작이 탑승, 여성부의 대표 팔머의 안내로 베라구아 공작부인이 차에 자리를 잡았다. 정부관료 상원의원 대사 외국출품대원 육해군 장교 주지사 시카고 시장도 차에 자리를 잡았다. 미국 제6기마대와 일리노이 제1기마대가 이들을 호위하였다. 길에는 군중들이 들끓었고 개원식을 보려는 사람들 때문에 차비는 비쌌다. 총무원 앞 광장인 영광의 코트(Court of Honor)에서 개원식을 거행하였다. 정경원은 이승수 등과 같이 개원식에 참석하였다.[20) 총무원 동쪽 연단에는 3,000명이 서 있었는데 여기서는 중앙 운동장을 볼 수 있었으나 나머지 연단에서는 중앙운동장이 보이지 않았다. 총무원 건물에는 기가 꽂혀 있었으며 영광의 코트에 서 있는 사람들의 손에도 기기 펄럭거렸다. 10시쯤 되자 총무원 동문앞 연단에 100,000명이 빽빽이 들어차 있었다. 11시 15분 대통령이 총무관의 안내로 연단에 나타났는데 그때 군중속에서 귀청이 떠날듯한 박수소리가 울려퍼졌다. 대통령 주위에는 부통령 스티븐슨(Stevenson), 국무장관 그레샴(Walter Q. Gresham), 칼리슬(Carlisle), 허버트(Herbert), 스미드(Smith), 몰톤(Morton), 바라구아 공작과 공의 아들, 아귈라(Cristobal Colony Aguilar), 발보레스 후작과 후작의 아들, 베르토다노(Pedro Bertodano), 베이어드(Thomas F. Bayard), 트리(Lambert Tree), 미레스, 게랄디(Admiral Gherardi), 일리노이 주 지사 알트겔드(Governor Altgeld of Illinois), 시카고 시장 헤리슨(Mayor Harrison of Chicago), 팔머(President T. W.

---

20) 「鄭敬源文書」 3月 16日(陽 5月 1日)

Palmer), 히긴보담(President Higinbotham), 팔머 부인, 게이지(Expresident Gage), 베이커(Baker), 작업부 책임자 번햄, 월러(Vice President Thomas M. Waler), 펙(Ferdinand Peck), 월러(Robert A. Waler)가 착석하고 있었다. 대통령 뒤에는 각국 외교관 각국출품대원 각국영사, 오른쪽에는 대법관 주지사 상하양원 의원, 집행위원 여성부 부원, 왼쪽에는 총무원 회원, 국무성 책임자들, 감독관들 보조기구원들이 착석하고 있었다. 연단 뒤에서 대합창이 울려퍼지고 있었다. 개회식이 콜럼비아 행진곡(Columbian March) 연주로 시작되었다. 곡이 끝나자 하원의 목사인 밀번(Rev. William H. Milburn)이 기도를 하였다. 그 뒤를 이어 크로푸트(W. A. Croffut) 작시를 쿠두이양(Miss Jessie Couthoui)이 낭독하였다. 낭독이 끝난 뒤 와그너(Wgner)의 리엔지(Orchestral Overture to Rienzi) 연주가 있었다. 이어 총무 데이비스가 연설을 하였다. 이어 대통령의 연설이 있었다. 연설은 다음과 같았다.

> 이 박람회에 맞는 축하를 하기 위하여 나는 여기서 시민 여러분을 대하고 있다. 미국인의 사업 및 그 많은 결과와 미국인의 기술 및 지식의 엄청난 증거가 있다는 관점에서 본다면 축하의 말은 과장된 것이 아니라고 말할 수 있다. 미국은 현실적으로 세계에서 가장 오래된 국가에서 탄생하여 위대한 업적을 달성한 나라로서 역사가 짧은 국가에까지 박람회 참가를 권유하여 여기서 박람회를 개최하게 되었다. 미국의 많은 업적을 따뜻한 인사로 대신하는 이같은 정열을 살려서 미국은 외국에서 온 손님들에게 미국과 더불어 더 발달된 문명의 방향이 성장진보하는 것을 보여 주려고 한다.
>
> 미국은 보통교육과 미국민의 최상의 충격적인 추진력으로 국가의 신용도와 인간개조 분야에 보다 더 오랫동안 노력하여 완성된 결과를 보일 수 있도록 미국민에게 부여된 이 기회를 진심으로 환영한다. 돌이켜 보면 미국인은 신생국으로서 끊임없는 발전과 경이로운 완성을 이룩하여 왔으며 적극적 자기 의존적 인민상을 제시하였다. 미국은

> 훌륭한 박람회 건축물을 건립도 하였지만 세계의 많은 사람들이 볼 수 있는 거대한 민중의 정부기구를 수립하였다. 미국은 유용성의 물질과 미의 물질, 기술과 발명품을 박람회에 한데 모았다. 그래서 미국은 자율적 인간을 양성해 냈다.
> 외국인의 활동으로 박람회는 활성화되었으며 미국도 인간개발을 위한 사업착수에 협력하였다. 미국은 고귀한 국가들 사이에 보이고 있는 형제애의 정신을 박람회에서 발휘하였다. 이 개회식에 깔려 있는 이 같은 의미를 간직하고 개회식 이 순간의 인상적인 것을 잊어 버리지 않도록 할 것이다. 박람회에 깔려 있는 이같은 의미가 부여된 메카니즘과 연결하고 언제나 희망과 정열을 일깨워 인간의 건전성, 위엄, 자유에 영향이 끼치도록 할 것이다.[21)]

연설이 끝나자 대통령은 헨델(Handel)의 할레루야(Hallelujah)의 합창곡이 울려 퍼지는 가운데 분수대 키를 손가락으로 눌러 분수대를 작동시키니 콜럼비아 분수대(Columbian Fountain) 등 2대의 분수대가 물을 뿜기 시작하였다. 황금색의 공화국상(Statue of Republic)에 제막하니 국기가 펄럭이는 소리, 호수위에 나부끼는 장식물 소리, 대포 소리가 어우러져서 개회식은 열기를 더하였다. 군중들은 일제히 '아메리카'를 외쳤다. 영광의 코트에 모였던 군중들은 전시물을 관람하기 위하여 전시관으로 향하였으며 대통령과 귀빈들도 영광의 코트를 떠나 갔다. 대통령은 콜럼버스 분수대 부근을 지나 다리를 건너 제품관 및 교양전시관 정문인 서문으로 각부장관 귀빈들과 함께 들어가서 콜럼비아 애비누에서 제품관 및 교양관 책임자인 에리슨(James Allison) 교양전시관 책임자 피바디(S. H. Peabody)를 만나 이들과 같이 기다리고 있는 각국 출품대원을 만났다. 각국 대원들은 자기나라 진열실 앞에 고유한 옷을 입고 맞이하였으며 작은 나라 대원들은 미국 진열실 앞에서 대통령을

---

21) Johnson, vol. 1, *op. cit.*, pp.350~351.

영접하였다.[22] 정경원은 북문쪽 콜럼비아 애비누에서 대통령을 만났다. 이때 우리나라 전통음악인들은 음악을 연주하면서 대통령을 환영하였다. 대통령은 정경원에게 전통음악인 파견에 대하여 감사하는 말을 전하였다.[23]

대통령은 배를 타고 내만(內灣, 지금 South Lagoon))을 건너 농산물 전시관으로 갔다가 미국중앙정부전시관 주전시관의 거리, 예술전시관을 돈 다음 전기전시관으로 갔다가 총무원으로 가서 인사를 한 다음에 자가용으로 워싱턴으로 향하였다.[24]

3. 전시관과 조선전시실

미국은 젝슨 공원, 워싱턴 공원, 미드웨이 프레이잔스, 부두 위에 전체 설계자(뉴욕중앙공원 설계자) 오름스테드(Frederick Law Olmsted, Sr.), 건물 설계자 서리반Louis Sullivan)에 의하여[25] 총면적 645acres에[26] 총공사비 22.000.000$, 건믈 건축비 8,000,000$을 투입하여 박람회 시설을 하였다.[27] 주 시설로 젝슨 공원에 200여개 건물을 세웠다. 200여개의 건물중 미시건 호반에 8mile나 접하고 곤돌라나 전기수송선 등을 수송수단으로 써야하는 소택지나 내만(內灣) 또는 운하로 둘러 쌓인

22) Johnson, vol., 2, *ibid.*, p.236.

23) 이민식, 앞의 책, p.481, p.492, p.508, p.510, p.514, p.516, p.532 ; Johnson, vol. 1, *op. cit.*, p.352. 존슨(Rossiter Johnson)은 '우리 나라의 전통음악을 색다른 조선의 이상한 심벌즈 소리' (weird tinkling of quaint Korean cymbals)라고 하였다.

24) James W. Shepp and Daniel B. Shepp, *op. cit.*, p.20 ; Johnson, vol. 1, *op. cit.*, pp.340~353.

25) Flinn, *op. cit.*, p.285 ; Dybwad and Bliss, *op. cit.*, p.xi.

26) *A Week at the Fair*, p.35 ; Flinn, *op. cit.*, p.156.

27) Flinn, *ibid.*, p.17.

총무원 이외, 농산물전시관, 원예전시관, 가축전시관, 어류전시관, 광물전시관, 기계류전시관, 수송물전시관, 제품전시관, 전기전시관, 예술전시관, 교양전시관, 박물관, 목제전시관, 여성부전시관 등 전시관이 중심적 건물이었다. 이외에도 미국중앙정부전시관,[28] 피혁전시관, 무기전시관 등이 있었고, 별도로 리비 유리회사(The Libbey Glass Company) 등 회사와 미국 30개각주와 외국 20개국의 전시관이 있었다. 주요 전시관의 진열실 면적, 출품자수를 보면 다음과 같았다.

출품-인원수

전 시 관	면적(ft2)	외국 출품	미국 출품
농산물	415,348	134,732	251,471
원예	158,593	40,516	69,612
어류	80,598	24,875	42,132
광물	272,615	86,380	142,918
기계류	456,661	129,202	204,771
수송물	590,589	160,654	402,938
제품	790,942	428,670	215,927
전기	185,100	60,932	137,072
예술	192,436	161,992	30,444
교양	346,206	119,754	202,420
박물	101,312	43,656	57,656
목제	52,566	22,664	29,902
총 계	3,642,966	1,420,027	1,787,263

* *A Week at the Fair of the World's Columbian Exposition*(Chicago:Rand, McNally & Co., 1893), p.36.

28) 단면 350×420ft로 제품관 및 교양관 북쪽에 위치하고 있었다. *A Week at the Fair*, p.146.

젝슨 공원과 워싱턴 공원 사이에서 서쪽으로 1마일 정도 길게 뻗은 미드웨이 프레이잔스에는 높이 264ft인 페리스 윌(Ferris Wheel)[29], 한 여름인데도 어름을 지칠 수 있었던 아이스 링인 아이스 레일웨이(Ice Railway), 1492ft까지 올라가는 승강대인 켑티브 발룬(Captive Baloon) 등을 설치하고 카이로 거리, 독일 촌락, 아일랜드 촌락, 비엔나 카페, 래프랜드 촌락(Lapland village), 아라비아 촌락, 자바의 촌락, 하와이 화산, 벼랑끝에 거주하는 인간의 집, 일본 바자회, 중동의 재현 등 세계 각지의 다양한 문화를 전시하였으며 코네이섬(Coney) 개발에 영향을 끼쳐주었으며 미시건호에 반마일 정도 뻗어 있는 부두에는 남쪽과 북쪽에 있었는데 북쪽의 것은 대포, 색구, 고래잡이배, 목제무기 모사품, 바이킹 선박, 산타 마리아(Santa Maria) 복제품, 니나(Nina) 복제품, 핀타(Pinta) 복제품 등을 볼 수 있도록 만들었고 남쪽의 것은 반마일 거리에 입장료 5c.를 받는데 산책로, 벤취, '움직이는 보도'(moving sidewalk)를 설치하였다.[30] 박람회장 주변은 두줄로 철조망 가시를 밖아 넣은 높이 8ft 길이 918ft의 판자들을 둘렀으며 출입문을 만들었는데 젝슨 파크와 미드웨이 프레이잔스로 들어가는 문은 9개, 그외 11여개문이 있어서 도합 22개의 문을 만들었다.[31] 관람객들은 전시물을 관람도 하였지만

---

29) 당시 빌딩의 28개 높이에 해당되었으며 승차실 36개, 각 승차실 60명 이상 승차, 전승차실 동시 승차 가능 인원 2,160명, 승차료 50c.이었다. 정상에서는 박람회 전경은 물론 시카고 전경이 보였다. 박람회 뒤에 부근의 링컨 공원(Lingcoln Park)으로 옮겼다가 1904년 루이지애나 매수기념박람회(Louisiana Purchase Exposition) 때 이용하였으나 박람회 뒤에 없어지고 말았다. G. L. Dybwad and Joy V. Bliss, *Supplement Annotated Bibliography : World's Columbian Exposition, Chicago 1893*(New Mexico : The Book Stop Here, 1992), 뒷표지 ; Dybwad and Bliss, *op. cit.*, pp.xi ~ xii.

30) Dybwad and Bliss, *ibid.*, pp.xi-xii ; C. D. Arnold, *Office Views of the World's Columbian Exposition issued by the Department of Photography*(Chicago:Press Chicago Photo-Gravure Co., 1893), p.83.

31) Johnson, vol. 1, *op. cit.*, p.169.

전기차를 타고 박람회장을 1주 할 수도 있었다. 6세 이상에게 50c. 요금을 받았는데 입장객이 27,000,000여명이었다.32)

1) 총무원

콜럼비아 세계박람회 총본부였던 총무원은 높이 275ft(84m), 단면 총면적 1.27acres(5,139m^2), 마루면적 201,000ft^2(18,673m^2), 가격 493,901 $로33) 박람회장의 중앙에 위치하고 있으면서 박람회와 관련된 모든 사무나 관리만 하였지 관람장은 아니었다. 높이 277ft 직경 120ft의 돔을 가지고 있는 8각형의 건물이었다. 뉴욕 출신 미국건축협회장 헌트(Richard M. Hunt)가 설계한 것이다. 너비 50ft 높이 50ft의 출입문이 4개인데 서쪽문이 주문이며 출입문을 통하여 건물내부로 들어 가면 4구석에 각각 넓이가 84ft^{2}인 4개 사무실(ABCD)이 있었다. A는 미국공무원 사무실, B는 박람회집행사부실 겸 관세사무실, C는 홍보실(O), D는 외국부 은행 통운회사 수위실이었다.34) 건물 가운데는 직경 100ft 높이 250ft의 8각형홀(rotunda)이 직경 4ft의 열주로 둘러 싸여 있었다. 8각형홀 벽에는 약 50ft 높이의 8개의 아취가 있었고 아취와 아취들 사이에는 16개의 청동판자가 있었는데 그위에 우리나라를 위시한 참가한 국가명을 새겨놓고 있었다. 국가명을 소개하면 다음과 같다.35)

---

32) Dybwad and Bliss, *op. cit.*, p.xi ; *A Week at the Fair*, p.6. 6세 이상에게 입장료를 50센트 받았다.

33) Johnson, vol. 1, *op. cit.*, p.1.

34) W. E. Hamilton, "*The Time-Saver*,"(Chicago:Room 12, No.283 South, Clark Street, 1893), p.77.

35) *A week at the Fair*, p.68 ; James W. Shepp and Daniel B. Shepp, *op. cit.*, p.32 ; Johnson vol. 1, *op. cit.*, pp.171～172.

> 오스트리아, 아르헨티나, 벨기에, 브라질, 영령 기에나, 볼리비아, 불가리아, 케이프식민지, 카나다, 실론, 콜롬비아, 중국, 쿠라소, 코스타리카, 덴마크 ,에콰도르, 프랑스, 독일, 그리스, 영국, 과테말라, 하이티, 홀랜드, 인도, 이태리, 자마이카, 일본, Johore, 조선(Korea), 리베리아, 멕시코, 모나코, 뉴 사우드 웨일스, 노르웨이, 니콰라과, Orange Free States, 페르시아, 파라과이, 포르투갈, 러시아, 샴, 스페인, 스웨덴, 스위스, Trinidad, 터키, 우르과이, 베네주엘라.

참국국 48개국으로 기록하고 있으나 이중 중국이 1891년 9월 박람회 출품이 이익이 없다고 생각하여 포기하여 정식으로 참가한 국가는 47개국이었다.[36] 우리나라가 국제행사에 참가하여 참가국명이 국제무대의 패널에 기록되기는 이것이 처음이다.

2) 농산물 전시관(A)

농산물 전시관은 1층 건물로 제품관 및 교양관의 남문에서 내만 지난 지점에 기계전시관과의 일렬 선상에 위치하고 있다. 남쪽부두(250×2,600ft)와 직선거리에 위치하고 있고 미시건호 가까이 동서로 건물이 서 있었다. 건물가격이 618,000$였다. 책임자는 부케난(W. I. Buchanan)이며 건축회사는 뉴욕 멕킴 미드 회이트사(Messrs. McKim, Meade & White of New York)였다. 96ft 높이의 돔(Dome) 형태인 본건물은 단면이 500×800ft(152×244m), 부속건물은 312×550ft인데 부속건물이 본건물에 T자형으로 이어져 있어 그 비율이 500 : 200이었고 주건물의 진열실 넓이가 약 19acres였다. 주문 (主門)에는 코린트식 기둥(Corinthian style)을 세워 만들었는데 기둥의 넓이가 5ft, 높이가 50ft였으며 문의 너비는 64ft였다. 전시관의 중앙에는 144ft^{2}의 원형홀이 있었

36) Johnson, vol. 1, *ibid.*, p.131.

는데 그 높이는 130ft로 유리를 씌운 것으로 이를 중심으로 코너까지 진열실이 나열되어 있었다. 1층 주문실 가까이는 안내실(대기실, 회의실 역할도 했음.)이 있었는데 여기서 2층으로 올라가면 1,500명을 수용할 수 있는 회의실에 갈 수 있었다. 겔러리는 북쪽 전면에 만들었다. 진열실은 A(동북) B(서북) C(동남) D(서남)로 구분하였는데 AB에는 외국물자, CD에는 미국국내물자를 전시하였다. 전시한 물품의 분류는 No. 1～19까지였다.[37)]

No. 1. 곡물, 목초, 마량(馬糧)
No. 2. 빵, 비스키트, 가루, 전분, 글루우텐 등
No. 3. 설탕, 시럽, 과자류 등
No. 4. 감자, 괴경(塊莖)
No. 5. 분류가 안된 농장의 생산물
No. 6. 저장 식용 가축고기, 준비 가능한 식사류
No. 7. 낙농장과 낙농품
No. 8. 차, 커피, 기호품, 호프, 향기로운 식물류
No. 9. 동식물 섬유류
No. 10. 정수(精水), 광물질이 든 물, 자연수 및 인공수
No. 11. 위스키, 사이다, 술, 알콜
No. 12. 맥주
No. 13. 발효 증류 병담기 저장과 관련된 음료를 만드는 기계, 과정, 용도에 관한 것
No. 14. 농장, 농장건물
No. 15. 농업관련 문헌 및 통계
No. 16. 농기구, 농기계
No. 17. 여러 종류의 동물로 만든어진 생산물, 비료, 비료합성
No. 18. 지방, 오일, 비누, 초 등
No. 19. 삼림, 삼림제품

---

37) *A Week at the Fair*, p.122.

갤러리에는 담배 밀크 초코레트 등을, 부속건물에는 농기구 등을 전시하였다.[38)]

3) 원예전시관(B)

원예전시관은 소택지(지금 West Lagoon)의 서쪽에 위치하고 있었다. 책임자는 사무엘(M. S. Samuel), 건축가는 제니(W. L. B. Jenny)와 무디(W. B. Mudie)였다. 건축양식은 이오니아식 기둥을 이용한 베네티안 르네상스식(Venetian Renaissance)이었다. 원예전시관은 단면이 250×998ft (76×304m)로 건물의 전표면적이 5acres이고 용적은 1000×240ft이었다. 각각 24×100ft의 온실 8개를 보유하고 있었다. 건물의 총가격은 400,000$였다. 건물과 연못 사이는 넓은 공간이 있고 건물에는 테라스와 탱크가 있어 정원이 만들어져 꽃전시장의 일부를 이루고 있었다. 전시관 중앙에는 종려나무 양치류 대나무 바나나 등 키가 큰 열대성 식물을 갖다 놓기 위하여 직경 180ft 높이 114ft의 유리 돔을 설치하였다. 전시관내 갤러리가 4곳이 있었는데 갤러리 1개의 넓이는 세로가 90ft 가로가 270ft로 정문쪽에 있는 갤러리 2군데의 것에는 유리 돔을 설치하였다. 중앙대진열실과 양쪽끝의 대진열실은 커틴을 쳐 연결하여 놓았다. 연결되는 이곳에 코트(court)로 되어 있었는데 코트 1군데는 오렌지, 나머지 코트에는 수중식물, 빅토리아 레기아(Victoria Regia), 님페애아스(Nymphaeas)를 전시하였다. 양쪽 끝 대진열실은 2층인데 안에는 레스토랑을 두었으며, 나머지 여러 진열실에도 술, 과일, 꽃, 씨, 도구 등을 전시하고 있었다.[39)] 물품 분류를 보면 다음과 같다.

---

38) *Ibid.*, pp.120～132 ; Flinn, *op. cit.*, pp.31～39 ; James W. Shepp and Daniel B. Shepp, *op. cit.*, p.146 ; Hamilton, *op. cit.*, pp.18～19.

39) *A Week at the Fair*, pp.155～159 ; James W. Shepp and Daniel B. Shepp, *op. cit.*,

No. 20. 포도-완제품, 방법, 용도와 관련된 것
No. 21. 과수-과수 완제품 생산, 방법, 용도와 관련된 것
No. 22. 화초
No. 23. 요리용 나물
No. 24. 씨앗-발아, 검사, 분배에 관한 것
No. 25. 수목(樹木)
No. 26. 기타 원예관련 용도, 방법에 관한 것[40]

4) 가축전시관(C)

가축전시관은 농산물전시관 남서쪽에 위치하고 있었다. 6월 12일 개 쇼(Kennel Show)를 보이면서 개관하여 10월 28일 살찐 가축(Fat stock)의 전람회를 마지막으로 폐관하였다. 책임자는 부케난(W. I. Buchanan)이었다. 달걀 모양의 건물로 단면이 280×440ft(85×134m)로서 외부는 치장벽토와 장대, 내부는 400ft 길이의 공간과 1개의 넓은 노대(露臺)에 줄이 달린 10개의 좌석들, 겔러리에는 사무실이 있었다. 주문이 4개이며 8개의 도어가 좌석으로 갈 수 있도록 만들어져 있었다. 북편 좌석 밑에는 64개의 외양간을 만들었다. 지붕은 철로 만들어 15,000명이 앉을 수 있는 좌석을 만들어 놓았다.[41] 가축전시장(stock exhibit)은 전시관 남쪽에 설치하였다. 가축의 분류와 개관일은 다음과 같다.

【분 류】
A. 가축
B. 말, 숫놈, 노새
C. 양

p.246 ; Flinn, *op. cit.*, p.65.
40) *A Week at the Fair*, p.159.
41) *Ibid.*, pp.97~98.

D. 돼지
E. 개
F. 가금(家禽), 비둘기, 애완동물
G. 뚱뚱한 동물[42]

【개관일】
AB-8월 21일(월)~9월 21일(목)
CD-9월 25일(월)~10월 14일(토)
E-7월 12일(월~7월 17일(토)
FG-10월 16일(월)~10월 28일(토)

5) 어류전시관(D)

어류전시관은 책임자는 코린스(J. W. Collins), 건축가는 코브(Henry Ive Cobb)로써 미국중앙정부전시장 북쪽에 동서로 뻗어 있었다. 주건물과 주건물의 동과 서에 원형의 작은 부속건물이 아케이드로 연결되어 있었다. 2개의 주문을 갖고 있는 주건물은 단면이 365×165ft(50×111m), 부속건물은 각각 직경이 135ft로 가격이 224,000$였다. 주건물에서는 일반 어류를 전시하였고, 동쪽의 부속건물에는 수족관을 설치하였으며 서쪽의 부속건물에는 낚시 낚시도구 등을 진열하였다. 수족관에는 직경 60ft의 원형 홀을 만들고 이 홀안에 24ft 넓이의 바위산을 만들어 높이 22ft의 분수대를 설치하였다. 홀 주변 한편에는 10개의 수족관 반대편에는 4개의 수족관을 만들었다. 서쪽의 부속건물에는 낚시, 낚시도구 등을 전시하였다. 주건물과 부속건물을 연결하여 주는 아케이드는 넓이가 약 15ft로 유리로 덮었는데 그 길이가 575ft이었다. 지붕은 고(古)스페인식 타일을 덮었으며 크라운(crown) 탑과 작는 4개의

42) *Ibid.*, p.98.

탑을 만들었으며 건축양식은 스페인식 르네상스 양식(Spanish Renaissance)이었다.[43] 전시 품목은 5종으로 분류되었는데 그 내용은 다음과 같다.

No. 37. 물고기 및 동류종(同類種)
No. 38. 해류어 및 낚시
No. 39. 담수어 및 낚시
No. 40. 어류제품 생산과 시장조정
No. 41. 어류문화[44]

6) 광물전시관(E)

광물전시관은 전기전시관과 수송물전시관 사이, 총무원 북쪽 영광의 코트 가까이 있었다. 책임자는 스키프(F. J. V. Skiff), 건축가는 베만(S. S. Beman)이며, 단면이 350×700ft(107×213m)로 건물가격은 265,000$ 였다. 지붕은 유리로 덮었으며 레스토랑 변소 등을 포함한 단순한 건물로 이태리 르네상스식(Italic Renaissance)이 주류이나 외부에는 프랑스식도 가미되어 있었다. 건물의 4면에 출입문이 있었으며 들어가면 좌우에는 높이 25ft 넓이 60ft의 겔러리로 올라가는 계단이 있었다. 겔러리에는 25×230ft의 산책로가 있어 산책도 가능하였으며 건물을 둘러싸고 있는 큰 창문에서 빛이 들어오도록 되어 있었다. 산책로에서 남쪽에는 영광의 코트, 서쪽에는 미시건호의 북편이 보였다. 계단에 이어 진열실이 4구석까지 만들어졌는데 그 지붕은 각각 낮은 돔을 형성하고 있었다. 출입문중에서 동북문과 남문이 주문으로 문의 높이가 110ft로 유명하였다. 출입문에서 건물중앙으로 가는데는 아케이드가 있었고 그

43) *Ibid.*, pp.162～165 ; Flinn, *op. cit.*, p.59 ; James W. Shepp and Daniel B. Shepp, *op. cit.*, p.290.
44) *A Week at the Fair*, p.165.

중앙의 천정에는 벽토와 색깔로 치장을 하여 놓았다. 분류된 전시품은 다음과 같았다.45)

No. 42. 광물질, 귀금속, 천연금속, 옥, 수정, 지리적 특수품
No. 43. 자연성 광물-석탄, 코오크, 페트로륨, 천연 개스
No. 44. 건축용 석재, 대리석, 치장용 돌, 채석장 생산물
No. 45. 갈아서 만든 물질
No. 46. 흑연, 점토, 진흙, 석면 등
No. 47. 석회암, 시멘트, 인조석
No. 48. 소금, 유황, 비료, 안료(顔料), 약수, 기타 유명한 광물 및 합성물
Np. 49. 철과 강철 및 이것으로 만든 제품에 대한 야금
No. 50. 알루미늄, 합금
No. 51. 구리, 구리의 합금 및 야금
No. 52. 주석 및 주석판(朱錫板) 야금 등
Np. 53. 아연 닉켈 코발트의 야금
No. 54. 안티몬 및 기타 금속의 야금
No. 55. 밀링(milling)에 의하여 추출한 금은
No. 56. 릭스비애이션(lixviation)에 의하여 추출된 금은
No. 57. 불에 의하여 추출된 금은 및 납
Np. 58. 채석하여 작업으로 만든 돌
No. 59. 사광(砂鑛), 수정, 퇴적광물(堆積鑛物)
No. 60. 지하광물, 목제를 세우기 위한 도구 및 응용
No. 61. 보링 및 드릴 도구와 기계, 부서진 광석 및 석탄을 위한 기구
No. 62. 펌프, 도랑, 감아올리는 기구
No. 63. 광물, 석탄을 저장 운반
No. 64. 가루를 만드는 기구
No. 65. 규격응용
No. 66. 시금하는 기구 및 비품
No. 67. 광물사 야금사 및 문헌
No. 68. 오래 되었거나 유명한 원형(original)도구나 재생46)

45) *Ibid.*, pp.56~58 ; Flinn, *op. cit.*, p.89 ; James W. Shepp and Daniel B. Shepp, *op. cit.*, p.210.

7) 기계류전시관(F)

기계류전시관의 북쪽에는 총무원, 동쪽에는 남운하(S. Cannal) 건너 농산물전시관이 위치하고 있었다. 책임자는 로비손(L. W. Robinson), 기사는 피트즈(H. Fitz) 포터(John Porter)로서 본건물은 단면이 494×842ft(151×257m), 부속건물은 490×550ft, 기계류 상점 및 보일러실은 66×104ft, 펌프실은 77×84ft였다. 이외에도 본건물의 남쪽, 오일전시장과 소공장(Saw Mill) 남족에 야외기계전시장이 있었다. 본건물과 부속건물의 진열실의 총면적은 23.7acres였다. 총건물 가격은 285,000$이었다. 건물의 양식은 스페인식 르네상스 양식에 클래식을 많이 가미하였다. 북쪽벽과 동쪽벽은 치장을 하였으나 서쪽과 남쪽벽은 치장을 하지 않았다. 그러기에 기계류전시관에 가려면 가축전시관 및 스토니 아이랜드 애비누(Stony Island Avenue)쪽 보다는 영광의 코트쪽에서 가는 것이 좋았다. 북쪽벽은 영광의 코트에 면하여 있었다. 콜럼비아 분수대, 대리석상, 궁전 같은 건물들이 보이며, 북문의 문위에는 황금색으로 '콜럼비아 세계박람회'(World,s Columbian Exposition)라는 글씨를 써 놓았다. 북문의 오른쪽에는 주레(Joule) 그리파드(Griffard) 멕코믹(McComick) 호지킨손(Hodgkinson) 풀톤(Fulton) 와트(Watt) 에리손(Ericsson) 코리스(Corliss) 틴달(Tyndall) 피취(Fitch) 휘트니(Whitney)의 이름을, 왼쪽에는 페어바이른(Fairbairn) 모데스레이(Maudesley) 호에(Hoe) 할렌(Hallen) 시멘스(Siemens) 스테펜손(Stephenson) 나스미드(Nasmythe) 스티븐스(Stevens) 에반스(Evans) 트로우브리지(Trowbridge) 시밍톤(Symington)의 이름을 써놓았다. 문 갓 양쪽에는 '기계예술의 궁전'(Palace of Mechanic Arts)이라는 글자를 새겨 놓았다. 입구에는 코린트식 기둥 위에 반원

46) *A Week at the Fair*, pp.56~58.

지붕을 덮어 발코니를 만들어 놓았다. 여기에서 받침을 만들어 받침 위에 6개의 유명한 발명가 조각상, 이위 난간에 2개의 높은 탑 사이에 높이 13ft의 5개의 조각상이 있었다. 과학상을 중심으로 불, 물, 공기, 흙에 대한 상이 있었다. 여기에서 2개의 탑을 세워 탑 위에는 상징적인 월계수(승리의 상징)가 있었다. 동쪽문쪽에서는 스톡전시장(Stock Pavillion) 쪽에 열주(Collonade)가 보였다. 동문문 위쪽에는 박공이 보이는데 오른쪽에는 가드너(Gardner) 스미톤(Smeaton) 뢰브링(Roebling) 볼톤(Bolton), 왼쪽에는 뉴톤(Newton) 이드스(Eades) 트라우트윈(Trautwine) 홀리(Holly) 이름을, 문위에는 '기계 예술의 궁전'이라는 글씨를 새겨 놓았다. 이 글씨는 남쪽에도 있었다. 또 동문의 박공벽에 콜럼버스의 좌상을, 박공벽의 구석에는 2군(群)의 사자상을, 그위에는 북문처럼 5상을 만들어 놓았다. 동문과 북문은 각각 문의 양쪽에 카톨릭교회에서 볼 수 있는 탑을 올려 세워 놓고 있었다. 현관(portico)의 천정에는 색갈로 치장을 하여 놓았다. 동문 북문 이외의 문에는 MDCCCXCIII를 새겨 놓았다. 건물중앙에는 3개의 돔이 있었다.

건물에는 6개의 스카이 라이트가 있었고 끝에는 상을 만들었다. 1층 건물안에는 건물 둘레에 아케이드를 만들고 아케이드 표면에는 아이보리색(ivory) 주석을 입히고 군데 군데 황금색을 가미하여 놓았다. 본 건물을 지을 때 3개의 철물골조로 지은 것인데 전시물을 옮기기 위하여 긴 건물의 한쪽 끝에서 다른쪽 끝까지 공중에 움직이는 기중기를 설치한 적이 있었다. 그래서 이 설비 위에 관람객을 위하여 위에서 아래에 있는 기계를 관람할 수 있도록 플래트폼(platform)을 만들어 놓았다. 플래트폼을 바쳐주는 기둥에는 동력 추계(shafting)를 설치하여 놓았다.[47] 진열된 물품 분류를 보면 다음과 같다.

---

47) *Ibid.*, pp.87～89 ; Flinn, *op. cit.*, pp.70～71 : Hamilton, *op. cit.*, p.17.

No. 69. 동력 수력 압착공기의 전달과정, 전도(傳導)를 위한 모터와 도구
No. 70. 소화(消火)를 위한 소방엔진, 기구, 응용
No. 71. 금속작업을 위한 공작기계와 기계장치, 제책 제지업에 필요한 기계
Np. 75. 석판인쇄, 아연판화, 칼라인쇄
No. 76. 사진 기계, 삽화만드는 기계
No. 77. 여러 기술에 사용되는 손도구, 기계, 응용
No. 78. 돌 흙 기타 광물질 작업에 필요한 기계
No. 79. 식료품 등을 준비할 때 사용되는 기계[48]

8) 수송물전시관(G)

수송물전시관은 원예전시관과 광산물전시관 사이, 영광의 코트 서남쪽에 위치하고 있었다. 책임자는 스미스(Willard A. Smith), 건축설계는 아들러 서리반 회사(Messrs, Adler & Sullivan of Chicago)가 맡았었다. 본건물은 단면이 250×960ft(76×293m) 진열면적은 9.5acres, 부속건물은 425×900ft 진열면적 9.25acres로써 동쪽에 있는 제품전시관 및 교양전시관과 동일한 축상(軸上)에 위치하고 있었다. 부속건물은 단면이 마름모꼴로 본건물의 서편에 접하고 있었다. 본건물과 부속건물을 합하여 총가가 370,000$였다. 건축양식은 단순하면서 로마네스크 양식을 약간 가미하고 있었다. 소택지에 면하여 있는 주문인 동문은 문이 가로 100ft 높이 70ft로서 5개의 넓은 아취와 전면에 금엽(金葉)으로 치장하여 '황금의 문'(Golden Door)이라고 불렀다. 동문의 지붕에는 레스토랑이 있었고 다른 문에도 이같은 레스토랑 등이 있었다. 동문에서 남문까지 남북로에는 열주와 수평부(entablature)가 이어져 있었다. 남문에는 오른쪽에 유명한 수상수송발명가 스티펜손(Stephenson) 바레트(Barrett) 스코트(Scott), 왼쪽에 몬트골피어(Montgolfier) 반더발트(Vanderbilt) 와트

48) *A Week at the Fair*, pp.89~90.

(Watt) 유명한 육상수송발명가상을 세워두었다. 건물내부는 로마시대 바실리카(Basilica)처럼 넓은 공간이었는데 건물의 중앙을 따라 증기기관 등을 진열하고 있었다. 1등 증기기관은 코메트(Comet)인데 1831년 영국회사가 미국에 들여 온 것이었다. 기타 진열하고 있었던 증기기관은 샘프손(Sampson), 올드 아이론사이드스(Old Ironsides), 알비온(Albion)이었다. 중앙 남북로 양쪽에는 모든 종류의 수송물은 물론 어린이용 케리지(carriage)에서 모형엔진 현금운반장치 기구(氣球) 전서(傳書)비둘기 등을 진열하였다. 건물의 중앙에 둥근 지붕(cupola)이 있는데 8개의 엘리베이터가 설치되어 있었다. 지붕은 3부분으로 나누어져 있었는데 둥근 지붕이 가장 높았다. 부속건물은 스토니 아이랜드 애비누(Stony Island Avenue)까지 1층을 지은 것인데 여객기차 수송열차 등을 전시하고 있었다.[49] 진열된 수송물의 분류는 다음과 같았다.

No. 80. 철도, 철도부설과 장비
No. 81. 도로운행차(car)와 도로제도
No. 82. 여러가지 특수철도
No. 83. 일반도로상의 수송차와 수송방법
No. 84. 기체 압착공기 기타 수송형태
No. 85. 선박 보트 해양 호수 강수송(江輸送)
No. 86. 해군교전과 해안방위 문제[50]

9) 제품전시관(H)과 우리나라 전시실

책임자는 에리슨(James Allison), 설계자는 뉴욕인 포스트(George B.

---

49) *Ibid.*, pp.43~48 ; Flinn, *op. cit.*, pp.93~95 ; James W. Shepp and Daniel B. Shepp, *op. cit.*, pp.200~202.
50) *A Week at the Fair*, p.48.

Post)였다. 전시관중 제품전시관은 주전시관으로 영광의 코트 동북방 미시건 호반에 위치하고 있었다. 영광의 코트에서 동북쪽으로 가다가 보면 콜럼비아 분수대가 나오고 다리를 건너가면 남쪽문이 나오는데 이문에서 내만 건너에는 농산물전시관, 서쪽문 북운하 건너에는 전기 전시장 북쪽에는 미국중앙정부전시관이 자리잡고 있었다.

제품전시관은 세계에서 가장 큰 해신(海神)과 같은 큰 전시관이었다. 도리아 양식으로 단면이 788×1,687ft(240×514m)로써, 운동장 31acres (125,451m2) 진열실과 겔러리를 합하여 44acres(178,059m2)이었다. 건물 가격이 1,812,691$였다. 상하 2열의 창문이 건물을 둘러 싸고 있었으며 벽에는 대리석을 붙혔으며 지붕은 유리와 강철로 덮었는데 넓은 돔을 만들었다. 높이 80ft 너비 40ft의 4개대문안[51] 건물안에는 380×1,280ft의 코트가 있었는데 368ft의 철골과 들보를 합하여 무게가 400,000Ib되는 곳에 212ft 9inch의 지붕을 덮었으며 코트 주변에는 박공지붕 높이가 114ft이며 107ft 너비의 네이브(nave)와 2개의 홀이 있었다.[52] 여기 교치로에는 시계탑이 있었는데 40ft 바침 위에 높이 120ft 탑을 세우고 1층 14ft 위에 시계를 두어 시간을 알렸다.[53] 엘리베이터로 지붕에 올

51) 4대문 외에 건물의 4 코너에도 문이 있었다. 다음 인물들이 페인팅을 하였다. *Ibid.*, pp.134～135.
동문-Simmons, Cox
서문-Blashfield, Reinhart
남문-Reit, Weir
북문-Beckwith, Shirlaw
코너 문에는 판넬을 만들었는데 다음 인물들이 맡아 행하였다.
서북문-F. D. Millet
동북문-Lawrence C. Earle
동남문-Mc Ewen

52) *Ibid.*, p.132.

53) Flinn, *op. cit.*, p.84.

라갈 수 있도록 설비하였다.

제품전시관은 코트에 파리 벤돔 기둥(Vendome Column)을 세운다면 74ft(23m)까지 밖에는 올라가지 못하지만 뉴욕 증기회사(New York Steam Heating Co.)의 굴뚝은 6ft(0.3m)나 더 올라가는 높이며 보스톤 벙커 힐(Bunker Hill monument)보다 11ft(3.35m) 낮으며 뉴욕 그레이스 교회(Grace Church) 정상보다는 6ft(1.83m) 낮은 건물이었다. 제품전시관을 짓는데 목제 17,000,000ft(5,181,600m), 강철 13,000,000 Ib(1,797,250kg), 철 2,000,000 Ib(276,500kg) 등을 사용하여 건축비가 1,700,000$나 들어갔는데 전시실 건축비만 별도로 보면 미시건 목재지역의 4,451,480m^2 (1,100acres) 나무에 해당하는 짐차 215대분의 목재 2,133,600m(7,000,000ft), 못 짐차 5대분, 성 루이스교(St. Louis bridge) 건설에 충당하여야 할 정도 〔브루크린교(Brooklyn bridge) 2개 교량〕의 철과 강철 1,400t 이상, 짐차 14대분의 445,148m^2(11acres) 유리를 이용하여 조명시설을 하였던 것이다.54) 지붕으로 올라가는 엘리베이터(예를 들면 Hale Elivator, Otis Elivator)가 코너에 있었는데 올라가서 지붕주변은 걸어 다닐 수 있는 통로를 만들어 놓았다.55)

건물내 코트에는 7,500명이 앉을 수 있는 홀이 있었고 1892년 낙성식 때에는 10만명이 이 건물에 입장하였다. 피라미드의 2배, 8만명이 앉을 수 있는 로마 콜로세움의 4배, 미국국회 의사당의 2배 반, 베드로성당의 3배, 야구장 14개장, 베이스볼장 6개장을 설치할 수 있고, 1889년 파리세계박람회 때의 기계예술의 궁전(Palace of Machanic Arts)을 관내 넣을 수 있고, 시카고에서 제일 큰 콘그레스 미시건가 와바쉬

54) *A Week at the Fair*, p132.

55) *Ibid.*, pp.144～145 ; James W. Shepp and Daniel B. Shepp, *op. cit.*, p.45 ; *Elevator Tower*(Chicago : Hale Elevator Company, 1893)

에 있는 오디토리움 호텔 20채를 넣을 수 있는 정도의 크기였다. 1889년 파리 세계박람회시 높이 984ft(299.92m)의 에펠탑을 납작하게 깔 정도의 넓이었다.[56)]

최근에 발굴된 각 진열실의 배치도를 보면 모든 진열실을 ABCDE FGHIKLMNOPQ의 16개 군(群 · sections)으로 나눈 것을 알 수 있다. 각 군에 있었던 각국의 진열실을 알아 보면 다음과 같다.

【콜럼비아 애비누 서편-남문에서 부터】

A. 멕시코, 샴, 페르시아, 스페인, 이태리, 네덜란드
B. 스페인, 아르헨티나, 살바도르, 우르과이, 모스키토연합, 에콰도르, 조선, 콜롬비아, 포르투갈, 불가리아, 터키, 브라질, 덴마크, 스위스
C. 자마이카, 실론, 인도, 뉴 사우드 웨일스, 카나다, 영국
D. 영국
E. 독일
F. 오스트리아
G. 일본, 미국이 일부 차지
H. 미국

【콜럼비아 애비누 동편-남문에서부터】

I. 교양관
K. 노르웨이, 러시아, 중국
L. 벨기에
M. 프랑스
N. 미국
O. 미국
P. 미국
Q. 미국

56) *A Week at the Fair*, p.132 ; Dybwad and Bliss, *op. cit.*, p.xi.

모든 군이 제품을 전시하였으나 예외로 I군은 교양전시관이었다. 겔러리는 바닥에서 6.1m(20ft) 높이 지점에 15.24m(50ft)나 12ft의 너비로 만들고 또 너비 32.61m(107ft)의 진열실을 만들어 서편-ABCD, 북편-E, 동편-FGHI, 남편-K의 10개군으로 분류하였다. 겔러리의 GF군에는 제품을 전시하였다. 겔러리에는 30개로 구성된 층계(2개)를 이용하여 주문쪽에서 올라가도록 되어 있었다. 전시품목은 분야별 분류(classification) No. 147~158, 세목별 분류(grouping) No. 87~No. 121로 분류하여 전시하였다.[57]

No. 147. 신체의 성장과 훈련과 상태 및 건강법
No. 148. 의학과 보철술(補綴術)의 기구
No. 149. 초등 중등 고등교육
No. 150. 문학 책 도서관 저너리즘
No. 151. 경험과 조사와 photo기구
No. 152. 시민을 위한 기계화, 공공사업, 건설 건축
No. 153. 정부와 법률
No. 154. 상업 무역 은행
No. 155. 지식의 증대와 보급을 위한 기구
No. 156. 사회적 산업적 협력적인 협회
No. 157. 종교의 조직체 통계 공표
No. 158. 음악과 음악기구

No. 87. 화학 및 약제 생산, 약품 공급
No. 88. 페인트 칼러 물감 광택
No. 89. 타이프라이트 종이 공책 문방구
No. 90. 실내가구, 가구류, 예술적 장식품
No. 91. 세라믹과 모자이크(Group 46을 보라)

---

57) *A Week at the Fair*, pp.135~136.

No. 92. 기념비, 영묘(靈廟), 장식(mantels) 장의물(葬儀物)
No. 93. 금속예술품, 에나멜 등
No. 94. 유리와 유리그릇
No. 95. 장식용 색채유리
No. 96. 여러가지 종류의 금속조각
Np. 97. 금은판 등
No. 98. 보석과 장식물
No. 99. 시계제작법, 시계, 벽시계
No. 100. 비단과 비단실
No. 101. 황마와 레미(마레이산 관목의 일종)와 식물섬유, 광물질섬유
No. 102. 뜨개실, 짠물건, 아마포와 기타 식물섬유
No. 103. 순 모직물과 펠트(felt), 혼방모직물
No. 104. 피륙과 여성의류
No. 105. 털과 털옷
No. 106. 레이스 자수 재단 조화 부채 등
No. 107. 두발 관련 업, 머리 닿는 법, 화장실 치장
No. 108. 여행장비, 여행가방, 트렁크, 지팡이, 양산
No. 109. 고무제품, 탄성고무(caoutchoue), 구타 퍼차(gutta percha), 셀루로이드, 지로니트(zylonite)
No. 110. 장난감과 취미 관련 물건
No. 111. 가죽과 가죽제품
No. 112. 척도(尺度), 무게측정(역시 Group 151을 보라.)
No. 113. 전쟁물품과 사냥 및 스포츠도구
No. 114. 광도구(光道具)와 설비
No. 115. 열(熱)과 요리도구 및 설비
No. 116. 냉각장치, 속이 빈 금속기물, 주석기물, 에나멜기물
No. 117. 선류물품(線類物品), 스크린, 구멍 있는 판자, 격자(lattice work)
No. 118. 가공철과 두께가 얇은 전시품
No. 119. 볼트(vaults), 금고, 철물
No. 120. 끝이 뾰죽한 도구, 칼붙이(cutlery)
No. 121. 분류에 들어가지 않는 여러 물품들

진열품중에 문손 타이프라이터(Munson Typewriter)가 눈에 띄는 것이 특이하였다.[58] 처음 전시물을 보낸 나라는 일본이었다. 포장 33개를 선적물로 1893년 1월 3일 보냈다. 러시아가 1893년 7월 5일 포장 18개를 선적물로 마지막 보냈다.[59] 6월 24일 전시물을 총검하였다.[60] 전시자수는 진열면적 790,942ft^{2}에 미국인 428,670명, 외국인 215,927명이었다.[61] 관람 코스는 남쪽 정문에서 들어와 콜럼비아 애비누 따라 서쪽을 구경하고 북문까지 가서 콜럼비아 애비누를 따라 동쪽을 구경하면서 남쪽에 와서 여기서 교양전시관이 있는 소로로 북문에 닫는 것이었다. 관람 코스의 절정은 제품전시관의 지붕에 올라가 박람회장과 전기빛을 보는 것이었다.[62]

우리나라 진열실은 제품전시관의 관내의 서남쪽에 위치하고 있었다. B군, C–D, 20–23에 위치하고 있었다. ABC군 서쪽편, A군에는 음식점, B군에는 여자화장실, C군 좌우에는 남자화장실과 음식점이 있었다. 우리나라 진열실에서 변소를 가려면 B와C군 사이의 소로(小路)로 가면 되었다. 우리나라 진열실의 동쪽에는 남아메리카의 콜롬비아, 서쪽에는 14inch 길 건너 모스키토 연합(중앙 아메리카 거주 아메리칸 인디언), 남쪽에는 에콰도르, 북쪽에는 14inch 길 건너 실론의 진열실이 자리잡고 있었다. 우리나라 진열실은 466ft^2 〈43.29m^2〔466ft2×0.09290(m^2)=43.29m^2〕〉이었다.[63] 우리나라 진열실은 짓는데 든 비용이 500.00$였으며 개회일인 5월 1일에도 완공을 하지 못한 체 개문(開門)하였다. 사실

58) *Ibid.*, p.144.
59) Johnson, vol. 2, *op. cit.*, p.234.
60) *Ibid.*, p.236.
61) *A Week at the Fair*, p.36.
62) Johnson vol. 2, *op. cit.*, p.236.
63) Herbert Howe Bancroft, *The Book of the Fair*, vol. 9(Chicago, San Francisco : The Bancroft Company, 1893), p.121(http://columbus.gl.iit.edu/bookfair/bftoc.html).

1893년 6월까지도 완성을 못하였다.[64] 전시품목은 세목별 분류(grouping) No. 87~No. 121중에서 우리나라는 물종 5종을 전시하였으며 출품자는 21명이었다. 분류된 물종을 소개하면 다음과 같았다.

제품전시관(H)

【한국】

No. 90.	한국정부	진주로 무늬를 박아 넣은 궤
No. 106.	한국정부	비단자수품
	한국정부	자수품
No. 101.	한국정부	삼베옷 돗자리
No. 104.	한국정부	옷
No. 121.	한국정부	대나무 창의 여러 종류[65]
	대나무빗	

밴크로프트(Hubert Howe Bancroft)는 우리나라 진열실은 장남감 같다면서 비단옷, 궁녀복, 병풍, 돗자리, 드리운 천, 가마, 종이제품, 도자기, 주발, 인삼, 호랑이 가죽, 목공도구, 카페트, 칠세공품, 담배갑, 놋

64) Johnson, vol. 1, *op. cit.*, p.157.

65) The Official Directory of the World's Columbian Exposition, May 1, 1893-Oct. 30, 1893, F38MZ WI 1893 D81 v.2, List of Awards(Foreign) as Copied for Mrs. Verginia C. Meredith, Chairman, Committee on Awards, Board of Lady Managers from the Official Records in the Office of Hon. John Boyd Thacher, Chairman Executive Committee on Awards, Washington. D.C. 우리나라 물종은 렌드 멕넬리의 *A Week at the Fair*에 기록된 일반분류와 일치하고 있다.
No. 90. 실내가구, 가구류, 예술적 장식품
No. 106. 레이스, 자수품 깎아 다듬어 낸 물건, 조화(造花), 부채 등
No. 101. 황마(黃麻), 레미(말레지아산 관목의 일종)섬유, 식물 또는 광물성 섬유
No. 104. 피륙, 복장
No. 121. 분류에 들어가지 않는 여러 물품들

쇠와 도자기그릇, 곡식, 밤, 씨, 실패, 장기판, 촛대, 머리핀, 남녀복 1벌, 하위직 관복1벌, 상위직 관복 1벌, 대포 등 출품목에 대하여 다음과 같이 서술하였다.[66)]

> 실론 진열실 남쪽에 장난감 같은 조선전시실이 있었는데 비록 서구문명과 담을 쌓고 지내는 쇄국주의 나라이지만 콜럼비아 세계박람회에 출품종사원과 출품을 보냈다. 출품종사원 중에는 비단으로 만든 상의와 갓을 쓰고 있었던 사람은 주미조선공사였으며 다른 한 사람은 주조선미국공사관 서기관이었다. 그 서기관은 25t 이상의 출품을 왕으로부터 위임맡아 출품하였는데 물품의 대부분은 왕궁에서 가지고 온 것이거나 쇄국주의 국가의 관습과 산업을 말하여 주는 이상한 것들이었다. 이같이 물품을 보낸 것은 쇄국주의 국가이면서도 어떤 서양의 다른 나라보다도 왕과 조선인들은 미국을 믿기 때문이었다. 출품은 다양한 비단옷이 있었다. 그중에서 궁녀복, 병풍, 돗자리, 드리운 천이 방문객에게 호기심을 갖게 하였다. 가마는 귀족들이 타는 것인데 미드웨이 프레이잔스의 가마와 비슷하였으나 직경이 4ft 정도의 바퀴와 위에는 앉는 자리가 있었다. 가마는 평지 이외에서는 6inch의 끝에서 노예의 어깨로 매도록 되어 있었다. 종이제품이 여러종이 있었다. 단단한 마루의 카페트에서 지붕에 이르기까지 좋은 비단처럼 사용하는 것들이었다. 이같은 물품들을 만드는 데에 있어서 조선인들은 제작과정을 비밀에 부쳤다. 더구나 조선인들은 도자기 기술을 일본에 전하였는데 특히 그 나라의 남쪽지역에 조선도공이 가서 기술을 전하였다고 생각하고 있었다. 그런데 일본 도자기중에서 특히 흥미를 자아내는 것은 고대도자기에 관한 것이었다. 고대 도자기가 사쓰마지방에서 제조되었으나 지금은 그 기술이 없어졌다. 조선에서 부분적으로 고대도자기 기술이 전하여 별 가치없는 보물로 대를 이어 내려 오고 있다. 왕이 쓰는 주발은 500년이나 오래 된 것인데 색갈이 푸르고 부드러운 감촉과 윤기가 있는 것이 있었다. 조선진열실에는 역시 약품을 전시

66) Bancroft, vol. 9, *op. cit.*, p.219 ; *Ibid*, vol. 8. p.178.

하였다. 특히 인삼을 전시하였는데 금처럼 귀중하게 취급하였다. 특히 중국인들에 의하여 오염된 물로 발생하는 심신불안증의 치료약으로 각광을 받았다. 호랑이 가죽을 치료약으로 출품하였으며 이 가죽은 조선의 산업상 수입의 중요한 소스(source)가 되었나. 금속류와 삽다한 종목을 많이 전시하였다. 그 종류를 보면 목공도구, 케비넷, 칠세공품, 담배갑, 놋쇄와 도자기그릇, 곡식, 밤, 씨, 연줄감는 실패, 장기판, 촛대, 머리핀, 남녀복 1벌, 하위층 관복, 고위층 관복이었다. 흥미스러운 것은 한무데기의 대포를 전시하였는데 이것은 10c.에 만든것으로 작은 곡사포였으나 현대형이라면서 만든 것이었다고 한다.

프린(John J. Flinn)은 전시품으로서 찬장 악기 등에 대하여 다음과 같이 서술하였다.

출품은 국왕의 관리하에 이루어졌다. 목면, 삼, 명주실, 왕골로 짠 직물, 종이, 부엌용 도구, 찬상, 보석, 악기 등을 진열하고 있었다. 예술전시관에서 조선은 매력적이고 값어치 있는 도자기를 갖고 있다고 소문이 나 있었다.[67]

헨디(Moses P. Handy)는 전시품으로서 모시옷, 사자가죽 털, 골동품, 목면 등에 대하여 다음과 같이 서술하였다.

출품대원 정경원 ; 특파위원 이승수 ; 통역 안기선 ; 통역 장봉환 ; 주미조선공사관 대리 이채연
조선의 주전시품이 보이는 곳은 제품전사관이다. 이곳에 비단과 목면으로 짠 직물, 모시옷, 삼, 사자, 호랑이 가죽, 털, 사슴뿔, 무기와 대포알, 가구류, 그릇, 일상복, 상감청자, 고물이 포함되어 있었다. 조선국에서 온 금속류도 진열되어 있었다.[68]

---

67) Flinn, *op. cit.*, p.118.

콜럼비아 세계박람회 개회식에 우리나라는 출품대원 정경원, 주미조선공사 이승수, 알렌 서기관, 장봉환, 안기선, 국악사 10명 등이 총본부 앞 광장인 영광의 코트에 가서 식에 참석하였다. 당일 그들은 클리블랜드 대통령을 만났다. 정경원은 다음날부터 외교와 관광길에 나섰다. 정경원은 워싱턴으로 가서 5월 25일 클리블랜드 대통령을 다시 만났다. 정경원은 6월 5일 사진관(CM BELL)에 가서 사진을 찍었다.[69)]

6월 16일자 정경원의 일기를 보면 독일 연회의 모습에 대하여 "손님이 270여명이었는데 손님으로 온 터키인은 머리에 수건을 두르고 있어 특이했으며 의관을 갖추어 긴옷을 입고 움직이는 동작이 한결같이 똑같은 사람은 정경원 뿐이었다."라고 자세히 기록하고 있다.[70)]

우리나라 주최 연회는 9월 5일 콘그레스가 와바쉬 미시건 애비뉴(Congress St., and Wabash and Michigan Aves)에 위치하고 있는 1등급인 오디토리움 호텔에서 7시부터 시작하였다. 오디토리움 호텔은 높이가 260ft(79.2m)였으며 17층까지 엘리베이터가 운행되었고 1일 숙박비가 500~2,000$로 비싼 곳이었다.[71)] 손님이 100여명이었다. 최근에 우리나라 연회와 관련된 자료가 발굴이 되어 당시 연회의 모습에 대하여 많은 흥미를 잦아내게 하여 준다. 출품대원 정경원과 주미조선공사 이승수 이름으로 20×15mm 크기의 초대장을 보내고, 태극기와 은화환내(銀花環內)에 '셩죠딕'이라는 글자를 쓰고 태극기와 성조기를 같이 묶어 장식한 19×13.5mm 크기의 기념품을 참석자들에게 돌린 것을 알

---

68) Moses P. Handy ed., *The Official Directory of the World's Columbian Exposition(A Reference Book), May 1st to Oct. 30th, 1893*(Chicago:W. B. Conkey Co., 1893), pp.133~134.

69) 「鄭敬源文書」 4月 21日字 ; 「鄭敬源 寫眞原本」 ; 이민식, 앞의 책, p.524.

70) 「鄭敬源文書」 7月 25日字 : 이민식, 앞의 책, p.541.

71) *A Week at the Fair*, p.22, p.248 ; Flinn, *op. cit.*, pp.198~199.

수 있다.[72] 전시물 철거가 미국이 폐막 3주내, 외국은 1894년 2월 24일까지 철거령이 내렸지만 동년 1월 8일 화재 발생 전에 철거하였다.[73]

정경원은 10월 30일 박람회를 끝내고 귀국하여 12월 18일 건청궁에서 고종에게 귀국보고를 하였다. 그는 우리나라의 출품액이 1,140$였으며 1,000명에게 명함을 돌렸으며 서병규와 박용규는 영어에 통달하여 언어 소통에 불편함이 없었다고 하였다. 우리나라 물건이 외국인들에게는 너무 신기하게 보여 관람자가 우리나라 진열실에 너무 많이 들어와 관리인이 일일이 대응할 수가 없어서 물품명과 용도를 종이에 써서 물품에 붙혀 놓았다고 하였다. 그는 우리나라의 진열실은 6~7간 정도가 된다고 하였다. 벤크로프트와 더불어 콜럼비아 관련 권위자인 존슨(Rossiter Johnson)의 기록, 최근에 발굴된 콘케이사(W. B. Conkey Co.) 발행 제품전시관의 배치도, 랜드 멕넬리((Rand, McNally)의 콜럼비아 세계박람회 안내서를 보면 정경원의 보고가 비슷하게 맞아들어 간다.

콜럼비아 세계박람회는 '물이 있는' 내수(內水) 위 호반에서 열렸던 박람회였다. 콜럼비아 세계박람회는 우리나라의 '문화'를 서방세계에 알리는 처음 계기가 되었다. 콜럼비아 세계박람회는 우리나라가 주최국은 아니었으나 '물과 육지가 있는' 세계박람회에 처음 참가하였다는 점에서 역사적 의의가 크다. 이같이 하여 시작한 우리나라의 박람회 역사는 100년 뒤 우리나라가 주최국이 되어 1993년 대전 엑스포를 개최하였다.

---

72) *Invitation to Dinner at the Auditorium in Downtowm Chicago ; Place Setting Souvenir of Korea Dinner.*

73) Johnson, vol. 2, *op. cit.*, p.243.

10) 전기전시관(J)

전기전시관의 남쪽에는 영광의 코트, 북쪽에는 북운하, 동쪽에는 제품전시관 및 교양전시관, 서쪽에는 광물전시관이 있었다. 영광의 코트 주위에는 서쪽의 역사(驛舍), 동쪽의 열주식건물(Peristyle : 음악당과 카지노 사이 위치), 남쪽의 기계류전시관 및 농산물전시관, 북쪽의 제품전시관 및 전기전시관, 중앙의 총무원 도합 7개의 건물이 위치하고 있었다. 전기전시관은 이 7개 건물의 하나였다. 비슷한 넓이의 광산물전시관과 나란히 서 있었는데 이 두 건물은 대조적이었다. 광산물전시관은 무거운 기계 거친 생산품 등을 취급하므로써 모든 분야에 넓은 인상을 준 반면에 전기전시관은 정제된 물건을 취급하였으므로 아담한 구조의 인상을 주었다. 책임자는 바레트(Prof. J. P. Barrett), 건축가는 캔사스시(Kansas city)의 소재 브런트 하우사(Messrs. Van Brunt & Howe)의 브런트(Henry Van Brunt)로써 단면이 345×690ft(105×210m)였다. 건축양식은 코린트 양식으로 기둥의 크기는 너비 3ft 6inch 높이 42ft였다. 건물 가격은 401,000$였다. 대리석으로 벽의 4면을 만들었는데 벽의 높이는 68ft였다. 4방은 상하 2열로 창문을 만들고 평평한 지붕위에 전기를 달아 밝게 하였다. 동서남북에 출입문이 있었고 문마다 2개의 높은 탑, 동쪽문과 서쪽문의 동쪽에는 작은 사이문이 있었는데 각각 낮은 탑을 세웠다. 건물의 각 코너 진열실의 지붕 위에는 높은 탑을 세웠다. 주문은 남문으로 문위는 반월형이며 53×92ft의 아취에는 프랭크린(Benjamin Franklin) 조상(彫像)이 있었고 문에 들어서면 아케이드가 있었다. 남문에 들어가 처음 보이는 진열실은 G군 Block 18이었는데 여기에는 벨 전기회사(Bell Telephone Co.,)가 전화를 전시하고 있었다. 동문과 서문에는 포르티코(portico)를 만들었고, 북문 위 좌우에 위대한 발명가 이름을 적어 놓고 있었다.

건물내는 동편에 남문쪽으로부터 ABCDEF, 중앙에 남문쪽으로부터 GHIJK, 서편에 남문쪽으로부터 LMNOPQ군으로 나누어 물품을 진열하였다. 전시관의 가운데는 너비 115ft 높이 114ft의 네이버(naver)가 있었다. 23ft의 철골이 바치고 있었다. 2층에는 겔러리가 있었는데 그 넓이가 118,546ft^{2}였다. 진열된 물품분류는 다음과 같았다.

No. 122. 전기 및 자기법을 설명하는 정부기구
No. 123. 전기측정을 위한 정부기구
No. 124. 기본 및 다음 단계에 필요한 전기 베터리
No. 125. 기계의 힘에 의한 전류 생산 기계및 응용 즉 다이나믹한 전기 생산 문제
No. 126. 전류의 전송과 조절문제
No. 127. 전기 모터
No. 128. 전기 모터 응용
No. 129. 전등에 관한 문제
No. 130. 전열
No. 131. 전기 야금과 전기화학
No. 132. 전기에 대한 제작, 용접, 절단, 고열 치리, 땜질 등
No. 133. 전보와 전기 암호
No. 134. 전화와 용도, 축음기
No. 135. 외과, 치과, 치료상 전기요법
No. 136. 전문적이 아니고 일반적인 전기의 여러가지 응용
Np. 137. 전기발명사와 통계
No. 138. 여러나라의 모델이나 도면으로 설명할 수 있는 전가과학과 전기시설에 대한 진보와 발전[74)]

74) *A Week at the Fair*, pp.80~84.

11) 예술전시관(K)

이오니아식 건물인 예술전시관(Art Galleries ; Fine Art Building)은 '예술의 궁전'(Palace of Art)으로 동쪽은 외국전시관의 측면이며 북쪽과 서쪽은 각주전시관이 있고 남쪽에는 북소택지(North Pond)가 위치하고 있었다. 책임자는 아이베스(Halsey C. Ives), 설계는 시카고인 아트우드(C. B. Atwood)가 하였다. 단면이 500×320ft(98×152m)로서 동서장방형으로 본건물 북측 동서에 각각 120×200ft 부속건물이 붙어 있었다. 가격은 670,000$로서 박람회장에서 가장 비싼 건물중의 하나였다. 건물의 그림자가 북소택지에 드리워져 아름다운 절경을 이루고 있었다. 예술전시관은 벽은 시원한 회색 벽돌, 겔러리와 진열실은 철, 지붕은 빛이 들어가는 유리(glass sky-lights)와 철로 만들어, 내화성(耐火性)이 강한 건물이었다. 박람회가 끝난 뒤 1894년 불이 나 다른 건물은 소진(燒盡)하였는데도 예술전시관은 남아서 현재 과학 산업 박물관(Museum of Science and Industry)으로 바뀌어 150여 수집품이 소장되어 있는 것은 우연이 아니다.[75] 이 박물관은 박람회의 실상을 이해하는데 도움을 주고 있다. 외부벽 주위는 너비 40ft의 겔러리, 동서남북 4면에 4개의 문을 만들었다. 북소택지에서 보트로 내려 보도로 들어가는 문이 남문이었다. 남문에서 전시관으로 들어가면 프랑스 조소품, 북문에서 들어가면 미국 조소품이 자리잡고 있었다. 동문에서 들어가면 프랑스 건축물, 서문에서 들어가면 독일 건축물이 나열되어 있었다. 건물 중앙에 4지점이 연결된 너비 100 높이 70ft 네이버가 있었다. 네이버에는 20ft의 겔러리가 있었다. 네이버에는 중앙 홀(rotunda)이 있었다. 네이버 위 지붕에 돔이 있었는데 돔의 크기는 직경은 60ft 높이 125ft였다. 돔

75) Dybwad and Bliss, *op. cit.*, p.xii.

위에는 마르티니 고명상(高名像 ; Martiny's Winged figure of "Fame")을 세워 두었다. 30×30ft에서 36×120ft까지의 겔러리 74개가 건물내 있었다. 진열실은 동문우측 1~9, 동문좌측 10~18, 서문우측 19~27, 서문좌측 28~36, 동 부속건물 37~58, 서 부속건물 59~80로 나누어 전시하였다. 분류된 품목은 다음과 같았다.76)

No. 139. 조각
No. 140. 유화
No. 141. 수채화
No. 142. 아이보리 에나멜 금속도자기 기물(器物) 위의 그림, 벽도화 그림(프레스코화)
No. 143. 판화 동판쇄(銅板刷) 인쇄
No. 144. 분필화, 목탄화, 파스텔화, 기타 그림
No. 145. 고대와 현대 조각, 메달조각, 보석, 양각옥(玉), 음각한 보석
No. 146. 개인 수집품의 전시

12) 교양전시관(L)

책임자는 피바디(Selim H. Peabody)였다. 교양전시관은 제품전시관내 I 군과 박물관의 일부였다. 교양전시관의 넓이는 1889년 파리교양전시관 244,300ft²의 2배 정도인 488,600ft²다.77)

13) 박물관(M)

박물관은 인류학전시관(Anthropological building), 또는 인종학전시관(Ethnological building), 또는 교육전시관(Educational building)으로 불려

---

76) *A Week at the Fair*, p.170~171 ; James W. Shepp and Daniel B. Shepp, *op. cit.*, p.298 ; Flinn, *op. cit.*, pp.45~46.
77) Flinn, *ibid.*, p.84.

졌다. 단면이 225×415ft(69×126m)였다. 전시물을 제품전시관 및 교양관 내에 진열하려고 계획하였으나 좁기 때문에 따로 건축한 건물이었다. 박람회장 남쪽에 위치한 외국전시관의 서쪽, 목재전시관의 서쪽에 위치하고 있었다. 책임자는 푸트남(F. W. Putnam)이었다. 주문 위에는 '인류학-인류와 그 업적'(Anthropology-Man and Works)이라는 글이 써 있었다. 진열실 넓이는 105,430ft^2 겔러리 넓이는 52,804ft^{2}였다. 진열실의 남쪽 부분 30,000ft^{2}은 교양관으로 여기에는 자선사업 및 정정국(Bureau of Charities and Corrections), 공중위생 및 일반건강국(Bureau of Sanitation and Hygene) 2개의 국이 존재하고 있었다. 진열실 나머지에는 고고학 인종학 분야를 진열하고 있었다. 가장 넓은 진열실을 갖고 있었던 나라는 스페인이었다. 그리스진열실은 그리스 유물이 전시되어 있어서 주목을 받았었다. 겔러리 북쪽끝에는 인류학 실험실을 설치하여 놓았다. 이곳은 인체측정학 심리학 신경학을 설명하여 주는 곳이었다. 또 여기서 자신의 인체를 측정할 수도 있었다. 겔러리 사이드와 겔러리 남쪽끝에는 동물 등 자연사 관련 분야를 진열하여 놓았다.[78)]

14) 목재전시관(N)

목재전시관은 농업분야에 분류되었던 전시관이었다. 단면은 208×528ft(63.4×160.9m)로 건물가가 100,000$로 미시건호 남반에 자리잡고 있었다. 건물 남쪽끝 주변을 지나면 미시건호 전면이나 동쪽에 이르게 되며 가운데 주문인 북문으로 가는 길도 볼 수 있었다. 설계자는 아트우드(C. B. Atwood)였다.

건축에 있어서 전적으로 목재만을 사용하였다. 목제못을 이용하고

78) *Ibid.*, p.37~38 ; *A Week at the Fair*, pp.104~105.

제철못을 이용하여 짓지 않았으며 모든 기둥이나 벽은 껍질을 벗기지 않은 체 나무가지를 잘라서 만들었다. 기둥 90개를 270개의 나무로 만들었다. 처마 장식도 목재로 장식하였다. 나무마다 나무이름 산지명을 딱지에 기록하여 붙혀 놓았다. 건물 주위는 깃대를 세우고 여러 나라의 기를 달았다. 주문은 남목재제조협회(Southern Lumber Manufactures, Association)가 노란 색갈 삼목(杉木)으로 빛이 나고 아름다운 나무결로 현관을 만들었다. 가격이 10,000$였다. 북문에서 남문을 향하여 가면 동쪽에 BA, 남문에서 북문을 향하여 가면 서쪽에 CD군이 있었다. 남문 현관 왼쪽에는 미조리 진열실, 오른쪽에는 워싱턴 진열실이 있었다.[79)]

15) 여성부전시관

여성부전시장은 여성부 역할과 전시장 역할의 2대 역할을 수행하였다. 여성부건물은 서쪽의 미드웨이 프레이잔스의 축(軸)과 연결된 남북으로 조화롭게 서 있는 건물이었다. 소택지의 북쪽끝과 접하여 있었다. 배로 소택지에서 내리면 건물로 올라가는 계단이 있었다. 책임자는 팔머 부인, 건축가는 보스톤 출신 하이든(Miss Sophia G. Hayden)이었다. 이탈리아 르네상스 양식으로 단면이 199×388ft, 가격은 138,000$였다. 건물의 기둥은 샌프란시스코인 리데아우트(Miss Rideout)가 루이스빌의 얀델(Yandell of Louisville)을 모델로 하여 세운 여인상주(女人像柱)로 옥상에는 정원이 있었다. 건물내외의 장식이 조화를 이루고 있었다. 2층 건물로 2층은 회의장 휴식처였으며 부엌 모형을 전시하고 있었다. 4문중 동문과 서문이 비슷하였다. 주벽(主壁)에서 14ft 앞으로 나온 2층 현관이 있었으며 벽에 발코니를 설치하였다. 현관과 진열실 사이에는 아케이드가 있었다. 남북 양단의 진열실은 각각 80×200ft로

---

79) *A Week at the Fair*, pp.107～109 ; Hamilton, *op. cit.*, pp.65～66.

남단의 진열실은 회고전시장 외국진열실이며, 북단의 진열실은 자선과 작품의 진열실이 있었다. 이태리 진열실에는 마거리타 여왕(Queen Margherita)의 레이스, 스페인 진열실에는 이사벨라 여왕(Queen Isabella)의 유품이 진열되어 있었다. 남북 양단 사이의 주전시장은 전체 넓이가 67×250ft이며 높이가 64ft였다. 주전시장은 매장(買場)이었다. 동쪽전시장에는 유치원, 서쪽전시장에는 병원모형도도 있었는데 양쪽 각각 80×60ft였다. 주전시장의 4코너에는 아케이드형의 겔러리로 올라가는 계단이 있었다. 겔러리는 아이보리 회색이었다 겔러리 북쪽끝에 있는 박공에는 맥모니 여사(Mrs. MacMonie)의 원시여인상, 남쪽끝 박공에는 카세트양(Miss Cassatt)의 당대 여인상을 보여주고 있었다. 동쪽의 큰 응접실에는 신시나티 부인들, 작은 응접실에는 캘로포니아 켄터키 코네티커트 부인들이 치장을 하였다. 겔러리 서쪽에는 여러 나라와 시대에 걸친 여인들의 문학 작품을 소장한 도서실이 있었다. 뉴욕 부인들이 치장을 하였다. 도서실의 천정은 케이드(Mrs. Dora Wheeler Keith)가 치장하였다. 겔러리의 북쪽끝에는 회의장(assembly-room), 남쪽끝의 겔러리에는 전시관 본부실(association room)이 있었다. 겔러리는 전전시장(全展示場)의 4면을 싸고 있는 2층과도 통하도록 설비하였다. 겔러리 위에 3층 진열실이 있었으나 구조가 낮고 위에 지붕이 있었다. 주전시장내 중앙의 홀(rotunda)은 70×65ft로 2층의 아케이드로 둘러 쌓여 있었다. 소택지에서 원형 홀까지 가는 길의 넓이는 40ft였다.[80] 노란 색깔 삼목(杉木)으로 빛이 나고 아름다운 나무결로 현관을 만들었다. 가격이 10,000$였다.

---

80) *A Week at the Fair*, pp.177～180 ; Flinn, *op. cit.*, pp.107～108 ; James W. Shepp and Daniel B. Shepp, *op. cit.*, p.278.

4. 결론

영국의 조오지3세 시대인 1761년 국가박람회의 시초인 전시회가 열렸다. 영국예술가협회 사무실에서 기계 농산물 등을 전시하였다. 국가박람회는 빅토리아여왕 때 하이드 공원에서 크리스탈 펠리스 전시장에서 열린 1851년 런던 세계박람회의 소묘(素描)가 되었다. 런던 세계박람회 개설 42년만인 1893년 5월 1일 미국 시카고 미시건 호반에서 세계 47개국이 참가한 콜럼비아 세계박림회가 열렸다. 이 박람회는 콜럼버스의 아메리카 발견 400주년을 기념하기 위하여 열린 행사였다. 콜럼비아 세계박람회 처음 구상은 1876년 필라델피아 박람회가 열렸을 때였다. 그뒤 센트 루이스가 1880년초 박람회 개최를 주장하다가 흐지부지되었으나 1888년 일반의 관심을 갖기 시작하면서 1889년 열기가 고조에 달한 나머지 1890년 2월 24일 후보지 선정 투표에 의하여 시카고가 박람회장으로 정하여 졌다. 1890년 4월 25일 시카고 박람회법을 통과시켜 이법에 따라서 국립 콜럼비아 세계박람회와 (법인) 콜럼비아 세계박람회를 조직하였다. (법인) 콜럼비아 세계박람회(이하 법인 글자를 생략 표기함.)는 국립 세계박람회가 결정한 박람회 관련 모든 사항을 위임받아 행하는 실질 기구였다. 콜럼비아 세계박람회 회장은 히긴보담, 총무는 데이비스였다. 콜럼비아 세계박람회는 1890년 7월 2일 부지 선정을 확정하고 1891년 1월 박람회 사무실을 랜드 멕넬리 빌딩에 개설하였다. 그래서 1891년 7월 2일 광물전시관 시공을 서두로 전시관 건축을 하기 시작하였다.

1890년 12월 24일 대통령의 박람회 초대에 대한 담화 발표를 하고 이에 따라서 홍보활동을 하기 시작하였다. 우리나라에는 1891년 5월 2일 고워드가 와서 알렌 서기관을 통하여 민종묵에게 박람회에 초청하고

1892년 11월 17일은 게르빌이 와서 홍보하므로써 1893년 3월 12일 문산 정경원을 출품대원으로 임명하여 5월 1일 박람회에 참가하였다. 이 사이에 콜럼비아 세계박람회는 1892년 10월 21일 전시관 낙성식을 거행하였는데 이때 우리나라는 참석하지 못하였다.

당시 전시관은 잭슨공원, 워싱턴 공원, 미드웨이 프레이잔스, 부두위에 시설하였다. 박람회 전건설자(全建設者)는 뉴욕 중앙공원 설계자인 오른스테드, 건물 설계자는 서리반이었다. 총면적 645acres에 총공사비 22,000,000$, 건물 건축비 8,000,000$였다. 중요한 건물은 총무원, 농산물전시관(A), 원예전시관(B), 가축전시관(C), 어류전시관(D), 광물전시관(E), 기계류전시관(F), 수송물전시관(G), 제품전시관(H), 전기전시관(J), 예술전시관(K), 교양전시관(L), 박물관(M), 목재전시관(N), 홍보실(O), 외국인 사무실(P) 여성부전시관이었다. 교양전시관은 제품전시관과 박물관 일부에 있었으며 홍보실과 외국인 사무실은 총무원 안에 있었다. 총무원내의 8각형 홀의 청동판자에는 우리나라를 위시한 48개 국가명이 기록되어 있어 주목된다. 이외에도 피혁전시관, 무기전시관, 리비 유리회사 등 회사전시관 등, 미국 각주 30개 전시관, 20개의 외국전시관 등이 있었다. 이중에 제일 큰 전시관은 제품전시관이었다. 우리나라 진열실은 제품전시관 B군, C-D, 20-23에 있었다. 그 넓이는 466ft^2 (43.29m^2)으로 짓는데 든 비용이 500.00$였으며 개회일인 5월 1일에도 완공을 하지 못한체 개문하였다. 우리나라 진열실의 동쪽에는 남아메리카의 콜롬비아, 서쪽에는 14inch 길 건너 모스키토 연합(중앙 아메리카 거주 아메리카 인디언), 남쪽에는 에콰도르, 북쪽에는 14inch 길 건너 실론의 진열실이 자리 잡고 있었다. ABC군 서쪽변, 우리나라 진열실과 가까운 A군에는 음식점, B군에는 여자화장실, C군 좌우에는 남자화장실과 음식점이 있었다. 우리나라 진열실에서 변소에 가려면 B와 C군 사이의 소로로 가면 되었다. 9월 5일 우리나라 진열실은 오후 7시 오디토리움 호텔에서 연회를 개최하였는데 100여명이 참석하였다. 현재 이때의 초청장, 기념품이 발굴되어 있어 당시 연회의 모습을 이해하는데 많은 도움을 주고 있다. 랜드 멕넬리의 콜럼비아 세계박람회 안내서, 프린의 콜럼비아 세계박람회 안내서, 벤크로프트의 저서 등에 우리나라의 출품 현황에 대하여 소개하고 있다. 그러나 우리나라의 출품목록이 발굴로 출품세목이 No. 87~No. 121이며 물종 5종을 전시하였고 출품자는 21명이라는 사실이 정확하게 입증되었다. 미드웨이 프레이잔스에는 페리스 윌의 설치, 부두에는 '움직이는 보도'가 눈길을 끈다.

Ⅱ. 콜럼비아 세계박람회 조선전시실에 관한 연구

1. 서론

우리나라가 세계박람회에 처음 출품한 것은 1893년 아메리카 발견 400주년을 기념하기 위하여 열린 콜럼비아 세계박람회(Chicago Columbian World's Exposition)이다.[81] 이때 우리나라는 출품대원 문산 정경원(文山 鄭敬源 : 1851~1898), 수원(隨員) 안기선(安琪善), 수원 최문현(崔文鉉), 전통음악가 10명을 세계박람회에 파송하였다. 이들은 제물포를 떠나 시카고로 향발하였다. 정경원은 미국으로 가는 도중 같이 승선하였던 일본인 염전진(鹽田眞)[82], 일본인 송본정순(松本正純)과[83] 깊은

---

81) 시카고에서 1933~34년 시카고 건설 100주년 기념 세계박람회를 개최한 일이 있다. 콜럼비아 세계박람회 40주년이 되는 해에 열린 세계박람회이다. 미시건(Lake Michigan) 호반을 따라서 콜럼비아 세계박람회가 열렸던 장소의 남쪽 12가에서 39가 사이 3mile에 걸쳐 열렸다. 노더리 섬(Notherly Island)이 포함되고 있었다. 이 박람회가 '1세기 기념 시카고 세계박람회'(A Century of Progress, International Exposition)이다. 많은 사람들이 용어 사용에 있어서 이 세계박람회와 콜럼비아 세계박람회를 혼용하는 경우가 많다.

82) 「鄭敬源文書」 渡美途中 與日本公使鹽田眞筆談. 「정경원문서」에 나타난 염전진의 면모를 알 수 있는 대목은 다음과 같다.

도미도중 정경원과 일본공사 염전진과의 필담

정 : 듣건데 귀하는 18년전 이미 박람회 참가를 하였다고 들었는데 과연 그렇지 않은가?

염 : 나는 21년전 유럽 오스트리아 비엔나에 세계박람회가 있어 1급 사무관 겸 심사원이 되어 배를 타고 간 적이 있다. 18년전에는 미국 필라델피아에 미국 독립 100주년 기념 세계박람회가 있어 역시 전과 같은 직책을 띄고 갔다 온 일이 있다.

원문

정 : 聞公十八年前 曾有以行 果然否

교담을 나누었다. 시카고에 도착하여 5월 1일 개막식에 참석하였다. '아메리카'(America)를 합창하는 개막식에서 정경원의 눈에 비친 개막식의 모습은 요상하기만 하였다. 정경원이 『정경원문서』(鄭敬源)에서 쿠두이양(Miss Jessie Couthoui)의 크로푸트(William A. Croffut) 작시 '예언' (Prophecy)의 음영 모습을 "16일 아침 비가 오다. 이날은 박람회가 열리는 날이다......... 곧 한 소녀가 노래책을 손에 들고 몸을 돌리고 하늘을 쳐다보면서 손짓을 하는데 입으로 암송하는(노래를 부르는) 것이 무녀가 강파른 모습으로 꾸짖는 것과 같다."라고[84] 기록한 것을 보면 그의 마음을 읽기에 충분하다. 우리나라가 콜럼비아 세계박람회에 참가하게 된 것은 주조선미국공사관 서기관 알렌(Horace N. Allen : 1858~1932)의 주선 때문이다. 그리고 1891년 5월 2일 고워드(Gustavus Goward)가 와서 고종을 알현하여 조선의 출품을 요청하였기에 5월 3일

염 : 予二一年前 有歐洲奧地利國 維納府 萬國大博覽會 爲一級事務官兼審査員渡船 十八年前 有美國費拉特費府 獨立一百年祭大博覽會 亦以前官 赴之

3월 회일(晦日)에 일본인 염전진 내방 했을 때 필담

염 : 고오베에 수십일 체류하다가 내가 도쿄에 가보니 귀하 등 여러 사람이 이미 조선 공관에 머물고 있었는데 다시 만나게 되었다.

원문

滯留神戶十數日 余亦赴于東京 着公等 尙留於朝鮮公館 更偶再會

83) 「鄭敬源文書」 日本人 松本正純來訪. 송본정순 인물을 알 수 있는 정경원문서는 다음과 같다.

송 : 나는 귀국인 김가진 이학규 유기환 권재형과 이미 여러번 만났고 정경원 이승수는 귀국의 주일본공사관에 왔을 때 더욱 친하게 되었는데 모두 어떤 분들인가?

원문

貴姓甚麽 余與貴國人 相交己多 金嘉鎭 李鶴圭 俞箕煥 權在衡君 其尤親密者 鄭敬源 李承壽 臻國 駐日節署乎

84) 『鄭敬源文書』 3月 16日字(문서 번호 2-11)

十六日 朝雨 是日 卽博物開會也......良久 一少女子 手持歌詞紙本 回旋俯仰 手指口誦 若巫女之譴瘠然

참가의 뜻을 갖게 되었다. 그뒤 게르빌(A. B. de Guerville)이 일본을 경유하여 1892년 11월 17일 세계박람회 조감도를 갖고 와서 고종에게 어람시킴으로써 참가 의도를 분명히 하였다. 세계 정세에 어두운 조선이 출품의 뜻을 갖게 된 것은 조선의 내부사정 문제에도 있었다. 이홍장(李鴻章)의 속방론(屬邦論)에 시달려온 조선으로써는 세계박람회를 통하여 독립성의 탈출구를 찾으려고 생각하여 출품하였던 것이다. 이는 조선 정부에서 정경원이 과거급제를 한 정3품 참의내무부사(參議內務府使)의 고관을 출품대원으로 선정한 사실을 보면 이해가 된다.

조선 출품을 도와주고 있었던 알렌은 1893년 1월 23일 자진 도미하여[85] 조선 전시실 건축, 출품 등 박람회와 관련되는 일을 관리하였다. 물론 당시 주미국조선공사관 대리공사 이채연(李采淵)의 노고를 과소평가해서는 안된다.

조선전시실은 총 500.00$를 투자하여 1층의 와가로 건축하였다. 미완성인체 개막식을 마지하였으나 6월에 완성하였다.

2. 조선전시실의 위치

콜럼비아 세계박람회장은 총넓이가 686ha이며 관람인은 총 27,529명이었다. 총수입이 1,400만$이다.[86] 콜럼비아 세계박람회 회장(President

85) Horace Newton Allen, *Korea the Fact and Fancy*(Methodist Publishing House, 1904), p.184 ; Daniel Kane, "Korea in the White City : Korean Participation in the World's Columbian Exhibition of 1893," *Transactions of Royal Asiatic Society of Korean Branch* vol. 77, 2002, p.20. Kane은 알렌의 도미년을 1892년이라고 한다. Kane이 이용한 자료는 1893년 1월 14일자 Allen Papers를 1892년 자료로 착각하여 생긴 오류이다.

86) John E. Finding and Kimberly D. Pelle, *Historical Dictionary of World's Fairs and Expositions, 1851-1988*(Connecticut : Greenwood Press, Inc., 1990), p.377.

of the World's Columbian Commission)은 T. W. Palmer, 콜럼비아 세계박람회 회사〔President of the World's Columbian Exposition(Corporation)〕 회장은 Harlow N. Higinbotham, 총무는 George R. Davis, 총무 산하 외국 담당 책임관은 W. Fearn, 부관은 R. L. Fearn이다. 박람회장 설계는 Frederick Law Olmsted, Daniel H. Burnham, John W. Root, Henry S. Codman, 건물 설계자는 Louis Sullivan이다.[87] 47개국이 출품하였고 30개 미국각주 및 속령, 19개 외국이 출품하였다.[88] 콜럼비아 세계박람회를 처음 구상한 것은 1876년 필라델피아 세계박람회(Philadelphia Cenntenial International Exposition) 때부터이다. 그뒤 1882년 Baltimore Sun지가 시카고에서 아메리카 발견을 기념하기 위한 세계박람회를 기사를 냈고 이후 3년간 뉴욕 필라델피아 성루이스 신시나티 워싱턴DC와 더불어 시카고가 이 문제에 관심을 갖고 1889년 파리 세계박람회(1889 Paris Universal Exposition) 출품경험을 살려 시카고 개최를 사실화하여 대통령 헤리슨(Benjamin Harrison)이 1890년 4월 28일 박람회법에 서명하고 1892년 콜림비아 세계박람회 회사를 설립하여 세계박람회를 지었다.[89]

콜럼비아 세계박람회장은 67가와 S Stony Island Ave와의 교차 지점에서 S Stony Island Ave와 56가 교차 지점까지의 S Stony Island Ave 이동이 세계박람회장이다. 즉 S South Shore Dr 코스 남쪽 하단 지점

87) *Ibid*, pp.123~124.

88) 참가국수는 중국정부를 뺀 47개국이다. 중국정부는 불참하였다. 그러나 상인들은 출품하였다. 일본은 1862년부터 세계박람회에 출품하였다. 콜럼비아 세계박람회 일본전시관은 화려하였다. 그래서 봉황전(鳳凰殿 ; Hooden Palace)이라 하였다. John J. Flinn, *Official Guide to the World's Colimbian Exposition*(Chicago : The Columbian Guide Company, 1893), p.125.

89) G. L. Dybwad and Joy V. Bliss, *Annotated Bibliography : World's Columbian Exposition, Chicago 1893*(New Mexico : The Book Stops Here, 1992, ⅹⅰ ; Finding and Pelle, *op. cit.*, p.122.

→E 56가 서향→S Stony Island Ave에서 남향→E 67가 동향 해변→미시건호변까지를 연결하는 내부지점이다. 미드 웨이 프레이잔스(Midway Plaisance)는 S Stony Island Ave와 Cottage Glove Ave간의 59가와 60가 사이이다. 콜럼비아 세계박람회 관련 유물은 150종에 이른다.90) 현재 콜럼비아 세계박람회의 유적이 있는 곳은 세군데이다. Columbia Basin 북변에 있는 과학산업박물관(Museum of Science and Industry), Wooded Island 동북면에 있는 Osaka Garden, 총무원 자리였던 63가 Beach House의 Hayes Dr에 있는 The Republica이다. 과학산업박물관은 예술전시관(Fine Arts Building)을 1928~32년간 석회암을 이용하여 박물관으로 개조한 것이다. Osaka Garden은 일본정부가 mid-south lake front에 전통 일본 찻집을 세웠는데 1935년 일본 전시관이 있었던 Wooded Island로 옮겼으나 1946년 화재로 방치하다가 시카고와 오사카시의 자매결연으로 1973년 이후 수차례 재건의 과정을 밟아 오늘에 이른 것이다. The Republica는 1918년 5월 11일 세계박람회 25주년 기념 겸 주승격 100주년 기념을 위하여 Frederic Augusste Bartholdi의 높이 151ft의 공화국상(State of Liberty)을 Daniel Chester French가 건축가 Henry Bacon과 같이 높이 24ft의 상으로 복원하여 원위치 內灣에서 서남방향인 총무원 자리(현 63가 Hayes Dr 코스의 House Beach(Hayes-Richards Circle)에 세워 놓은 것이다. 1980년대에 Andrzej Dajnowski가 다시 금색을 입혔다.

조선전시실이 있었던 제품전시관 및 교양전시관(Manufactures and Arts Building)은 관장이 J. Allison, 부관장이 F. R. Williams이다. 평면 788×1,687ft(240×54m), 운동장 31ha(125,451m^2), 진열실 겔러리를 합하여 총 넓이가 44ha(178,059m^2)이다.91) 제품전시관 및 교양전시관은

90) Dyward. and Bliss, *op. cit.*, p.xii.

91) 이민식, 「우리나라가 처음 참가한 세계박람회에 관한 연구」『대림대학 논문집』 제

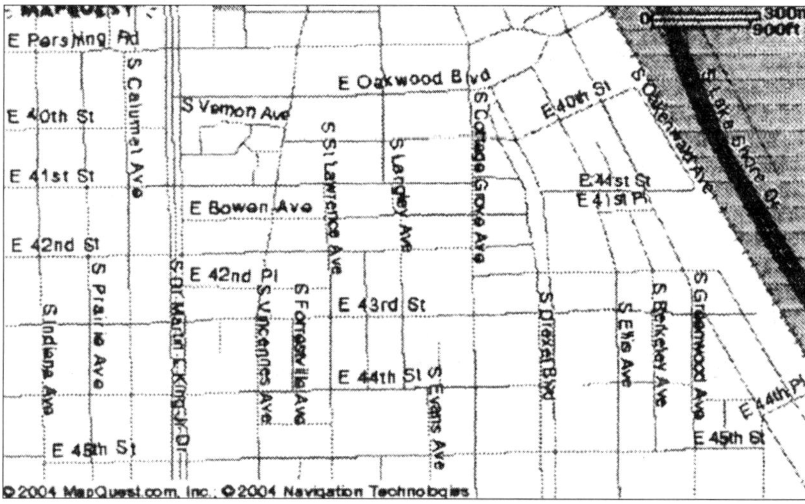

42가의 위치

200여개 건물중 가장 규모가 큰 건물이다. 이 건물은 Lagoon (지금 East Lagoon) 동변과 미시건호(Lake Michigan) 사이를 수평으로 있는 지점에서 남향으로 Basin(지금 South Lagoon)과 미시건호 사이를 있는 지점의 북변에 걸쳐 있었던 전시관이다. 이 전시관에 전시한 나라는 이태리 스페인 페르시아 살바도르 맥시코 샴 브라질 네덜란드 스위스 덴마크 아르헨티나 마샬필드 카나다 인도 자마이카 영국 일본 노르웨이 벨기에 프랑스 터키 불가리아 포르투갈 뉴사우스웨일스 실론 미국 중국 조선 콜럼비아 우르과이 모스키토제국 독일 러시아 모나코 노르웨이 에콰도르 오스트리아 불가리아 등이다.92)

24호(안양 : 대림대학 논문편찬위원회, 2002), p.595.

92) W. E. Hamilton, *The "ime-Sever," a Book which Names and Locates 5,000 Things 5,000 at the World's Fair*(Chicago : The Cushing Printing Company, 1893), pp.20~35 ; "Ground Floor Plan of Manufactures and Liberal Arts Building," *A Week at the Fair of the Wold's Columbian Exposition*(Chicago : Rand, McNally & Co., 1893), p.135.

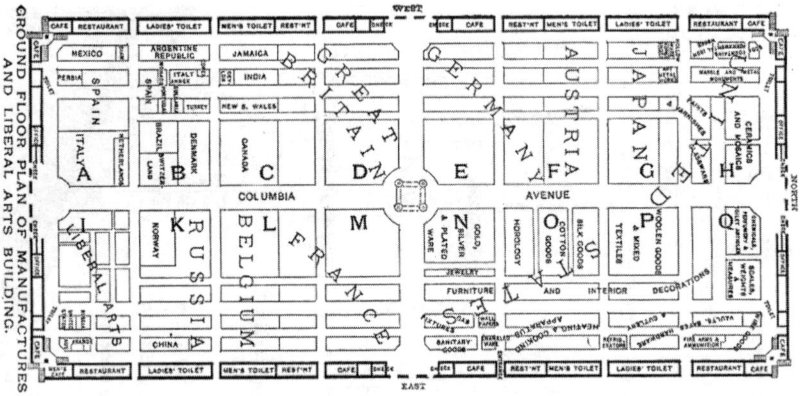

조선전시실의 위치

조선전시실은 지금 South Lagoon 북변 Hayes Dr 가까운 곳인 East Lagoon연안 남쪽에 위치하고 있었다. 조선 전시실은 서향 건물로써 제품 전시관 및 교양전시관 내 B군에 위치하고 있었다. 동변에는 콜럼비아, 남변에는 에콰도르, 서변에는 길건너 Mosqito Nations 전시실이 위치하고 있었다. 정경원은 자취를 하면서 이곳에서 일을 하였다.[93]

3. 조선전시실의 구조

정경원의 복명에 의하면 조선 전시실의 크기를 6~7간이라고 하였다.[94]

93) 「개화기에 나라의 독립을 얻으려고 미국에 간 정3품 정경원」『재외동포신문』 2005년 6월 20일. 정경원의 처음 숙소는 시카고에 도착한 4월 28일 팔머 하우스였고, 두 번째 숙소는 4월 29일 옮긴 42가 275호였고, 세 번째 옮긴 마지막 숙소는 5월 3일 옮긴 주소 미상의 호텔이었다. 팔머 하우스는 2등급 호텔로 방값이 1인당 60$로 너무 비쌌다. 42가 275번지는 비좁은 곳이었다. 주소미상의 호텔은 「鄭敬源文書」 御前鳳奏書信 三月十八日 樂工回使封奏」를 보면 1등급 호텔었다. 6개월간 900$로 방값이 가장 저렴하였다. 이곳에서 양녀를 고용하였다.

94) 『承政院日記』 高宗篇 12卷(國史編纂委員會, 1968), p.762 ; 『日省錄』 78(서울大學校

조선전시실

이것은 1간=181,818cm이므로 (181,818×6)~(181,818×7)=1090,908cm~127,726cm≒10,9m~12,7m라는 것이다. 그러나 정경원은 복명을 할 때 정확한 치수를 말한 것이 아니라 대략 짐작하여 고종의 물음에 올린 답변의 수치이다. 그러므로 이는 조선 전시관에 대한 정확한 수치라고는 말할 수 없다. 또 알렌이 외국담당 책임자 Walker Fearn에게 보낸 글에[95] 알렌은 조선전시실의 넓이를 400ft^{2}으로 하겠다고 하였는데 실물 조선 전시실은 이 넓이가 아니다. 조선 전시실의 정확한 넓이를 밝힌 문헌은 존슨(Rossiter Johnson)의 『1893 시카고 콜럼비아 세계박람회의 역사』(A History of the World's Columbian Exposition Held in Chicago

奎章閣, 1996), pp.759~760 ; 『高宗純宗實錄』 中, p.472, 高宗 30年 11月 9日條.
95) Allen Papers, Allen to Walker Fearn, February 6, 1892.

in 1893)이다. 이에 의하면 조선 전시실은 466ft^2이다.[96)]

4. 조선전시실의 전시물 전시

조선전시실에는 정경원을 중심으로 한 박람회 종사자 13명과 도우미 박용규와 서병규가 박람회 일을 전담하였다. 그 이외 주조선미국공사관 서기 알렌, 주미국조선공사관 대리공사 이채연, 주미국조선공사관 참무 이승수, 주미국조선공사관 관원 이현직 장봉환이 일을 도와주었다. 조선 공사관을 다녀간 유명 인사로써는 게이지(Lyman J. Gage), 윤치호(尹致昊 ; 1865~1945)[97)] 등이 있다. 윤치호는 상해로 가는 도중 1993년 9월 조선 전시실을 관람한 적이 있다.

조선 전시실은 전시물이 5종이며 출품자는 21명이다.[98)] 47개국 출품국중에서 조선과 같은 넓이의 전시실을 확보하고 있었던 나라는 샴이다. 조선 전시실은 밴크로프트의 『박람회의 책』(The Book of the Fair)에[99)] 기록한 것처럼 진열실의 물품은 장남감 같고 빈약한 물품들을 전시하였다. 또 전시 상황을 알 수 있는 기록은 『정경원문서』 필담에서 찾아볼 수 있다.

---

96) Rossiter Johnson ed., *A History of the World's Columbian Exposition Held in Chicago in 1893,* vol. Ⅳ(New York : D. Appleton and Company, 1897), p.230.

97) Daniel Kane, *op. cit.*, pp.32~33.

98) The Official Directory of the World's Columbian Exposition, May 1, 1893-Oct. 30, 1893, F38MZWI 1893 D81 v.2., List of Awards(Foreign) as Copied for Mrs. Verginia C. Meredith, Chairman, Committee on Awards, Board of Lady Managers from the Official Records in the Office of Hon. John Boyd Thacher, Chairman Executive on Awards, Washington, D.C.

99) 이민식, 「우리나라가 처음 참가한 세계박람회에 관한 연구」, pp.600~601 ; Herbert Howe Bancroft, *The Book of the Fair*, vol. 9(Chicago, San Francisco:The Bancroft Company, 1893), p.219.

도미도중 정경원과 일본 공사 염전진과의 필담

염 : 귀국의 물품은 먼저 가지고 가서 진열하여 놓았는가?

정 : 우리나라 출품은 미국인 알렌에게 송달을 부탁하여 기간에 맞춰 가서 진열하여 놓았다.

조선전시실에서 염전진과 정경원과의 필담

염 : 미국박사 모씨가 와서 말하기를 귀국(조선)은 전시를 할 수 없게 되었다고 했다. 청나라 출품일이 잘못되어 전시를 하고자 하여도 담처럼 쌓아 놓은 것이 보이고 있으니 귀국(조선)은 진열장을 어떤 방향으로 진열할지 모를 것 같으니 감히 어떻게 할 것인가?

정 : 우리나라의 진열실은 이제 준설하였다. 이제 진열문제를 해결하고자 한다. 진열실이 샴전시실 근처에 있어 심히 협소하여 고민이다.

염 : 예술 전시관에 샴이 전시관을 갖고 있고 농업전시관 어류전시관에도 갖고 있는데 귀국은 어디에 전시하려고 하는가?

문 : 조선 출품은 단지 포백(布帛) 및 피물(皮物) 등등이니 모두 한 전시관에 진열하려 한다. 조선이 이번 출품은 우의를 돈독히 하고 이익을 얻으려고 한 것은 아니다.[100]

---

100) 「鄭敬源文書」 渡美途中 與日本公使鹽田眞筆談. 정경원문서 도미도중 정경원의 일본인 염전진과의 필담

염 : 貴國邦之出品 己有先行者以携帶陳列之乎

정 : 獘邦出品之物 先己付送于美國人 安連 使之赴期陳列耳

『鄭敬源文書』 三月 晦日 日本人鹽田眞 來訪問答. 조선전시실에서 염전진과의 필담

염 : 米國博士 某旣來而談 貴國出品展陳事無淸國出品 曲來 欲解行李而配列 觀者如堵 貴國生品陳列場 不知其何方 敢乞教

정 : 弊邦出品陳列之屋舍 今始竣設 有自今日 解行李爲陳列矣 陳列場 在於暹羅國陳列場近處而甚狹窄 可悶耳

염 : 工藝及心藝館內 有暹羅陳列場而農業館或水産館中 亦有貴國出品陳列區域乎

정 : 弊邦出品 只以 布帛及皮物等屬携帶故皆爲陳列於一區矣 盖弊邦今番之擧只重敦友誼 非因出品而索厚利耳

조선 전시실 그림을 보면 조선 전시실은 동면과 남면은 막아 놓았기 때문에 정면인 서면과 북면으로만 출입이 가능하다. 정면인 서면에는 좌측에 진열장 1대를 두었다. 진열장 밑에는 보따리를 2개 두고 있다. 진열장 뒤에는 관복을 걸어 두고 있다. 진열장 위에는 진열장 표지간판을 걸어 두고 진열장 오른쪽에는 그림을 걸어 놓고 있다. 정면 좌측 2번째 기둥에는 조선 전시실 표지간판을 걸어두고 있으며 그 위에는 우산을 걸어 놓고 있다. 정면 좌측 2번째 기둥과 3번째 기둥 사이에는 가마를 놓아 두었으며 그 뒤에는 포를 세워 두고 있다. 가마 오른편 옆에는 천을 걸어 두었으며 그 앞에 사람이 서 있다. 이 사람은 전시실 종사자의 한 사람이다.

북면에는 조선 전시실과 콜럼비아 전시실 사이에 의자를 두고 거기에 갓을 쓴 사람이 앉아 있다. 역시 이 사람도 전시실 종사자이다. 북면의 좌측 1째 기둥에 태극기를 꽂아 두었는데 태극기는 여기 이외에도 북면 우측 기둥과 옥상에도 꽂아 두고 있다. 우측 기둥에는 소속미상의 기가 하나 더 걸려 있고 옆에 태극기가 걸려 있는데 그 옆에 천이 걸려 있다. 북면에도 진열장을 설치하여 놓고 있으며 관복 옷걸이를 세워 두고 있다.

당시 진열하였던 물품은 Higinbotham에 의하여 필드 박물관(Field Museum)에 보관되어 있다. 조선 전시실은 제품전시관 및 교양관의 운명과 같이 하여 소실하였다. 1894년 1월 8일 영광의 코트 동쪽에 있는 casino에서 불이 일어나 Peristyle과 음악당을 태우고 제품전시관 및 교양전시관으로 번져 많은 부분의 지붕과 벽에 걸린 외국 출품들을 태워버렸다. 조선 전시관은 이때 소실하였다. 2월 하순 시카고 경제 불황이 닥쳤을 때 다시 화재가 발생하여 총무관을 태우고 기계전시관과 농업전시관 사이의 Colonnade를 파괴하였다. 총무원 청동 패널에 새긴

조선의 국호인 Korea가 이때 소실되었다.[101] 7월 3일 3번째 화재가 발생하여 약간 남아 있었던 총무원을 완파하였다. Pullman회사 스트라이크에 불만을 품은 노동자들이 불을 찌른 것이라고 추정하고 있다.[102] 화재로 소실된 물품이 많았으나 현재 남아 있는 것은 150종류이다.[103]

콜럼비아 세계박람회는 1893년 10월 28일(토요일) 시카고 시장 Carter Herrison의 자택인 Ashland Boulevard에서의 암살사건과 경재불황으로 폐회식은 엄수하지 못한 채 폐회식을 치렀다.[104]

5. 결론

근대 조선은 조미조약의 별도조회문에 의한 이홍장의 속방론과 메이지유신으로 근대화한 일본의 정한론 속에 끼어서 신음하고 있었던 나라였다. 그래서 조선은 이같은 체제에서 탈피하기 위하여 시카고에서 열린 세계박람회에 출품하였다. 그래서 조선은 정3품 참의내무부사 문산 징경원을 출품대원으로 삼아 수원 최문현, 수원 안기선, 선봉음악인 10명을 세계박람회에 파견하였다. 이때 주미국조선공사관 참무관 이승수, 공사원 장봉환과 이현직이 함께 배를 타고 시카고까지 갔다. 이들은 1893년 5월 1일 영광의 코트에서 행한 개막식에 참석하였다. 이들은 먼저 시카고에 온 알렌의 안내를 받으면서 식에 참석하였다. 사실 정경원은 출품대원이기는 하나 외교관의 역할을 하였다. 그래서 조

---

101) 이민식, 「우리나라가 처음 참가한 세계박람회에 관한 연구」, p.587.

102) Dennis B. Downey, *A Season of Renewal*(Connecticut : Praeger Publishers, 2002), p.192 ; John Allwood, *The Great Exhibitions*(London:Studio Vista, 1977), p.94. 화재는 박람회 기간중에도 화재가 난 적이 있다. 이때 1893년 7월 10일 냉장저장고가 소실되었다.

103) G. L. Dybward and Joy V. Bliss, *op. cit.*, p.xii.

104) Allwood, *op. cit.*, p.94.

선의 존재가 정경원에 의하여 국제세계에 알려지게 된 계기가 되었다.

정경원이 시카고에 오기전 조선 전시실은 1892년부터 알렌의 주선에 의하여 전시실을 짓기 시작하여 1893년 6월에 완성하였다. 조선 전시실은 466ft^2(43,3m^2)이었다. 조선 전시실의 위치는 South Lagoon 북안 Hayes Dr 부근인 East Lagoon연안 남쪽이었다. 1층 와가로써 서향 건물로 정경원 문서에 의하면 건축비가 $500.00였다. 당시 조선의 전시실은 샴 전시실과 같이 가장 작은 규모의 전시실이었다. 조선 전시실에 진열된 물품은 5종으로 21명이 출품하였다. 조선 전시실에는 많은 관람객으로 붐볐다. 조선 전시실을 찾아온 유명인사는 게이지 염전진 팽광예 윤치호 박용규 서병규이다. 이중에 박용규와 서병규는 자원봉사자로 조선전시실에서 일하였다. 조선의 박람회 출품은 역사적 의의가 큼에 주목할 필요가 있다.

1) 조선 전시실의 건축은 조선이 서양 땅에 처음으로 조선식 건축물을 건축하였다는데 큰 의미를 찾아 볼 수가 있다.

2) 조선의 물자를 해외에 처음으로 전시하여 서양인들의 관심을 끌게 하였다는데 큰 의미를 찾아 볼 수가 있다.

3) 많은 외국인들이 조선 전시실을 관람하였기 때문에 세계 속의 조선의 존재가 부각되는 계기가 되었다는데 의미가 크다.

Ⅲ. 정경원의 시카고 정착과 월드 이벤트에 관한 연구

1. 서론

문호개방 이후 한국의 국제행사 최초 참여는 콜럼비아 세계박람회(Chicago Columbian World's Exposition) 때부터이다.

우리나라는 주조선미국공사관 서기관 알렌(Horace N. Allen)의 주선으로 내무부사 정3품 정경원을 출품대원으로 삼아 시카고에 파견하였다.

정경원은 수원 최문현과 안기선을 대동하고 제물포를 출발하여 1893년 4월 28일 시카고에 도착하였다. 도착한 당일 미리 시카고에 온 알렌과 주미국조선공사 서리 이채연이 주선한 호텔에서 일박하고 다음날 42가에 있는 275 번지로 옮겨 일박하였다가 다시 번지 미상의 지점으로 옮겨 6개월간 정착하였다.

이글은 우선 정경원 일행이 시카고 도착후 정착하기 까지 과정을 밝히고 난 다음 정경원의 시카고 도착후의 활동 영역중 주목을 끄는 월드 이벤트로써 연회의 개최와 참여에 대하여 연구하고자 한다.

정경원이 관여하였던 월드 이벤트중에서 1893년 9월 5일은 정경원이 주미조선공사 이승수와 공동으로 한국사상 초유의 월드 이벤트를 주최하였으며 1893년 10월 11일은 미국 주최의 월드 이벤트에 참여하여 세계인의 주목을 받았다.

그러나 현재까지 이에 대한 연구가 되어 있지 않았기 때문에 연구의 필요성이 절감되는 분야이다. 뿐만 아니라 한국의 세계화 과정을 이해하는데 빠트릴 수 없는 분야이다. 그래서 9월 5일, 10월 11일 월드 이벤트를 집중적으로 연구하고자 한다.

2. 정경원의 시카고 도착

샌프란시스코에서 시카고까지 대륙횡단철도는 샌프란시스코에서 사크라멘토(Sacramento)를 경유하여 옥덴(Ogden)에 이르는 센트럴 패시픽 철도(Central Pacific Railroad), 옥덴에서 오마하(Omaha)에 이르는 유니온 패시픽 철도(Union Pacific Railroad), 오마하에서 시카고에 이르는 시카고 벌링톤 퀸시 철도(Chicago, Burlington and Quincy Road)로 구성되어 있었다. 그런데 워싱턴까지 더 가는 사람은 옥덴. 오마하, 시카고에서 바꿔타고 도착할 수 있었다.[105] 시카고에서 워싱턴으로 갈 때는 팬핸들 펜실바니아 피츠버그 포트웨인 시카고선(Pannhandle, Pennsylvania Lines, and Piittsburg, Fortwaine & Chicago Lines) 철도를 승차하면 되었다. 보빙사 민영익이나 초대무미조선공사 박정양은 옥덴 오마하 시카고에서 갈아 타고 워싱턴에 하차하였다. 민영익은 1883년 7월 16일 제물포를 출발하여 9월 2일 샌프란시스코에 도착하여 펠리스 호텔(Palace Hotel)에 투숙하였다가 샌프란시스코에서 기차를 타고 5일 걸려 1883년 9월 12일 시카고에 하차하여 팔머 하우스(Palmer House)에 투숙하여 다음날 13일 시카고를 관람한 다음 같은 날 밤 시카고를 떠나 워싱턴으로 갔었다. 그래서 민영익은 한국인으로써 시카고 땅을 처음 밟은 사람이 되었다. 박정양은 1887년 11월 13일 제물포를 출발하여 샌프란시스코에 도착한 다음 펠리스 호텔에 투숙하였다가 1888년 1월 5일 샌프란시스코를 출발하여 시카고에서 내렸으나 일박하지 않고 워싱턴으로 향발하여 1월 10일 도착하였다. 박정양의 일행중에는 알렌이 있

---

105) A. A. Hart 1870 Railroad Map(Internet)

었다.[106)]

제물포를 출발한 정경원은 민영익이나 박정양의 여행코스를 그대로 답습하였다. 정경원은 4월 23일(한국력 기준) 샌프란시스코에 도착하여 펠리스 호텔에 투숙하였다. 그가 투숙한 곳이 펠리스 호텔인 것은 정경원문서 3월 8일자에 호텔의 유흥장인 가든 코트(Garden Court)에 대하여 기록한 것을 보면 알 수 있다.[107)]

> 점사 앞 10여개 집을 지나가니 정원이 있어 풀 숲 꽃나무가 무성하여 아름다웠으며 통로에는 왕왕 나무의자 철제상을 만들어 놓아 쉬고 있는 손님에게 편하게 하였다. 서양인은 매주 7일만에 하루를 놀면서 교회에 가서 예배도 드리고 혹은 좋은 곳에 유람도 하니 이날이 일요일이라 유람하는 신사숙녀가 와서 노래를 부르고 동산에는 마이크를 설치하여 놓고 나무판으로 집을 만들어 놓은 다음 그 후면 및 좌우반의 모양이 반구(半球)이다.

그는 4월 24일 샌프란시스코를 출발하여 기차를 옥덴과 오마하에서 갈아타고 5일 걸려 벌링톤 열차(Burlington Train)편으로[108)] 4월 28일(미국력 기준)[109)] 시카고 유니온역(Union Station)에 내렸다.

---

106) 이민식, 『근대한미관계사』(백산자료원, 2001)(저작권심의조정위원회 제c-2005-000709호), pp.208~211, 292~295.

107) 「鄭敬源文書」 2(1-13), 3月 8日 : 이민식, 『근대한미관계사』 앞의 책, pp.499~500.
自店舍 南行十餘里 爲公園遊玩之所 草樹花木 媚蕪嬋娟 路傍 往往設木椅鐵床 以便遊客 西人 每於七日一休 或 禮拜教堂 或遊覽勝地 是日 爲日曜日 遊覽女士車馬喧 塡 園上 有張樂處 以木板 架屋 隅其後及左右一半 狀如半球
가든 코트에 대한 기록은 유길준의 서유견문에도 보인다. 유길준 지음 허경진 옮김, 『서유견문』(서해문집, 2004), p.531에서는 "넓은 정원을 유리 지붕으로 덮어서 비나 눈을 가려준다. 저녁마다 수십명의 음악가가 음악을 연주하여 멀리서 온 여행객의 회포를 달래주기도 한다." 이라고 옮기고 있다.

108) Edward M. DeRouin, *Chicago Union Station*(Elmhurst : Pixels Publishimg, 2003), p.6.

109) 「鄭敬源文書」2(1-13) 3月 14日字에는 도착일을 4월 28일로, 「鄭敬源文書」14(1-5)

유니온역은 시카고의 일리노이스 센트럴역(Illinois Central Deport), 그렌드 센트럴역(Grand Central Depot) 등 7개역중[110]하나로 1882년 4월 4일 오픈한 종합 터미널이었다.[111] 시카고강(Chicago River) 남지류(South Branch)서편의 4개 블록을 차지한 캐널가(Canal St.)에 면하여 있고 애담스가Adams St.)와 몬로가(Monroe St.) 사이에 자리잡고 있었다. 옥탑방을 가진 3층의 앤 여왕식(Queen Anne style)의 벽돌 건물로 넓이가 58×200ft였다. 역사를 확장하여 1925년 7월 23일 주대합실, 매표소, 수하물 검사실, 소하물실, 승객수송실, 이발관, 담배가게, 소하물실, 중앙홀(Passenger Concourse)을 갖추어 오픈하였다.[112] 시카고 밀워우키 성파울선(Chicago, Milwaukee & St. Paul Railroad lines), 시카고 알톤선(Chicago & Alton Lines), 팬핸들 펜실바니아 피츠버그 포트웨인 시카고선(Pannhandle, Pennsylvania Lines, and Piittsburg, Fortwaine & Chicago Lines) 등이 이용하는 터미널이었다. 남지류 동쪽편 애담스가와 프랭크린가(Franklin St.)에 역사무실, 클라크가 퀸시 빌딩(Quncy Building)에 매표소를 갖고 있었다.[113]

3月 18日字에는 29일로 기술하고 있다. 14(1-5) 문서는 고종에게 오인하여 도착일을 29일로 기록하였다. 4월 28일 도착하여 호텔에서 일박하고 29일 숙소를 옮겼으며, 30일에 총무원에 갔던 것이다.

110) *A Week at the Fair*(Chicago:Rand, McNally & Co., 1893), p.18.

111) Edward M. DeRouin, *op. cit.*, p.11.
『재외동포신문』 2005년 6월 19일, 「개화기 한국문화의 출입구 유니온역, 시카고에서 발견」

112) *Ibid.*, p.16, 22~23.

113) *A Week at the Fair*, pp.17~18.

3. 시카고 정착

유니온 역에 내린 정경원은 알렌 이채연이 예약하여 놓은 팔머 하우스에서 일박하였다.

그는 정경원문서에서 팔머 하우스 호텔에 대하여 다음과 같이 기술하였다.

> 점사는 모 도로상에 있었으니 그 도로는 시카고시중에서 ①최고요지에 위치하고 있다. 점사는 ②10여층이니 모두 ③화문석으로 만들었다. ④욕실과 응접실에 가 보아도 난간이 화문석으로 덮이지 않은 것이 없어 영롱 찬란함을 어떤 모양으로도 표현 못하였다. 이 점사는 시카고 시내 ⑤제2등 점사로[114] 사치와 화려함과 번화함이 나라에 알려져 있다고 한다. ⑥승강기를 타고 ⑦제5층방을 정하였는데 조금 밖에 밝지 않았다. 아래층 주방에서 취식을 하였다. 주방은 ⑧점사 가운데 위치하고 있었다. ⑨주방은 상하사방이 순수 화문석으로 되어 있고 ⑩검정색 탁자를 두둑하게 높은 턱에 놓아 두었는데 그 수효가 40자리나 되었다. 매넉마다 6~7개 좌석을 붙여 200여명이 앉을 수 있었다........이때 밥을 먹은 사람이 1000명이었다. ⑪네벽에는 모두 거울을 달았으며 기다리는 자도 수십명이었다.......⑫침상 외면에 큰 거울을 달아 두고 ⑬벽에 그림을 부쳐 놓아 거울빛이 방안에 비치었다.[115]

---

114) 정경원이 시카고에 도착하였을 때는 오디토리움 호텔은 제1등 호텔이요 팔머 하우스는 제2등 호텔이다. 대화재 이후는 제1등 호텔이다. 시카고 정착편 참고.

115) 이민식, 앞의 책, p.504.
「鄭敬源文書」2(1-13)
十三日 抵市街高下車........① 店在某街上 某街 市街高城中最要地之地 高 ② 十餘層 ③ 全以花紋石 製成 ④ 至於浴室與盆卓杲 欄檻 莫不以花紋石爲之......⑤ 第二店等店舍而以奢麗......⑥ 乘機 ⑦ 定第五層房小敭......⑧ 廳在地中 ⑨ 上下四方 純是花紋石 ⑩ 默數卓杲 爲置座......⑪ 皆懸鏡.......⑫ 寢上外面 貼以巨鏡 ⑬ 畫則附壁而立.........

주코우스키(John Zukowsky)는 팔머 하우스에 대하여 다음과 같이 기술하였다.

> 제1 팔머 하우스가 오픈하기 전 대륙횡단철도는 시카고 미래 번영을 약속하는 철도였다. 미국의 철도건설은 서쪽해안에서 동쪽해안에 이르기까지 사발팔통으로 건설되는 철도로 시카고는 미국에서 가장 복잡한 터미널이었다.........당시 호텔들은 편의시설을 완비하였다. ⑥엘리베이트, 증기난방, 호출기, 수도, 프론트 데스크의 전보(전화) 등을 시설하였다...........객실 500을 갖춘 그랜드 패시픽 호텔이 건축을 거의 끝낼 무렵 오스델(John M. Van Osdel) 설계의 제2 팔머 호텔은 건축이 순조롭게 진행되어 대화재 당시 두 호텔이 건축에 경쟁이 될 정도였다. 손님을 끌기 위하여 두 호텔주들은 재개를 서두르고 있었다.
> 1871년 10월 시카고 대화재전 재건설을 계획을 하였던 그랜드 패시픽 호텔(Grand Pacific Hotel)이 1873년 6월 신축 건물을 오픈할 때 팔머 하우스는 그랜드 패시픽 호텔을 따라 몇 달 뒤에 문을 열었다(오스델은 이때 화재로 파괴된 제2 팔머 하우스는 재건하지 못하였다). 제3 팔머 하우스는 문을 열었는데 ⑤대화재 이후 건설한 호텔중 제1위를 차지하였다. ....대화재후 늦게 호텔을 신축하기 위하여 벨기에서 수입한 ⑪⑫유리와 500t의 철근을 수입하여 350명의 선원을 노동자로 데려와서 11일 야간작업까지 강행하여 예술적인 구조물을 세웠다. 오스델 설계는 제1, 2 팔머 하우스보다 디자인면에서 모자람이 없었다. 제2 팔머 하우슨 8층으로 불로 파괴되기 쉬운 블로크로 지었으나 제3 팔머 하우스는 ②8층에 객석 700, 상점 16개, 사무실 60, ④로비 계단, 고용실, ③대리석을 깐 이발소 등을 갖춘 호텔이었다.[116)]

116) John Zukowsky, *Chicago Architecture 1872~1922*(Munich : Prestel-Verlag, 1987), pp.267~269.
The year before the first Palmer House opened, the transcontinental railroad link that would assure Chicago's future prosperity was completed. The course of railroad construction in the United States meant that no regulary scheduled service ever extended from one coast to another, with the result that trains bound across the continent had to stop in Chicago, making it the nation's busiest terminal

로우(David Garrard Lowe)는 팔머 하우스에 대하여 다음과 같이 말하였다.

> 시카고 대화재로 소실된 호텔(제2 팔머 하우스)중에서 새로 지는 팔머 하우스(제3 팔머 하우스)는 ⑤가장 큰 호텔로 가격이 250만 $였는데 ①스테이트가와 몬로가에 자리 잡고 있었다. 호텔 설계는 오스델이 하였다. 이 호텔은 1870년대 시카고 확장 건축물의 한 전형이라고 할 수 있는 호텔이었다. 팔머 하우스는 34종의 ④대리석, 높이 25ft의 ④원형홀, 이집트식 ④응접실, 프랑스와 이태리에서 수입한 가구로 화려함이 극치에 이르렀다. 이 호텔은 화재 예방에 완벽을 기한 세계 제1

---

city...........The hotels also contained conveniences that were only then being perfected : elevators, steam heat, electric call boards, extensive running water, and telegraph(and soon telephone) connections to the front desk, the city, and the world.......

The Grand Pacific Hotel's 500 rooms were nearly finished, Van Osdel's second Palmer House was well under way, and competitors were preparing or ready for their inaugural festivites when the Great Fire destroyed the hotels and the rest of the central area of the city in October 1871. Now, instead of competing for guests, the proprietors fought to be the first to reopen. By rebuilding according to the same plans that had guided construction before the fire struck, a new Grand Pacific opened in June 1873, with the third Palmer House following only a few months later. (Van Osdel's second Palmer House building had not been completed when it was destroyed by the fire.)

Althoudh it reopened last the Pamer House won first place in the hotel world. ....The imported glass and the 500 tons of iron beams Palmer had bought in Belgium were rushed into place by a crew of 350 men whose labors were extended to eleven at night by electric arc lights playing on the "huge structure, that stood out in the artificial light like a great skeleton". Although his name is traditionally assigned to it, Van Osdel had less responsibility for this Palmer House design than he had had for the first two. Eight stories high and filling even more of the block than the uncompleted, burn hulk it replaced, the new Palmer containined 700 rooms, 16 stores, 60 offices in its entresol, a lavish lobby, stairs, and public rooms, not to mention the basement barbershop, which had silver dollas embedded in the floor.

> 의 호텔이었다. 그래서 600t의 벨기에 철을 사용하여 건설한 것이다. 팔머 하우스(제 4 팔머 하우스)는 1925년 제3 팔머 하우스를 헐고 현재의 팔머 하우스를 세로 세웠다.[117)]
> 팔머 하우스의 ⑨식당은 가로 64ft 세로 76ft로 황금색의 코린트식 기둥, ⑨대리석 바닥, 이태리 화가 작품인 ⑬벽화가 걸려 있어 화려하였다. ⑩담홍색 아마 수를 놓은 테이블은 벨파스트에서 특별히 만든 것이었다.[118)]

주코우스키와 로우의 기술을 종합하여 보면 정경원의 기술과 일치함을 알 수 있다. 정경원의 기술중 ①지리적 위치 ②건물 높이 ③대리석 ④목욕탕과 로비 ⑤호텔 등급 ⑥엘리베이트 ⑦숙박방 ⑧주방의 위치 ⑨주방시설 ⑩식탁 ⑪벽거울 ⑫침상거울 ⑬그림에 대한 기술과 일치하고 있다.

이상에서 정경원은 시카고에 도착한 첫날 4월 28일 팔머 하우스 호텔에 투숙한 것임을 알 수 있다.

원래 팔머 하우스는 1870년 오스델의 설계로 포터 팔머(Potter Palmer)가 퀸스가에 8층의 건물을 오픈하였으나 곧 이어 스테이트가에 신축

---

117) David Garrard Lowe, *Lost Chicago*(New York : Watson-Guptil Publication, 2000), p.111. Supreme among the post-fire hotels was the $2 ½ million Palmer House at State and Monroe streets. The design of the Hotel was based on plans by John Van Osdel which were expanded by C. M. Palmer, an architect who did much work in Chicago in the 1870s. The Palmer House gloried in thirty-four varieties of mable, a 25-foot-high rotunda, an Egyptian parlor, and furniture imported from France and Italy. It also claimed to be the world's first fireproof hotel-a strong selling point in Chicago-and 60 tons of Belgian iron was used in its construction. This Palmer House was demolished in 1925 to make way for the current hotel of that name.

118) *Ibid.*, p.112.
The Palmer House's Grand Dining Room, 64 feet wide and 76 feet long, was enriched with gilded Corinthian colums, a mable floor, and fresco painted by Italian artists. The damask table linen was made especially for the hotel in Belfast.

하였는데 신축중 시카고 화재 때 소실하여 1873년 8층으로 3번째로 신축하였으며 1924~27년 홀버드(John A. Holbird)와 로쉬(Martin Roche) 설계로 4번째로 신축하여 현존하고 있는 건물로[119] 정경원이 유숙한 건물은 3번째 지은 것이다.

당시 시카고에는 6층의 그랜드 패시픽 호텔과[120] 6층의 셔먼 하우스(Sherman House)와[121] 더불어 팔머 하우스는 그중에서 제1의 호텔이었다. 오디토리움 호텔의 신축(1887~1889)으로 팔머 하우스는 2위로 물러났다. 정경원 보다 앞서 시카고에 온 알렌이 정경원의 첫 숙소로 정한 것은 민영익을 따라 조선에 온 포크(George C. Foulk) 해군중위나, 초대주미공사 박정양을 따라 시카고를 경유하여 워싱턴에 간 경험이나, 시카고 출신 아내를 가진 다이(William McEntre Dye) 장군 등을 통하여 팔머 하우스에 대하여 얻은 정보가 당시 제2의 팔머 하우스를 택한 요인이라고 사료된다.

팔머 하우스는 방세가 1인당 60$로 나라를 팔아 먹을 정도로 너무 비싸기 때문에 옮기지 않으면 안되었다.[122] 멕넬리(MacNally) 가이드북에는 1일 숙비가 3.00~15.00$로 기록되어 있어 어느쪽이 정확한 기록인지 가늠하기 힘든다.[123] 4월 29일 42가 275호로 거처를 옮겼다. 정경원문서에서 275호(二百七十五號) 또는 275호지(二百七十五號地)라는 기록이 보이니 정경원문서는 이에 대하여 다음과 같이 서술하였다.[124]

---

119) Zukowsky, *op. cit.*, pp.267~269.

120) *Ibid.*, p.268.

121) *Lowe, op. cit.*, p.108.

122) 「舊韓國出品委員과 萬國博覽會-四十三年前의 回顧談-」『新東亞』 1936年 2月號, p.36.

123) *A Week at the Fair*, p.22.

124) 이민식, 앞의 책, p.505.

「鄭敬源文書」 2(1-13) 3月 14日(陽 4月 29日)

十四 朝雨 俟晴 移館于第四十二街二百七十五號盖安連 知我行人多 先期僦屋者也

정경원문서 2(1-13) 3월 14일(양 4월 29일)

아침에 비가 왔다. 날씨가 개어 42가 275호로 관사를 옮겼다. 알렌이 우리 일행이 많은 것을 대략 알고 세를 얻어 놓은 것이다. 월세가 300$였다.

정경원문서 14(1-5) 3월 18일

3월 18일 악공편에 올리는 보고문
........3월 10일(양 4월 25일) 기차를 타고 출발하여 14일(양 4월 29일) 시카고에 도착하였습니다........같이 점사에 들어가 일박한 다음 15일 (양 30일) 시카고 42가 275호지를 관사로 정하였습니다.

위의 두 문서에서 시카고 도착일자가 맞지 않은 것은 보고문이 일자를 오인한데서 나온 미스테크이다. 28일 도착 팔머 하우스 호텔 일박, 29일 42가 이사를 하였고, 30일 국무장관 그레샴(Walter Q. Gresham)을 만났으며, 5월 1일 개원식에 참가하였기 때문에 그러하다.[125)]

이곳도 숙박비가 300$로 비싸기 때문에 숙박할 수 없는 곳이었다. 그래서 악사들이 귀국한 5월 3일 이채연의 주선으로 번지 미상의 집으로 옮겨 이곳에서 6개월을 지냈다.

정경원문서는 이에 대하여 다음과 같이 서술하였다.[126)]

先債家貰三百元
이민식, 앞의 책, p.511.
「鄭敬源文書」14(1-5) 3月 18日, 御前奉奏書信 三月十八日 樂工回便封奏
三月初十日 乘汽車發乃 至時街高........共入府內店舍經宿 十五日 擇定館舍于市街高府中<u>第四十二街二百七十五號地</u>

125) 이민식, 앞의 책, p.506.
「鄭敬源文書」 2(1-13) 3月 15日(陽 4月 30日)
十五日 與李采淵 同車 訪美國外務大官於大統領一所 住店舍不遇

정경원문서 14(1-5) 3월 18일 (양 5월 3일)

이후 이채연이 신을 데리고 입주한 집은 상등점방이니 식비가 너무 비싸 미은 900$로 세를 6개월 기한으로 하고 양녀를 고용하여 조반을 짓고 비용을 지출키로 하였습니다.

이곳의 숙박비는 6개월간 900$였다. 그러므로 1개월간 숙박비가 150$로 숙박비가 싼 곳이었다. 이곳 번지 미상의 지점에서 정경원은 미국인 가사도움이를 고용하였다. 그러나 실은 자취생활을 하였다. 이 같은 어려운 환경 속에서도 정경원은 나라의 홍보에 전력을 다하였다. 목적은 조미조약(1882) 이후 강화된 청의 속방론에서 벗어나 나라의 독립성을 찾으려고 그러하였던 것이다.

4. 조선전시실 주최 월드 이밴트

주미 연회에 처음 참가한 한국인은 박정양 초대주미공사이다. 박공사는 1888년 1월 27일 워싱턴에서 남북전쟁에 참전하였던 시카고 출신 휘트니 해군장관(Secretary W. C. Whitney)의 초대연회에 참가한 것이 그러한 것이다. 박공사는 연회장에서 반라(半裸)의 귀부인을 보고 깜짝 놀랐다. 그는 귀부인들이 기생이 아닌가라고 말하였다. 박공사가 더욱 놀란 것은 관현악이 연주되면서 반라의 여인들이 남자와 포옹하고 춤을 추는 것이었다. 박공사를 수행하고 있었던 한 젊은 외교관은 추워서 떨고 있는 반라의 귀부인을 보고 왜 치마를 추겨 입지 않으냐

126) 이민식, 앞의 책, p.516.
「鄭敬源文書」14(1-5) 3월 18일(양 5월 3일)
李采淵 導臣先入上等店舍房 租飯費 翔高大甚故以美銀九百元 貰一屋子六朔爲限 雇得羊女供飯 以爲省費之道

고 말하였다.

그뒤 이채연 서리공사 시절 아이오와 서클(Iowa Circle) 13가 1500번지 한국공사관에서 1892년 2월 2일 정식연회를 한국공사관 주최로 베풀었다. 한국 역사에서 미주에서 베푼 한국 주최 최초의 연회이다. 귀부인들이 한국공사관에 모여 들자 대리공사 이채연 부인 배씨가 유창한 영어로 손님들을 맞이 하였다. 차를 끓이고 마시면서 연회가 계속되었다. 이대리공사가 귀국하자 그분의 집은 서양요리로써 장안에 화제가 되었다. 손탁호텔과 더불어 한국 서양요리의 원조를 이루었다.

이후 1893년 9월 5일 한국박람단이 시카고 오디토리움 호텔(Auditorium Hotel)에서 연회를 베풀었다.[127] 오디토리움 호텔은 1887~89년에 지은 건물로 가격이 350만$로 1일 숙비가 5.00-20.00$였고[128] 오디토리움 등장으로 팔머 하우스는 서열이 오디토리움 호텔에 뺏겼다. 오디토리움 호텔은 루즈벨트 대학(Roosevelt University)이 현제 점령하고 있다. 오디토리움 호텔 6층은 오페라 하우스, 10층 도서관(현재)은 오디토리움 호텔의 식당이었다.[129] 로우가 설명한 오디토리움 호텔을 보면 호텔의 규모를 알 수 있다.

> 아들러(Dankmar Adler)와 서리반(Louis Henri Sullivan)이 설계한 17층의 오디토리움 호텔은 당대 미국에서 가장 높은 건물로 한 구조물에서 3군데의 분리된 형태로 조합이 된 건물이었다. 미시건로와 콘그레스가에 면해 있는 400개의 객실, 와바쉬가쪽과 탑실에 있는 사무실, 상징

127) 이민식, 「우리나라가 처음 참가한 세계박람회에 대한 연구」『대림대학논문집』 제24집(안양 : 대림대학, 2002)(저작권심의조정위원회 등록번호 제C-2005-00710), p.602.

128) John J. Flinn, *Official Guide to the World's Columbian Exposition*(Chicago : The Columbian Guide Company, 1893), p.281: *A Week at the Fair*, p.22.

129) Ryan Ver Berkmoes, *Chicago*(Melbourne. Oakland. London. Paris : Lonely Planet Publications, 1998). p.51.

적으로 오디토리움 건물 중앙에 있는 미국의 제일 큰 극장으로 되어 있었다.[130]

연회장소는 7층 연회실이었는데 이곳은 현재 루즈벨트대학 간즈 기념관(Rudolph Ganz Memorial Hall)이다.[131]

정경원과 이승수의 공동명의로 각국 박람단에 초청장을 보냈는데 여기에는 다음과 같은 내용이 기록되어 있었다.

> 션쬬듸
>
> 콜럼비아 세계박람회 조선출품대원 정경원과 주미조선공사관 대리공사 이승수는 9월 5일 목요일 7시 저녁 오디퇴움에서 귀하와 정찬을 같이 하는 영광을 갖고자 하니 참석의 영광을 베풀어 주십시요.[132]

---

130) David Garrard Lowe, *Lost Chicago*(Boston:Houghton Mifflin Company, 1975), p.133.

131) http://www.roosevelt.edu/ganzhall/moreinfo.htm

132) James W. Ellsworth Ephemera Box1 FF7, Chicago Public Library Special Collections Division, Invitation to Dinner at the Auditorium in Downtown Chicago

션쬬듸
The Royal Korean Commissioners
to the
World's Columbian Exposition
Chung Kyung Won
Ye Sung Soo
Chargé
d'affaires ad interim for Korea
request the honor of your company at
Dinner
at the Auditorium
Tusday evening the fifth of September
at seven o'clock
이민식, 『세계박람회와 한국』(전남대학교 출판부, 2004), p.56.

정경원문서에 보면 이때 참가한 사람이 100명이라고 하면서 다음과 같이 기록하고 있다.[133)]

> 저녁에 연회를 베풀었다. 손님이 100여명이나 되었다. 노래도 부르고 춤도 추면서 술을 마시고 파하였다.

참가한 사람들에게 태극 마크가 그려진 기념품을 선사하였다.[134)] 연회는 서양식 부페로 진행하였는데 한국식 국을 손님들에게 대접한 것이 이채로웠다.

이 연회는 한국이 자주적으로 월드 이벤트를 행하였다는데 의미가 깊다.

요리 메뉴를 소개하면 다음과 같다.

한국관 주최 요리 메뉴

대합조개
아티초트(Artichauts)의 콩소메(Consume) 맑은 수프
소터네스 술(Sauternes : 보르도지방의 술 이름)
베니티엔(Venitienne) 마시는 컵
그로로시오(Glorosio) 셰리
대형식용어 나라간세트(북아메리카 만 이름, 나라간세트만의 로드섬)의 큰 원형 양각
오이 셀러드

---

133) 이민식, 『근대한미관계사』, p.541.
「鄭敬源文書」 8(1-6) 7月 25日(陽 9月 25日)
二十五日夕 設宴會 會客 百餘人 歌舞極飮而罷

134) James W. Ellsworth Ephemera Box1 FF7, Chicago Public Library Special Collections Division, Place Setting Souvenir of Korea Dinner.

오래 끓인 다라곤(Tarragon) 수프
콩에 리마 버터를 바른 것
맛 좋은 사과
그루스티트(Croustade) 디프레메이트(Diplemate) 인에 리스데(Risde) 공아리
놀라운 사과
아스파라구세스 무세린(Asparaguses Mouseline) 소스
특별히 건조한 뭄스(Mumms)
한국식 국
융단방석을 깐 원형 의자(프랑스식 식사 때의 의자)
세레리(Celeri)의 샐러드
콘드(Conde) 생선
술
맛 있는 치즈 케이크
과일 케이크
커피[135)]

---

135) Ellswrth Ephemcca Box1 FF7, Chicago Public Library Special Collections Division,
Menu
Clams
Consomme Souveraine Creme d' Artichauts
Sauternes
Trimbale Venitienne
Glorosio Sherry
Medaillon de Kingfish Narragansett
Salade de Concombres
Chapon Braisé à l' Estragon
Haricots de Lima au beurre
Pontet Canet
Risde Veau en Croustade Diplemate
Pommes en Surprise
Asperges Sauce Mousseline
G. The Mumm's Extra Dry
Punch Korea
Becasse sur Canapé

5. 미국관 주최 월드 이벤트

10월 11일 박람회측에서 외국 출품대원을 위한 연회를 베풀었다. 정경원은 연회에 참석하였는데 정경원 문서는 이에 대하여 다음과 같이 기록하고 있다.

> 9월 2일(양 10월 11일)
> 밤에 미국 총서 연회에 참가하였다. 회원이 가히 1000명이나 되었다.[136]

박람회측은 콜럼비아 세계박람회 운연진이 초청장을 각 외국위원에게 보냈다. 이때 보낸 초청장은 다음과 같다.

> 1893년 10월 11일 수요일 뮤직홀로 콜럼비아 세계박람회 운영진에 의하여 콜럼비아 세계박람회 외국 각위원을 연회참석에 초청한다.[137]

Salade de Celeri
Peches á la Condé
Ligueurs
Glaces Pralines
Frouits Gateaux
Cafe

136) 이민식, 『근대한미관계사』, p.546.
「鄭敬源文書」 8(1-6) 9月 2日(陽 10月 11日)
九月初二日 夜赴美國總署宴會 會數可千人

137) Ellswrth Ephemcca Box1 FF7, Chicago Public Library Special Collections Division.
Banquet tendered to the
Foreign Commissioners
to the
World's Columbian Exposition,
Music Hall, Jackson Park,
Wenesday, October the eleventh,
eighteen hundred and ninety three,

이에 의하면 장소는 뮤직홀이다. 이때 연회에 대하여 벤크로프트(Hubert Howe Bancroft)는 다음과 같이 기술하였다.

> 10월 11일 박람회측은 그 동안의 신세를 갚기 위하여 뮤직홀에서 연회를 베풀기 위하여 외국 출품대원들을 초대하였다. 이 연회는그 동안의 수고를 생각한다면 응당 베풀어야 할 행사였다. 연회의 형태는 세계적 성격을 지니고 있었다. 어떤 형식이 없이 코스별로 이 테이블 저 테이블로 손님들이 지나 가면서 옛 우정을 다지거나 새로운 우정을 만들어 가는 것이었다. 연회장 벽에는 각국의 국기가 꽂혀 있었고 각나라의 음악이 여러 밴드에 의하여 연주되고 있었으며 동양인의 기이하고도 화려한 유니폼과 환상적인 한국의 갓(headgear of the Corean)과 더불어 앵글로 색슨인들의 이브닝 드레스 등 의상들이 다양하였다. 테이블이 무더기 무더기로 예술적으로 초생달처럼 커브가 지게, 십자형으로 균형 있게 배치하였다. 음악당을 둘러싸고 있는 16개의 기둥은 참나무잎 모양의 화환으로 둘러싸여 있고 기둥의 끝은 꽃줄로 장식하여 초록색 화환으로 장식하였거나 장미를 여기 저기 그려넣고 있었다. 그 위에 여러 가지 디자인으로 전등을 달아 두었다. 겔러리에는 사교계의 시카고 여성들이 외국 출품대원들의 부인들과 담소를 나누면서 그들의 이야기에 경청하니 이른 아침 새로 시작되는 축배의 인사말이 있을 때까지 계속하였다.[138] 손님들중 세계 8대 기적에 비길 만큼 박

Chicago

138) Herbert Howe Bancroft, *The Book of the Fair*(Chicago, San Francisco:The Bancroft Company, 1893), p.970.
On the 11th of October the Fair officials invited the foreign commissioners to banquet held in the music hall, for now the last instalment of debt had been paid, and fitting it was that men should give themselves over to feasting. The entertainment was of a cosmopolitan character and without undue formality, the guests passing between courses from table to table, renewing old friendships and forming new ones. The walls were decorated with the flags of all nations : the music of all nations was rendered by their several bands, while costumes were no less varied, the sombre evening dress of the Anglo-Saxon contrasting strangely with the gorgeous uniform of the oriental and the fantastic headgear of the Corean. The tables were arranged in artistic groupings, curved, crescent, and cruciform, and with a

람회를 도와 성공시킨 각주의 대표들과 각국의 대표자들을 대표하여 콜럼비아 세계박람회 회장 팔머는 폐회를 위한 연회를 개최하였다. 연회의 사회자 인 메시(George V. Massey)의 소개로 팔머는 평소와 조금도 다름없이 간단하고 명요하게 인사말을 하였다. 그는 "어떠한 국가의 실체는 없어지더라도 시카고 박람회는 시카고의 박람회로 남아 있을 것이다. 나는 회장으로써 박람회 처리에 두려운 일을 많이 당하였다. 나는 그같은 일들이 필연적으로 이유가 있으리라는 것을 안다. 그러나 나는 박람회에 근무하면서 철선으로 몸을 맨 사람처럼 느껴져 나를 박람회일에 그만 두게 하지 못하였다."라고 하였다.
연회에 참석한 영(M. H. H. De Yong)은 샌프란시스코 동계 박람회 총무와 부회장에 선출되었다. 11월 11일 데이비스(George R. Davis)가 맡은 연회의 끝을 냄으로써 긴 세계박람회 모든 연회는 막을 닫았다.

위의 기술을 살펴 보면 이 연회는 세계적 성격을 지닌 화려한 연회

---

view to avoid all suggestion of favoritism. The sixteen great columns which encircle the hall were entwined with wreaths of oak leaves ; the arch at the further end was festooned and garlanded in green, interspersed with roses of every hue, and overhead were electriclights in special designs. In the gallery the fashonable women of Chicago mingled with the wives of foreign commissioners, listening to the speeches, which were many for it was not until an early morning hour that the last toasts were honored.
To Thomas W. Palmer as president of the World's Columbian Commission, a farewell banquet was given by his associates, among the quests being the representatives of many states and nations, those who had helpd to make the Fair a success paying tribute to one whose name will ever associated with what has been not inappropriately termed "eighth wonder of the world." Introduced by Gearge V. Massey as chairman, the president spoke, as is ever his custom, briefly and to the point. "Without some national body." he said, "the Chicago Fair would have remained a Chicago Fair. I accepted the presidency with consderable trepidation, and had I known what was involved, would probably not have done so ; but once in office I felt like a man who had hold of a live wire, and am glad that I did not let go."
M. H. De Young was the guest of honor at a banquet given to him as director-general of the Midwinter Exposition to be held in San Francisco, and also as second vice-president of the national commission. On the 11th of november a parting feast of which George R. Davis was the chosen recipient, closed a long series of World's Fair entertainment.

였다. 각국 의상중에서 한국의 갓이 유난히도 돗보인 연회였다. 더불어 밴크로프트의 글에서 읽을 수 있듯이 연회장벽에 게양된 태극기와 '경축 악세사리'에[139] 그려진 태극기가 세계박람회 미국연회장에 있었다는 것은 태극기가 갖는 세계사적 의미가 깊다.

히긴보담(Harlow N. Higinbotham) 팔머(Thomas W. Palmer) 게이지(Lyman F. Gage) 번햄(Daniel H. Burnham) 헤리슨(Carter H. Harrison) 등 유명한 사람들이 참석하였다. 상세히 참석한 사람들을 보면 다음과 같다.[140]

연회 축배자명(연회 주요 참가자명)

역 할	사람 이름
인사	콜럼비아 세계박람회회사 회장 히긴보담
미국 출품대원과 각국 통차자 통할 회장	콜럼비아 세계박람회 회장 팔머
전시 생성	콜럼비아 세계박람회 집행부 부회장 게이지
전시 착상	콜럼비아 세계박람회 부회장 겸 작업부 책임자 번햄
대영제국 및 식민지 경축	대영제국 왕실 출품대원 플로렌스 드리스콜, 캐나다, 케이프 식민지, 뉴 사우스 웨일스, 실론, 영령 기이에나, Trinidad, 자마이카
일리노이주 경축	지사 알테겔트
독일제국 경축	독일출품대원 릭터
시카고 경축	시장 헤리슨

139) Ellswrth Ephemcca Box1 FF7, Chicago Public Library Special Collections Division. 경축 악세사리는 '환영 콜럼비아 세계박람회 외국출품대원'(In Honor of the Foreign Commissioner to the Worlds Columbian Exposion)이라는 환영구가 적혀 있고 태극기는 오른쪽에 있으나 깃대에 달린 기의 위치가 잘못되어 있다.

140) Ellswrth Ephemcca Box1 FF7, Chicago Public Library Special Collections Division.
Toasts
Salution Harlow N. Higinbotham
President World's Columbian Exposition
Presiding

역 할	사람 이름
프랑스 경축	총영사 겸 출품대원 브루우와어트
전시 전개	콜럼비아 세계박람회 작업부 책임자 베이커
러시아 제국 경축	출품대원 서리 수스트체프스키
스페인 왕국 경축	왕실 출품 전권위원 롬
전(全) 연회 폐막일 총괄	콜럼비아 세계박람회 집행부 총책임자 데이비스
오스트리아 제국 경축	제국 총영사 겸 전권위원
이태리 왕국 경축	왕실 출품대원 운가로
대표자가 참석한 경축국가	아르헨티나, 칠레, 에콰도르르, 한국, 노르웨이, 샴, 벨기에, 콜롬비아, 그리스 리베리아 오렌지 자유국, 스웨덴, 볼리비아, 코스타 리카, 과테말라, 멕시코, 파라과이, 스위스, 브라질, 쿠레코아(중남미에 위치한 섬), 하이티, 모나코, 페르시아, 터키, 불가리아, 덴마크, 일본, 네덜란드, 포르투갈, 우르과이, 베네주엘라
각국 연합 집행위원 경축	각국 연합집행위원회 부회장 호비
전시 미래 전시 경축	히긴보담

벤드와 오키스트라를 동원하여 흥을 돋구었다. 벤드와 오키스트라의 곡목명과 작곡가명은 다음과 같다.141)

President of the United States and Rulers of Other Nations
Thomas W. Palmer
President World's Columbian Commission
The Birth of the Exposition
Lyman F. Gage
Expresident World's Columbian Exposition
Presiding
Design of the Exposition
Daniel H. Burnham
Director of Works
Great Britain and her Colonies
Canada Cape Colony New South Wales
Ceylon British Guiana Trinidad
Jamiaca

벤드(645명~730명)

곡 명	작곡가명
아메리카 공화국	티엘
케베레리아 루스티카나 선곡	마스카그니(이태리인)
왈츠 빌리지 스웨로우스	스트라우스
그렌드 펜타시아 로헨그린	와그너
오버투어 잠파	헤롤드

오키스트라(730명~930명)

곡 명	작곡가명
오버투어 퍼빌리	웨버
왈츠 프리스 센트룸	스트라우스
발레 뮤직 실비아	델리베스
아프리카 여행 선곡	수페
오버투어 로베스피에르	시톨프
가보테 스테파니	치불카
발레 뮤직 페라몰스	루빈스타인
오아케닝 어브 스프링	바하
프딜 시벨레	스트라우스
카프리스 헤로이스	드 콘츠키

연회는 부페식이었는데 메뉴는 다음과 같다.

뷔 페

주식전 기다리는동안 제공되는 다양한 러시아식 음식과 음료

Florence O. Driscoll M. P.

Royal British Commissioner

Illinois

Governor John P. Altegeld

The German Empire

Dr. Max Richter

Imperial Representive Commissioner

City of Chicago

Mayor Carter H. Harrison

The French Republic

Edmond Bruuwaert

Consul General and Acting

Commissioner General

The Development of the Exposition

W. T. Baker

Expresident World's Columbian Exposition

Presiding

The Russian Empire

C. Ragousa Soustchevsky

Acting Commissioner General

The Kingdom of Spain

E. Dupy de Lome

Minister Plenipotentiary and

Royal Commissioner General

The Closing Days of the Exposition

George R. Davis

Director General

World's Columbian Exposition

Presiding

The Austrian Empire

Anton von Palitschek Palmporst

Imperial Royal Consul General

and Commissioner General

The Kingdom of Italy

Marquis Enrico Ungaro

Royal Commissioner General

Argentine Republic	Chile	Ecuador	Korea	Norway	Siam
Belgium	Colombia	Greece	Liberia	Orange Free States	Sweden

메 뉴

주식전 기다리는 동안 제공되는 다양한 러시아식 음식과 음료 /주식전 기다리는 동안 제공되는 다양한 러시아식 음식과 음료

식탁용 광천수/새우/독일산 향기로운 백포도주

가장 포도주에 정통한 사람이 소모하는 퀸 세리포도주

Bolivia	Costa Rica	Quatemala	Mexico	Paraguay	Switzerland
Bragil	Curacoa	Haiti	Monaco	Persia	Turkey
Bulgaria	Denmark	Japan	Netherlands	Portugal	Urguay and Veneguela

The Excutive Commissioners of the States of the Union
Edward C. Hovey
Vice President National Association of Excutive Offices
The Future Influence of the Exposition
Harlow N. Higinbotham

141) Ellswrth Ephemcca Box1 FF7, Chicago Public Library Special Collections Division,

Music

Band

Six forty five to Seven therty

American Republic	Thiele
Selections from Cavalleria Rusticana	Mascagni
Waltz Village Swallows	Straus
Grand Fantasia Lohengrin	Wagner
Overture Jampa	Herold

Orchestra

Seven thirty to Nine therty

Overture Pubilee	Weber
Waltz Pris Centrum	Straus
Ballet Music Sylvia	Delibes
Selection A. Trip through Africa	Suppe
Overture Robespierre	Sitolff
Gavotte Stephanie	Czibulka
Ballet Music Feramors	Rubinstein
Auakening of Spring	Bach
Pdyl Sibelle	Straus
Caprice Heroique	De Kontzki

이태리 데미도프(Demidoff) 호텔의 음식

노래부르는 만에서나 볼 수 있는 라우몬(Laumon ; 스코트랜드 인명)

브라바우콤(Brabauçonne)에서 생산된 사과 / 쿠쿰버 나물(집 정원 등지에서 자라남)

루이 16세식 양엉겅퀴(식물명)즙을 마시는 컵/래피트(포도주명) 포도주 넣은 통

세브레울일(Chevreuil) 프랑스 포도주를 고기 달걀 등에 넣어 만든 합성음식/가공하지 않은 와인

프랑스콩/샤토브리앙

독일 요하니스산(Johannis) 백포도주/값 비싼 식용 버섯

메리랜드 식용거북

포르베토(Porbetau)찌술(벗찌로 빚음)/프랑스 동남부 부르군디지방의 술

융단 방석을 깐 원형의자

래라드(Lalade=Lalande) 프랑스술

새로 생산된 벨레부〔(Belleve : 워싱턴 지명)의 치코레 과일의 일종)〕에 포이 그라스(Foie gras : 조류의 일종. 뚱뚱함), 라티(Lati : 양고기 이름), 양상치(Laitue), 미랭그(설탕과 계란 흰자위 따위를 섞어 구워서 파이 따위에 입힌 것), 밀크 아이스크림, 과일, 케이크/신선하게 구운 병아리와 햄버거 치이즈 /리퀘폴트표(Requefort) 진한 양젖 치이즈, 신의 영역에 이를 정도로 좋은 포르투갈 원산의 붉은 포트와인(Portwine)/마데르 블래크 커피/카르투지오회 수도원 꼬냑

멘드(Menthe : 아이스크림 이름) 아이스크림[142)]

---

142) Ellswrth Ephemcca Box1 FF7, Chicago Public Library Special Collections Division, Buffet

Hors d′ oeuvres variés la Russe

Menu

* 참조 : 미국박람회 운영위원명

Directors of the World's Columbian Exposition

Harlow N. Higinbotham

Ferd W. Peck	Robert A. Waller	Lyman J. Gage
Cornelius K. G. Billings	Charles L. Hutchinson	Alexander H. Revell
Thomas B. Bryan	Ellridge G. Keith	Edward P. Ripley
Edward B. Buter	William D. Kerfoot	Abram M. Rotschild
Isaar N. Camp	William P. Ketcham	George Schelder
William J. Chalmers	Milton W. Kirk	Charles H. Schwab
Charles H. Chappell	Edward F. Lawrence	James W. Scott
Robert C. Clowry	Victor F. Lawson	Henry B. Stone

Hors d′ oeuvres./Hors d' oeuvres
Apollinaris/Huitres/Liebfaumilch
Consomme Gastronome/Queen Sherry
Croustades à la Demidoff
Jurban de. Laumon a la. Pean. Bart
Pommes à la. Bralauçonne/Concombres
Timbales d′. Artichauts Louis XVI/ Château Lafite
Lelle de Chevreuil a la. Marinade Ruinart
Haricots Verts/Pommes Châteaubriad/Vin Brut
Johannis/Chumpignons frais. Lautés
Terrapin à la. Maryland
Porbtau. Kirsch
Bècasse sur Canapé/Lâtiache Romanée
Palade
Laitue. Pàti de Fóie. Gras en. Aspie. Bellevue. Chicorée
Méringues, Gacées, Fruit, Petits fours
Brie/Roquefort./ Port du. Lalut/Porto/Madére
Café, Noir/Chartreuse Cognac
Crime de Merithe

Mark L. Crauford
George R. Davis
Arthur Dixon
James W. Elliworth
Carter H. Harrison
Chares Henrotin
Thies J. Lefens
Andrew M. Nally
Adolph Nathan
John J. P. Odell
Ershine M. Phelps
Washington Porter
Charles H. Wacher
Edwin Walker
John C. Welling
George H. Wheeler
Fredrick S. Winston
Charles T. Verkes
Otto Young

Ex Directors

Owen F. Aldis
Sammuel W. Allerton
William T. Baker
William Borner
Benjamin Butterworth
William H. Calvin
Dewitt C. Cregier
George P. Engelhard
John V. Farwell Jr.
Stuyvesant Fish
George B. Harris
Franklin H. Head
Eglert Jamieson
Edward T. Seffery
Rollin A. Keyes
Marshall M. Kirkman
Herman H. Kohlsaat
Cyrus H. M. Cermich
Joseph Medill
Robert Nelson
Potter Palmer
James C. Peasley
Eugene S. Palee
Martine A. Ryerson
Geoge W. Saul
Anthony F. Leeberger
Paul O. Stensland
Bernard E. Sunny
John R. Malsh
Hemstead Washburne
Chares C. Weeler
Benjamin B. Samb

6. 결 론

정경원의 시카고 정착과정을 밝힌 다음 그가 관여한 대표적인 월드 이벤트에 대하여 연구하여 보았다.

정경원이 샌프란시스코에서 대륙횡단철도를 이용하여 벌링톤 기차에서 내린 역이 유니온역이다. 유니온역은 대륙횡단철도의 옥덴 오마하와 더불어 환승역의 하나로써 과거에 민영익이나 박정양이 워싱턴에 갈 때도 환승한 역이다. 민영익은 샌프란시스코 펠리스 호텔에 투숙하고 있다가 샌프란시스코에서 탑승하여 5일만인 1893년 9월 12일 유니온역에 내려 팔머 하우스에에서 1박하면서 시카고를 관람하고 워싱턴에 간 일이 있다. 그래서 민영익은 시카고 땅을 처음 밟은 한국인이 되었다. 박정양은 민영익과 마찬가지로 펠리스역에 투숙하고 있다가 샌프란시스코를 출발하여 시카고에 내렸으나 곧 환승하여 샌프란시스코 탑승후 5일만에 워싱턴에 갔던 것이다. 유니온역에 내린 정경원은 마중나온 알렌과 이채연을 따라 팔머 하우스로 갔다. 이 호텔은 당시 시카고에서 오디토리움에 이어 큰 호텔이었다. 알렌이 팔머 하우스를 숙박지로 정한 것은 민영익이나 박정양의 사행이나 동료 미국인 포크 다이 등등으로부터 얻은 정보를 이용하여 투숙지를 정할 수 있었던 것이다.

당시 팔머 하우스는 숙박비가 1인당 60$로 너무 비싸 이 숙박비는 나라를 팔아 먹을 것 같아 29일 42가 275 번지로 옮겼다. 이 빌딩 숙박료는 1개월간 300$이다. 5월 3일 악공이 떠난후 정경원은 이채연의 주선으로 번지 미상의 집으로 옮겨 이곳을 세계박람회기간 6개월간의 정착지로 정한 것이다. 이곳은 6개월간 900$이다. 6개월 평균 150$로 가장 저렴한 장소이다. 이곳에서 미국인 가사 도우미를 고용하였으며 이 도우미가 있을 때 월드 이벤트에 관여한 것이다.

1893년 9월 5일 월드 이벤트는 주최자가 정경원과 이승수이다. 장소는 오디토리움 호텔 7층 연회실(현재 루즈벨트 대학교 음악대학장 간즈 기념관)이다. 정경원과 이승수는 초청장을 각국 대표에게 발부하였으며 대합조개, 우리나라 국물 등과 더불어 제공되는 서양요리로 손님을 접대하는 뷔페식이다. 이때 참석한 손님은 100명이다. 특이한 것은 손님들에게 한국 국호와 태극기가 새겨진 기념품을 증정하였다는 것이다. 세계박람회 기간 태극기가 등장한 것은 이때가 처음은 아니다. 한국관 지붕에 처음 게양된 뒤, 독일 연회, 미국 연회 때에도 게양된 것이다. 9월 5일 이벤트는 한국이 처음으로 월드 이벤트의 주최측이 되었다는 점에서 역사적 의미를 찾을 수 있다.

1893년 10월 11일 월드 이벤트는 미국이 각국을 위하여 베푼 국제적 이벤트이다. 장소는 뮤직홀이었으며 1000여명이 참가한 것이다. 이 이벤트에는 히긴보담 팔머 헤리슨 등 박람회 관련 저명 인사들이 참석하였으며 메리랜드 식용거북, 래라드 프랑스 술, 멘드 아이스크림 등 메뉴의 서양식 뷔페식이다. 당시 연주된 음악곡은 벤드곡 티엘작 아메리카 공화국, 마스카그니작 케베레리아 루스티카나 선곡, 스트라우스작 왈츠 빌리지 스웨로우스, 오키스트라곡 웨버작 오버투어 퍼빌리, 스트라우스 왈츠 프리스 센트룸, 델레베스작 발레 뮤직 실비아 등이다. 이 월드 이벤트에서 주목되는 것은 한국의 태극기가 게양되었으며 경축 악세사리에 태극기가 꼽혔다는 것이며, 한국의 갓이 모인 사람들에게 흥미를 자아내게 하였다는 것이다.

이 연구는 처음으로 학술적 접근을 시도한 논문이므로 차후 이 방면의 연구는 본 연구가 방향제시에 도움이 될 수 있을 것이다. 아울러 해외활동에서 선구자적 활동을 한 정경원의 인간을 통하여 개화기 한국인상을 엿 보는데 도움이 될 것이다

Ⅳ. 콜럼비아 세계박람회 수원 최문현 안기선 박용규 서병규 연구

1. 서론

콜럼비아 세계박람회(Chicago Columbian World's Exposition)에 우리나라 초대는 박람회 홍보원 고워드(Gustavus Goward)가 1891년 5월 2일 미국 공사관 서기관 알렌(Horace N. Allen)의 알선으로 독판교섭통상사무 민종묵(閔鍾默)에게 요청하므로써 처음 이루어졌다. 그뒤 1892년 11월 17일 박물지사 게르빌(A. B. de Guerville)이 일본을 경유하여 우리나라에 박람회 조감도를 가지고 와서 어람시키므로써 우리나라는 문산 정경원(文山 鄭敬源)을 출품대원으로 삼아 박람회에 출품하기로 하였다.

정경원이 출품대원으로 임명된 것은 고향 충주에 내려가 있었던 1893년 3월 3일전이다. 임명통지를 받은 것이 3월 3일이기에 그러하다. 3월 8일 주미조선공사 대리 이채연(李采淵)은 정경원 및 수원의 임명 사실을 그레샴(Walter Q. Gresham) 국무장관에게 알렸다.[143] 그러므로 우리나라가 수원을 임명한 것은 3월 8일 이전이다. 이때 이채연은 정경원 일행이 샌프란시스코에 도착하면 미국재무성이 편의를 봐 줄 것을 그레샴에게 요청하였다. 주조선미국공사 허드(Augustine Heard)는 3월 13일 정경원 일행의 임명사실을 본국정부에 알렸다.[144] 정경원은 3월 12일자 임명칙서와 신임장을 고종으로부터 받고, 3월 22일 제물포에 도착하여 3월 23일 주사 정제 최문현(正齋 崔文鉉, 1856~1926), 주사

---

143) Legation of Korea, Washington, March 8th, 독립기념관 , 미국무부 소장 한국관계문서.

144) No. 370, Diplomatic Series, Legation of the United States, Seoul, Korea, March 13, 1893, 독립기념관, 미국무부 소장, 한국관계문서.

덕제 안기선(德濟 安琪善, 1863～1937) 악공 10명과 같이 이세환(伊勢丸)에 승선하였다. 이때 참무관 (자)성미 이승수(聖眉 李承壽), 공사관원 이현직(李玄稙=鉉稙)과 장봉환(張鳳煥)도 동승하였다. 일행들은 3월 30일 요꼬하마에서 벨기스호(Belgis)를 타고 4월 22일(미국력) 샌프란시스코에 상륙하였다.[145] 샌프란시스코에서 유숙한 다음 대륙횡단철도를 타고 4월 28일 유니온역(Chicago Union Station)에 하차하여[146] 시카고에 먼저 온 알렌과 워싱턴에서 시카고에 온 이채연이 예약하여 놓은 팔머 하우스(Palmer House)에 일박한 다음 42가 275번지를 거처 5월 3일 번지 미상의 집으로 옮겨 출품사(出品事)를 보았다.[147] 42가 275번지에 기거할 때인 5월 1일 개회식에 참가하였다. 이때 개막식에 참가한 한국박람단은 총 19명이다. 그들은 이승수, 정경원, 최문현, 안기선, 박용규(朴容奎), 서병규(徐丙珪), 국악사 10명, 장봉환, 이현직, 알렌이다.

이 논문은 19명의 참가자중에서 콜럼비아 세계박람회 핵심 실무요원이었던 최문현 안기선 박용규 서병규의 박람회를 중심으로 한 활동에 대하여 연구하여 보기로 한다.

2. 최문현과 세계박람회

1) 세계박람회 활동

최문현은 최온(崔溫)을 시조로 하는 해주 최씨(海州崔氏)로 성균관 진사 최재원(崔載元)의 둘째 아들로 1856년 개성에서 태어 났다. 호는

---

145) 「鄭敬源文書」 3月 8日 ; 이민식, 『근대한미관계사』(백산자료원, 2001). p.493.
146) 「개화기 한국문화의 출입구 유니온역, 시카고에서 발견」, 『재외동포신문』 2005년 6월 19일.
147) 「개화기에 나라의 독립을 얻으려고 미국에 간 정3품 정경원」, 『재외동포시문』 6월 20일.

정제(正齋)이다.[148] 최문현은 개성에서 경기도 안산시 수암면 고잔리(당골)에 와서 형 최대현(崔大鉉)과 가까이에서 기거하였다. 형 최대현은 최승오(崔承五) 최승칠(崔承七) 최승팔(崔承八) 최승구(崔承九=崔素月) 최영희(崔英喜) 등 많은 자식을 두었으나 동생 최문현은 4명의 자식을 잃은 뒤 50세가 되어 후처 황성택으로부터 최승억(崔承億)을 얻은 뒤 최승희(崔承喜) 최승조(崔承兆)를 낳았다. 사자 최승만(崔承萬)은 최문현의 친자가 아니고 입양자이다. 최문현은 제중원 주사로 임명을 받은 뒤 곧 콜럼비아 세계박람회 사무원이 되어 박람단 일행과 같이 시카고에 갔다. 박람단에서의 최문현은 정경원 차서(次序)로 출품사를 보았다.

---

148) 『大韓帝國期官員履歷書』(國史編纂委員會, 1972), p.674.
최문현묘는 고잔 공동묘지에 있었으나 양자 최승만이 1971년 5월 24일 이장하였다. 필자는 2006년 1월 18일 이장한 경기도 광주 사릉(思陵) 영락교회 공원묘원에 있는 최문현묘를 답사하였다. 가족묘지에 최문현묘(7-25호)는 단묘(單墓)로, 입양자 최승만묘(7-25), 박마리아묘((7-24), 최승만 후처 배학복 母墓), 황성택묘(7-23)와 같이 있었다. 묘비에 최문현의 호가 기록되어 있었다. 묘적부에 7-23, 7-24, 7-25, 7-26호묘는 동일 가족이라고 기록되어 있었다. 최문현묘가 단묘인 것은 최승만이 고잔에 매장되었던 최문현을 묘원으로 이장할 때 최문현의 후처를 합장하였다는 기록과 맞지 않았다. 답사에서 후처는 기록과는 달리 합장되지 않았음을 확인할 수 있었다. 따라서 묘적부에 기록된 7-23 황성택묘는 최문현 후처의 묘임을 알 수 있었다. 최문현 묘비에 생몰연대를 1857.12.5-1928.9.4이라고 기록되어 있었다. 이력서에 의하면 작성 당시인 1904년(광무8)이 48세였다. 따라서 출생연대는 1856년이다. 최승만의 『나의 回顧錄』에 최문현의 사망일자를 1926년 10월 13일로 기록하고 있다. 그러므로 최문현의 생몰연대는 1856~1926이다. 崔承萬, 『나의 回顧錄』(인하대학교 출판부, 1985), pp.607~612, 641.

최문현 세계

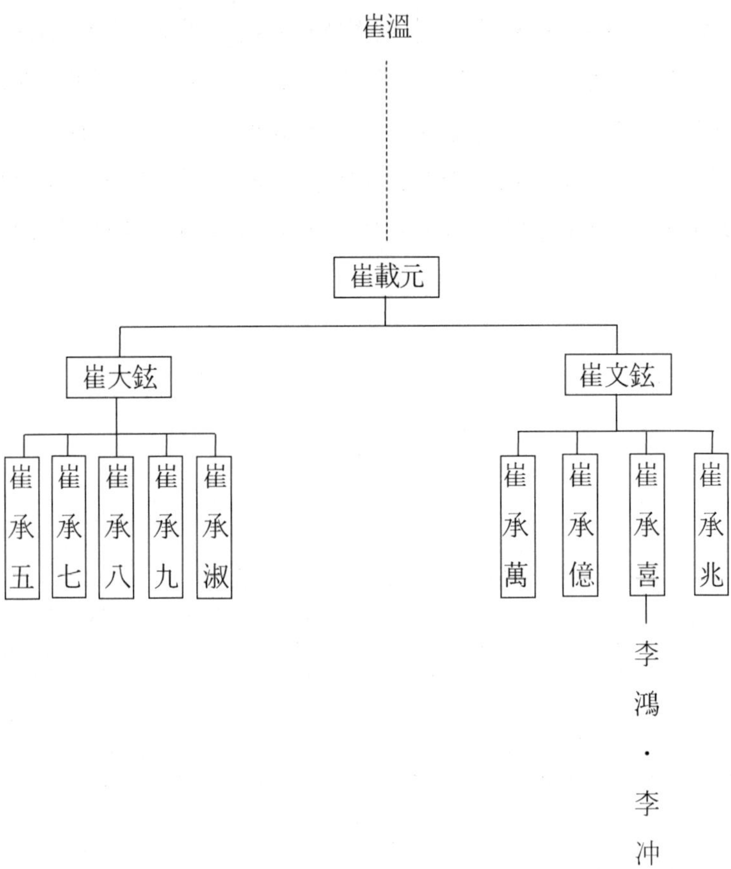

* 이충(South Calorina 대학 정치학 교수)이 이민식에게 보낸 E-Mail, 2005년 12월 30일.

최문현묘비

최문현은 태평양을 도항중 박람단원으로써 4월 13일(음 2월 27일) 일본인 박람요원 염전진(鹽田眞)을 처음 방문하였다.[149] 그런데 염전진은 그후 4월 14일(음 2월 28일) 박람단을 답방하여 친교가 두터운 사이가 되었다. 최문현은 박람단과 더불어 4월 28일 유니온역에 내려 팔머 하우스 5층에 투숙한 다음 4월 29일 42가 275호로 옮겨 4월 30일은 쉬고 5월 1일 개막식에 참석하였다. 개막식이 끝난 뒤 알렌의 안내로 제품전시관내 미국전시관 앞 콜럼비아 애비뉴로 가서 클리블랜드 대통령 환영 대열에 서서 대통령을 환대한 다음 한국관으로 가서 일을 하였나. 최문현은 한국관에 관람자가 많아 요원들이 일일이 대응할 수 없으므로 사무원의 직분을 다 하여 종이에 물품의 이름과 용도를 써 붙였다.[150]

최문현은 정경원의 사행(5월 25일)에 동행하지 않고 있다가 6월 1일 정경원의 요청으로 안기선과 같이 워싱턴에 도착하였다.[151] 최문현은

149) 이때 최문현은 염전진을 만나지 못하였다. 염전진은 이튿날인 4월 14일 우리나라 박람단을 답방하였다. 최문현은 이때 부재중이었다. 안기선도 부재중이었다. 염전진은 정경원과 필담을 하고 돌아 갔다. 「鄭敬源文書」 三月 晦日, 日本人 鹽田眞 來訪問答 ; 「鄭敬源文書」 2月 28日(陽 4月 14日). 그후 염전진은 시카고 도착 후인 5월 15일(음 3월 30일) 한국관을 찾았다.

150) 「復命」 癸巳 11月 初9日 5更(陽 12月 18日), p.762, 『承政院日記』 高宗篇 12卷(國史編纂委員會, 1968), p.762 ; 『日省錄』 78(서울大學校 奎章閣, 1996), pp.759~760 ; 『高宗純宗實錄』 中, p.472, 高宗 30年 11月 19日.

일행과 같이 페나 여관(Penna, 풍陵 寓館)에서 짐을 풀고[152] 정경원과 같이 동행하면서 워싱턴을 유람하였다. 6월 5일에는 정경원 안기선 박용규와 같이 박람단 출품요원 기념사진을 촬영하였다.

최문현은 당시 한국관 출품요원 정경원 최문현 안기선 박용규 서병규 5명중 안기선 박용규와 더불어 핵심요원으로써 정경원의 신임을 사고 있었던 인물이었다. 이는 워싱턴 사행중 6월 7일조(양 7월 19일) 고종에게 보내는 정경원의 보고서에서 "신이 시카고에 가서 출품사무를 안기선 최문현 박용규 3인으로 하여금 돌아 가면서 간수케 할 것입니다."라고 한 것을 보면 알 수 있다.[153]

최문현은 워싱턴 사행에 동행하여기 때문에 정경원의 세인트 루이스(St. Louis) 관람 때는 한국관을 지키고 있었다. 이때 워싱턴 사행에 참가하였던 사람은 다 한국관을 지키고 박용규만이 관람에 동행하였다.

최문현은 세계박람회 근무 때문에 7월 28일(음 6월 16일) 제중원 주사직에서 해직되었다.

최문현은 1893년 10월 30일 출품사를 끝내고 박람단 일행과 같이 12월 18일(음 11월 11일) 귀국하였다.[154]

최문현 사후 3년인 1928년 8월 하순(일자 미상) 양자 최승만(崔承萬)이[155] 미국 방문중 윤인구(尹仁駒) 강해룡과 같이 시카고를 방문한 적

---

151) 당시 사행시 서병규는 미리 워싱턴에 갔으며 알렌은 정경원과 동행하였다. 그래서 한국관은 박용규가 지키고 있었다. 「鄭敬源文書」 4月 17日(陽 6月 1日) ; 이민식, 앞의 책, p.524.

152) 「鄭敬源文書」 6月 4日(陽 7月 16日). 여관명을 알 수 있는 유일한 문서이다. 이민식, 앞의 책, p.525, 536.

153) 「鄭敬源文書」 6月 7日(陽 7月 19日) ; 이민식, 앞의 책, p.538.

154) 『大韓帝國期官員履歷書』, 앞의 책, p.74.

155) 최승만의 아내 박충애(朴忠愛)는 최문현의 조카 문학청년 최승구(24세 사망)의 애인이었던 신여성 라혜석(羅蕙錫)과 수원 삼일여학교(三一女學校) 동창으로 친한 사이였다. 崔承萬, 앞의 책, pp.45～48, 51.

이 있다. 그는 조도전대학(早稲田大學)을 졸업하고 시카고에 와 있었던 고병남(高炳南)의 안내로 양부 최문현의 발길이 다았던 과학산업박물관(Museum of Science & Industry)을 방문하였다. 최승만의 과학산업 박물관 방문은 깊은 의미를 지니고 있다. 한국인으로써 콜럼비아 폐막 이후 박람회 현장을 찾은 최초의 인물이라는데서 그러하다.[156] 그런데 아이러니칼하게도 최승만은 양자로써 양부 최문현의 족적에 대하여 관심을 가졌던 반면 뒤에 서술할 안기선의 족적의 경우는 친자로써 장자 안보승(安輔承)이 관심을 갖고 있었다는 점이다. 최승만은 『나의 回顧錄』에서[157], 안보승은 문집 『잊혀지지 않은 일들』에서[158] 세계박람회에 대하여 기술하고 있는 것이 그러한 것이다. 최승만은 "그때 출품을 가지고 가신 분이 네분이었다. 정부 대표로 鄭敬遠씨요 隨員으로는 내 아버님 崔文鉉씨와 朴容圭씨며 통역 겸 서기관에는 安琪善씨였다..........네분은 상투머리에 망건을 쓰고 도포를 입었으며 마른 신에 안반만한 갓을 쓰고 다녔다고 하니.......박물관에 가서 그때의 물건으로 생가되는 몇가지 물건이 있음을 보고 특히 이비지의 생각이 나게 되었다."라고 기술하고 있다. underline 친 부분이 오류이다. 출품요인은 4명은 3명, 한자 정경원(鄭敬遠)은 정경원(鄭敬源)의 오자이다. 수원 박용규(朴容圭)는 박용규(朴容奎)의 오자로써 양복을 착용하고 있었으며 과학산업 박물관에는 한국 전시물이 보관되어 있지 않았고 필드 박물관(Field Museum)에 보관되어 있었다.

156) 崔承萬, 앞의 책, pp.219~220.
157) 崔承萬, 위의 책, pp.219~230.
158) 安輔承, 『잊혀지지 않은 일들』(1988), p.80.

2) 귀국후의 생활

최문현은 귀국하여 1894년 1월 11일(음 12월 5일) 전우총국 주사(電郵總局 主事)로 임명되었다. 1894년 8월(陰 開國 503年 7月) 중추부 원외랑(中樞府 員外郎)에 임명되었고 1895년 1월 30일(陰 開國 504年 1月 5日)에는 공무아문 주사(工務衙門 主事)로 임명되었는데 이는 6품이었다. 1895년 4월 25일(開國 504年 4月 1日) 농상공부 주사(農商工部 主事)에 임명(判任官 2等)되었다. 1896년 1월 18일(開國 505年 1月 18日) 농상공부 참서관(農商工部 參書官)에 임명되었다(奏任官 6等).[159] 1897년 6월 11일(開國 506年 6月 11日) 농상공부 통신국장에 임명되었다. 1897년 『관보』(官報)와 『조선실록』(朝鮮實錄)에 통신국장 사령기사가 보인다.[160] 1897년 12월 10일(光武 1年 12月 10日) 중추부 삼등의관 주임관 5등(中樞院 3等議官 奏任官 5等)에 임명되었다.

1898년 6월 19일(광무 2년 6월 19일) 최문현은 자원하여 중추원 3등 관직 면직 신청을 한 결과 동년 11월 29일(광무 2년 11월 29일) 직에서 물러 났다. 1899년 5월 12일(광무 3년 5월 12일)에 외부 주사 판임관 1등에 임명되었다가 동년 1899년 7월 10일(광무 3년 7월 10일) 법규 교정청 주사(法規 校正廳 主事)로 전임되었다. 1900년 3월 27일(광무 4년 3월 27일) 통신원 참서관 주임관 4등(通信院 參書官 奏任官 4等)에 임명되었다. 그래서 1902년 10월 9일(광무 6년 10월 9일) 덕릉 릉상 석물 급 정자각 수설시 감동로(德陵 陵上 石物 及 丁字閣 修設時 監董勞)로 정2품에 오를 때까지 참서직에 있었다. 당시 통신원 총판은 농상

---

159) 『大韓帝國期官員履歷書』, 앞의 책, p.74.

160) 『官報』 建陽 2年 6月 15日 議政府 總務局 官報課, p.363 ; 『高宗純宗實錄』 中, p.628, 建陽 2年 6月 11日.
農商工部 參書官 崔文鉉, 任農商工部 通信局長 敍奏任官 五等

공부 협판인 민상호(閔商鎬)가 1900년 3월 30일부터 겸직하고 있었다.[161] 칙령 제11호로 발표된 통신원 관제 제1조를 보면 "通信院에셔 는 郵遞 電信 船舶 海員 等에 關흔 一切 事務 管理 홈事."라고 되어 있어 통신원의 업무는 체신 해양업무를 담당하였던 기구였다. 통신원 조직은 총판 1명(칙임 2등), 국장1명(칙임 혹은 주임), 참서관 3명(주임), 기사 1명(주임), 번역관 1명(주임), 번역보 1명(판임), 주사 10명(판임)으로 구성하였다.[162] 1902년 1월(광무 6년 1월) 통신원 출근부(仕進記)를 보면 총판 민상호, 국장 강인규(姜寅圭)에 이어 3명의 참서관직 중에서 최문현의 참서관직은 서열 1위로 통신원 서열 3위에 해당하는 직책이다. 이 출근부는 우측변에 양력, 좌측변에는 음력을 기록하여 놓고 날인한 것이다.[163] 통신원 재직중인 1900년 12월 5일(광무 4년 12월 5일) 공문발송 잘못으로 3개월간 감봉(罰俸)을 받은바 있었으며, 동월 8일(광무 4년 12월 8일)에는 공금(公貨) 부실관리로 1개월간 감봉을 받은 바 있다. 최문현은 1904년 6월 8일(광무 8년 6월 8일) 주임관 3등의 지위에 서임되었다. 이때 최문현은 사직동(社稷洞) 41동 9호에 살았다.[164] 1910년대 초반 최문현은 황해도 서흥(瑞興)에서 세무관으로 일하다가 당국의 의혹으로 해주 형무소(海州 刑務所)에서 복역하고 나온 뒤 고산에서 기거하다가 1926년 사망하였다.[165]

161) 『官報』 光武 4年 3月 30日, 議政府 總務局 官報課, p.334.
162) 『官報』 光武 4年 4月 30日, 議政府 總務局 官報課, 官制 第1條.
163) No. 26358. 奎章閣圖書, 仕進記 光武 6年 1月.
164) 『大韓帝國期官員履歷書』, 앞의 책, p.674.
165) 崔承萬, 앞의 책, pp.23~24, 607~612, 641.

3. 안기선과 세계박람회

1) 안기선의 출생과 세계박람회 활동

안기선은 안성 고삼면 본산리 꽃뫼마을에서 아버지 외아문 주사 안형수(安亨壽)와 어머니 전주 이씨 사이에 3남매 외아들로 1865년 출생하였다. 그의 시조는 신라시대 안방준(安邦俊)으로 안기선은 31대손이다. 본관은 죽산(竹山)이며 자는 덕경(德卿), 호는 덕제(德濟)이다. 그는 부인 밀양 박씨 사이에 슬하에 안보승(安輔承) 안필승(安弼勝) 안제승(安濟承)을 두었다.[166]

안기선 세계

1. 邦俊(초명 枝春, 809년 新羅 憲德王 1년 출생, 大將軍으로 竹山君에 봉함)
   |
2. 國弼
   |
3. 儉
   |
4. 晩生
   |
5. 慾
   |
6. 孟謙
   |
7. 瀘
   |

166) 『竹山安氏大同譜』卷之四(回想社 1999), pp.357～360.

8. 祈
|
9. 令儀
|
10. 世亮
|
11. 洪祥
|
12. 永年
|
13. 社
|
14. 玹
|
15. 曾
|
16. 季仁
|
17. 迢
|
18. 子謙
|
19. 慄
|
20. 克禮
|
21. 澍
|
22. 尙德
|
23. 鎔
|
24. 處善
|
25. 相東
|
26. 允諧
|

27. 宗復

28. 椐

29. 光台

30. 亨壽

31. 琦善 ── 밀양 朴氏

32. 輔承　弼承　濟承(부인 金白峰)

33. 秉贊 秉燮 / 秉國 秉昌 / 黃允夏 / 金南吉 (輔承)

33. 秉哲 秉珠 / 秉憲 仁淑 / 英淑 賢淑 / 경숙 (濟承)

※ 弼承(호-漢, 부인 崔承喜, 3당숙 昌善에게 양자)

* 『竹山安氏大同譜』 卷之一(回想社, 1999), pp.1～41 ; 『竹山安氏大同譜』 卷之四(縣監公 諱 子謙派), pp.273～357.

안기선 본명은 다양하게 표기하여 왔다. 『정경원문서』에 의하면 安琪善(안기선),167) 『죽산 안씨 종안』(竹山 安氏 宗案)에 의하면 安期先(안기선),168) 제적등본에 의하면 安琦善(안기선),169) 『죽산안씨대동보』(竹山安氏大同譜)에 의하면 安琦善(안기선)이라고170) 표기하였다. 본

167) 「鄭敬源文書」 2月 6日(陽 3月 23日)
168) 『竹山安氏 宗案』, 判尹公派(대한민국 국립중앙도서관 등록), p.85.
169) 「安琦善 除籍謄本」, 서울特別市 鍾路區 八判洞 88番地, 1975년 2월 13일. 2006년 1월 18일 은평구 구산동 거주 친손 안병창 부인으로부터 입수.
170) 『竹山安氏大同譜』卷之四(縣監公 諱 子謙派)(回想社, 1999), p.357.

논문에서는 『정경원문서』에 따라 安琪善(안기선)이라고 표기한다.

안기선은 외아문 서기로 있다가 통역관으로 발탁되어 세계박람회에 참가하였다. 이에 대한 자료는 미국무부 소장 2개의 외교문서에 보이고 있다.

(1) 주조선미국공사 허드가 국무성에 보낸 보고서(1893년 3월 13일)[171]
제목 : 세계박람회 출품대원 임명건
내용 : 내무부사 정경원 출품대원으로 임명되었으며 통역관 안기선과 같이 차이나호로 요꼬하마에서 샌프란시스코로 출발한다.

(2) 주조선미국공사 허드가 국무성에 보내는 보고서(1893년 3월 13일)[172]

---

171) No. 370, Diplomatic Series, Legation of the United States, Seoul, Korea, March 13, 1893.
Mr. Augustine Heard to the Secretary of State, 독립기념관 미국무부 소장, 한국관계문서.
Subject
Appointment of Commissioner to World's Fair
Synopsis
Mr. Chung Kiung Wan, Vice President of the Home Office is appointed Commissioner to the World's Fair and leave with his interpreter Mr. An Ki Sun by 'China' at 30 instant from Yokohama for San Francisco.

172) No. 370, Diplomatic Series, Legation of the United States, Seoul, Korea, March 13, 1893, 독립기념관 미국무부 소장, 한국관계문서.
To the Honorable
The Secretary of State, Washington, D, C.
Sir :
I have the honor to inform you that Mr. Chung Kiung Wan, Vice President of the Home Office have been appointed Commissioner of Korea to the World′s Fair, and properly to leave for San Francisco by steamer 'China' from Yokohama at the 30 instant. This is accompaied by Mr. An Ki Sun, interpreter lately Secretary of the Foreign Office.
I have the honor to be
Sir
Your obedient Servant

> 내무부사 정경원을 출품대원으로 임명되었음을 알려 준다. 증기선 차이나호에 의하여 요꼬하마에서 샌프란시스코까지 가기 위하여 30일날 출발한다. 외아문 서기 안기선을 통역관으로 삼아 보낸다.

또한 헨디(Moses P. Handy)의 가이드 북(guide book)에도 자료가 보이고 있다.

> 내무부사 정경원 ; 특임위원 이승수 ; 통역관 안기선 ; 한국공사관 대리공사 이채연[173]

안기선의 세계박람회 참가에 대하여 소개한 최초의 문헌은 1936년 2월호『신동아』(新東亞)로써 안기선의 활동상을 엿볼 수 있다.[174]

안기선은 홍주동단(紅紬童緞)에 전복(戰服)을 입고 술띠를 띠고 머리에는 상투를 틀고 망건에 갓을 쓰고 발에는 마른신을 신고 박람단 일행과 같이 시카고에 갔다.[175] 안기선은 유니온역에 내려 마차를 타고 팔머 하우스 5층에 박람단과 같이 숙박하면서 시카고 생활을 하기 시작하였다. 팔머 하우스에서 42가 275번지로 옮긴 뒤 개막식에 참가하고 5월 3일 다시 번지 미상의 집으로 옮겨 양녀를 고용하여 도움을 받으면서 자취생활을 하였다. 박람단 인솔자 정경원이 고추장, 사무원

Augustine Heard

173) Moses P. Handy, *The Official Directory of the World's Columbian Exposition* (Chicago : W. B. Conkey Co., 1893), pp.132～133.
Hon. Chung Kyung Won, Royal Commissioner ; Mr. Ye Sung Soo, Special Commissioner ; Mr. An Key Sun, Interpreter ; Hon. Ye Cha Yun, Korean Charge d′ Affaires.

174) 『新東亞』1936年 2月號, 「舊韓國出品委員과 萬國博覽會-四十三年前의 回顧談-」 pp.84～87.

175) 위의 글, p.86.

최문현은 된장을 갖고 와서 자취생활을 하기 시작하였다.[176] 이같은 사실은 우리나라의 고추장 된장의 최초 해외나들이임을 말해 주는 것이다. 안기선은 5월 3일 악공들의 귀국행을 인솔하여 샌프란시스코를 다녀 왔다.[177]

안기선은 박람단원과 동행하여 갔을 때 호기심에 찬 미국인 소녀들과 함께 사진을 찍는 등 즐거운 시간들을 만끽하였다.[178] 또 그는 한국관에서 중국인에게 홍삼을 팔기도 하였으며, 신미양요 때 부상당한 미국병사를 만나 환담을 하기도 하였다.[179]

2) 워싱턴 사행과 기념사진 촬영

안기선은 정경원의 워싱턴사행 때 5월 25일 정경원의 부름을 받아,[180] 최문현과 같이 6월 1일 워싱턴에 도착하였다.[181] 그런데 『정경원문서』(鄭敬源文書) 4월 7일자(양 5월 22일)를 보면 "무정(戊正)에 워싱턴 정차소에 이르러 자리를 정하였으나 앉지 않았다. 장·서(張·徐) 여러 사람이 마중 나왔다. 함께 차로 공관에 도착하니 공관은 성북공원(城北公園) 옆에 있었다."라고 기록한 것을 보면[182] 서병규는 먼저 워싱턴에 가 있었던 것임을 알 수 있다. 그러므로 당시 워싱턴에는 박람단 핵심 요원 5명중 박용규를 제외한 정경원 최문현 안기선 서병규가 체재하고 있었던 것임을 알 수 있다. 『정경원문서』 4월 21일자(양 6월 5일)를 보면 정경원은 사진을 촬영하였다고 하였다.[183] 정경원은

---

176) 위의 글, p.87.
177) 「鄭敬源文書」 御前奉奏書信 三月十八日樂工回便封奏 ; 이민식, 앞의 책, p.516.
178) 『新東亞』, 앞의 글, p.86.
179) 『新東亞』, 위의 글, p.86.
180) 「鄭敬源文書」 4月 9日(陽 5月 24日) ; 이민식, 앞의 책, p.521.
181) 「鄭敬源文書」 4月 17日(陽 6月 1日) ; 이민식, 위의 책, p.524.
182) 「鄭敬源文書」 4月 7日(陽 5月 22日) ; 이민식, 앞의 책, p.520.

박람단 대표이기 때문에 독사진을 촬영하였고, 안기선은 정경원 최문현 서병규와 같이 4명이 기념사진을 촬영하였다. 가운데 앉은 사람이 정경원, 우측에 선 사람이 안기선, 좌측에 앉은 사람이 최문현, 뒤에 서 있는 사람이 서병규이다. 이때 찍은 기념사진이 윤치호(尹致昊)가 세계종교대회 참석차 시카고로 가는도중 워싱턴 한국공관 벽에 걸린 것을 본 것이다. 그는 "한국공사관을 방문하기 위하여 아이오와 서클로 갔다. 나는 공사관 건물 가까이 가자 우울한 애국심이 나의 가슴을 메웠다. 나는 조국의 빛처럼 넘실거리는 사랑이 담겨 있는 공사관의 여러 곳을 돌아 보았다. 한 유색인 부인이 조선공사관원들은 여름 휴가를 떠나 갔다고 나에게 말하였다. 공사관원들이 있었다면 나를 환영할 것인가 아니면 내쫓을가 의심이 들었다. 부인은 나에게 공사관 사무실을 보여 주기로 하였다. 방에는 조선제 물건들이 있었으나 나는 자랑할 것이 못된다고 생각하였다. 응접실 벽에는 박람회의 한폭의 조선출품원들의 사진이 걸려 있었다. 나는 그들의 모습이 우둔하고 짐승같이 호색에 빠진 사람 같이 보여 깜짝 놀랐으며 속이 매스꺼웠다."고 『윤치호일기』(尹致昊日記)에서 적고 있다.[184] 윤치호는 박람회 요원중 안기선과과 정경원에 대하여서는 특히 악감을 갖고 있었던 반면[185] 박용규에 대하여는 대단히 좋은 호감을 갖고 있었다. 그는 『윤치호일기』 9월 24일자에 "박용규는 나에게 세심한 관심을 갖고 있었다."라고 기록하고 있으며[186] 9월 28일자 『윤치호일기』에는 "박용규는 조선전

---

183) 「鄭敬源文書」 4月 21日(陽 6月 5日) ; 이민식, 앞의 책, p.524.

184) 『尹致昊日記』(韓國史料叢書 第19) 1893年 8月 14日(國史編纂委員會, 1974), p.146.

185) 『尹致昊日記』1893年 9月 28日, p.180. "물품 전시를 하고 있는 조선인의 한 사람인 안기선은 지위가 낮은 박람회 종사자이다. 안기선은 입에서 풍기는 것으로 보아 도덕적인 면으로 보나 추잡하고 바보스럽고 불량한 사람이다. 출품대원 정경원은 인색하고 완고한 사람이다."라고 악평하였다.

186) 『尹致昊日記』 1893年 9月 24日, p.172.

우측에서 두 번째 안기선

앞줄 우측부터 정경원 최문현, 뒷줄 우측부터 안기선 서병규

시실에서 가장 뛰어난 사람이다. 박용규는 조선이 비참한 상태에 있는 나라라는 것을 알고 있었다."라고 기록하였고[187] 10월 1일자 『윤치호 일기』에서 "드렉셀 대로 이쁜 노변 정원 한군데서 박용규와 오랫동안 대화를 나누었다. 조선정부의 부패, 중국의 조선 간섭, 친족관계 대화는 대화에 있어 많은 고통을 느끼게 했다. 박용규는 나에게 갑신정변을 기억하여 내가 관여하였거나 관여하였을 것이라고 추정하는 한국인은 나의 장래 안전에 도움이 안되니 어떠한 한국인이라도 만나지 말라라고 충고하였다. 박용규와 헤어진 뒤 사우드 공원(South Park) 쪽으로 산책하다가 호텔로 돌아 왔다."라고 기록하였다.[188]

이같은 사실들을 미루어 볼 때 기념요원 4인 사진이 누구인가를 풀 수 있는 해답이 나온다. 그때 사진은 박용규가 빠진 사진이며, 뒤에

187) 『尹致昊日記』 1893年9月 28日, p.180.

정경원

서 있는 사람은 당시 워싱턴에 미리 와 있었던 서병규이다. 좌측에 앉아 있는 사람은 정경원과 안기선의 사진을 대조하면 정경원의 차서자인 최문현임을 알 수 있다.

안기선 정경원 최문현 서병규 요인 4명의 사진은 국사편찬위원회에 소장되어 있는 것을 2005년 6월 24일 필자가 발굴하였다. 조선사편수회에서 1927년 5월부터 1935년 9월 사이 자료수집시 수집된 11×15.9cm 크기의 요인 4명의 기념사진으로 국사편찬위원회가 소장하고 있었던 것이다.189)

3) 안기선과 안보승의 문집

1936년 『신동아』(新東亞) 2월호에 콜럼비아 세계박람회에 관한 안기선 인터뷰 기사가 실렸을 때 아이러니칼하게도 최문현의 양자 최승만이 신동아 편집부장으로 있을 때였다. 최승만의 1985년 『나의 回顧錄)』에 나오는 시카고 관람기가 많은 부분의 내용이 신동아 인터뷰 기사와 완벽하게 일치하고 있는 것을 보면 최승만은 그 기사가 양부와 관련된 기사인 것을 인지하고 소중히 간직하고 있었음을 알 수 있다.190)

188) 『尹致昊日記』 1893年10月 1日, pp.180～181.

189) 국사편찬위원회 등록번호 S115984. 당시 기념사진은 『新東亞』 1936年 2月號 pp.84～87에 게재된 바 있다.

안기선의 세계박람회 참가에 대하여 그의 장자인 안보승(安輔承, 1907~1993)은 1988년 문집『잊혀지지 않은 일들』을 통하여 "고종황제 시절 샌프란시스코에서 열린 만국박람회에 역관 겸 서기관으로 정경원 대사를 수행한 아버님의 회견기가 실린 1931년판 〈조광〉이 고려대학교 도서관에 보관중인 것을 발견해 낸 김영배씨가 수소문 끝에 나를 찾아 주었다. 그분이 기고한 영문잡지 창간호는 제승에게 인도하시고 당시의 재료는 복사하여 우리집 가보로 소장하기로 하였다."라고 기술하였다.[191] 이 서술에서 underline한 부분이 오류로써 '샌프란시스코→시카고', '1931년판 〈조광〉→1936년판 〈신동아〉'로 정정하여야 한다. 안기선은 귀국후 외아문 주사로 근무하다가 1897년 진산, 부여, 예산, 전의 등지의 군수로 근무하다가 1919년 안성으로 은퇴하였다.[192] 안기선은 안보승이 15세 되던 해(1921) 팔판동 88번지로 이사하여 안동교회를 다녔다. 안기선은 안동교회 돌층대에서 실족하여 갈비뼈가 분질러지는 골절상을 당하였다.[193] 그래서 그의 만년의 모습은 지팡이를 집고 다녔다. 안기선은 신동아와 인터뷰시인 1936년 12월 26일 3년째 투병하였고 그 이듬해 권농동(勸農洞)에서 운명하였다.[194]

4. 박용규와 세계박람회

박용규에 대한 연구는『조선실록』(朝鮮實錄),『미안』(美案),『미국무성 외교문서』(Papers Relating to Foreign Relations of the United States)

---

190)『新東亞』1936年 2月號, 앞의 글 ;「崔承萬, 앞의 책, pp. 219~220.

191) 安輔承,『잊혀지지 않은 일들』(1988), p.80.

192)『安輔承』, 위의 문집, pp.35~38 ;『竹山安氏大同譜』卷之四, pp.357~358.

193)『安輔承』, 위의 문집, p.40 ; 안기선 제적등본, 종로구 팔판동 88번지, 2006년 1월 18일 은평구 구산동 안병창 부인으로부터 입수.

194)『新東亞』, 앞의 글, p.84.

등에 나오는 단편적인 기록에 의존하고 있는 실정이다.

박용규는 부산인으로 영어를 공부하기 시작한 것은 1883년부터이다.[195] 미국에 간 것은 1892년이다.[196]

박용규는 미국으로 건너가 샌프란시스코에서 영어를 공부하였다.[197] 박용규가 시카고 박람회장에 처음 모습을 보인 것은 4월 29일이다. 박람단이 시카고에 도착하여(4월 28일) 팔머 하우스에서 일박한 뒤 42가 275번지로 옮기고 총무원에 가서 악공입회를 허락받은 날이다[198] 또한 이날은 박용규와 같이 시카고에 온 서병규가 알렌에게 "우리들을 위하여 총무원 총무에게 악공이 참가한 뜻을 전하세요. 우리나라의 악공이 온 것은 희원(戲院)의 도기(賭技)의 뜻이 아닙니다. 실인즉 우리나라의 대군주께서 미국에 400주년 경회가 있는 것을 알고 특명으로 어전법악(御前法樂) 일부를 대통령에게 제공하자는 것입니다."라는 말을 하여 악공입회가 허락된 날이다.[199] 박용규는 양복을 입고 서병규와 같이 정경원을 만나 정치학을 전공하고 학교를 졸업하였으나 생계가 어려워 박람회에서 일하기를 자청하였다.[200] 그래서 정경원은 영어도 잘 하고 예의가 발라 고용하였는데 이때 받은 직무는 뒤에 박용규가 주조선대리공사로 있었을 때 국무성에 보낸 문서에 의하면 "이달 1896년 2월 15일자로 나는 시카고 콜럼비아 도움이였다는 것을 국무성에 통지하는 바이다. 시카고 세계박람회 때 국무차관 락힐(William W.

---

195) 「復命」 癸巳 11月 初9日 5更(陽 12月 18日), p.762, 『承政院日記』 高宗篇 12卷(國史編纂委員會, 1968) ; 『日省錄』 78(서울大學 奎章閣, 1996), pp.759~760 ; 『高宗純宗實錄』 中, p.472, 高宗 30年 11月 9日條 ; 이민식, 앞의 책, p.555.

196) 「鄭敬源文書」 御前奉奏書信 三月十八日樂工回便封奏 ; 이민식, 앞의 책, p.513.

197) 『統監府文書』 8(國史編纂委員會, 1999), p.228.

198) 「鄭敬源文書」 3月 14日(陽 4月 29日) ; 이민식, 앞의 책, p.506.

199) 「鄭敬源文書」 御前奉奏書信 三月十八日樂工回便封奏 ; 이민식, 앞의 책, p.515.

200) 「鄭敬源文書」 御前奉奏書信 三月十八日樂工回便封奏 ; 이민식, 위의 책, p.513.

Rockhill)에게 위임하였던 조선 정부에 주어지는 문서나 메달 수령자로 인정하여 주기를 국무성에 청한다."라는 내용을 보면 박용규는 '시카고 콜럼비아 세계박람회 도움이'(Assistant Commissioner to the World's Columbian Exposition)였음을 알 수 있다.[201] 『정경원문서』에도 보면 박용규는 최문현 안기선과 같이 보조자로써 출품을 간수하는 도움이일을 하였음을 알 수 있다.[202]

박용규는 5월 18일 최문현과 같이 총무원 발행 박람회 출입증을 정식으로 받았다.[203] 박용규는 정경원의 워싱턴 사행 때 수행하지 못하였다. 왜냐하면 최문현 안기선 서병규가 정경원 사행에 동원되었으므로 한국관을 지켜야 하기 때문이다. 그러나 정경원의 세인트 루이스 관람 때는 박용규가 정경원을 수행하였다. 『정경원문서』에 "큰 주점에 들어 갔을 때 박용규는 여러 여자와 같이 춤을 추었다. 그 여자들은 다 교태롭고 아름다우며, 허리가 구름처럼 아름답게 가늘며 비단으로 수놓은 치마를 입고 어깨를 노출하고 있었다. 나는 여인들에게 말을 건네니 그들은 '여기 여인들은 모두가 부자집 여사로써 매년 행하는 속례(俗禮)이다.'라고 답하였다."라고 기록한 것을 보면 박용규는 춤을 잘 추는 사람이다.[204] 박용규의 영어 실력은 고종이 감탄할 정도였다. 12월 18일 정경원이 고종에게 복명하는 자리에서 고종은 "박용규와 서병규는 영어를 잘 하였다지?"라고 하자 정경원은 "영어를 잘 하는 것도 또한 쉬운 일이 아닌데, 서병규는 거의 통변이 가능하였으나 박용규는 어학을 한 것이 10여년 경과하였기 때문에 영어를 날이 갈수록 잘 하였습니다."라고 답하여 박용규의 어학실력의 우수성에 상하가

201) Legation of Korea to Secretary of State, 17th Feb. 1896, Washington.
202) 「鄭敬源文書」 6月 7日(陽 7月 19日) ; 이민식, 앞의 책, p.538.
203) 「鄭敬源文書」 4月 3日(陽 5月 18日) ; 이민식, 위의 책, p.519.
204) 「鄭敬源文書」 8月 23日(陽 10月 2日) ; 이민식, 앞의 책, p.545.

감탄하였다.[205]

박용규는 1895년 3월 19일 주미조선공사관 대리공사 이현직이 몸이 아파 귀국하자 참무관으로 대리공사 관무를 맡았다.[206] 박용규가 대리공사로써 관무를 보는 동안 을미사변(1895년 10월 8일)이 발생하였다. 박용규는 을미사변을 미국 정부에 알려 주어 미국이 이 사건에 관심을 갖게 하였다.[207] 박용규는 주미조선공사관 전공사 이승수의 부음을 받고 국무성에 알려 주었다. 그래서 박용규는 국무성의 애도하는 회문을 받았다.[208]

그는 귀국하여 독립협회 회원으로 활약하기도 하고 중추원 교전소(中樞院 校典所)에서 일을 하였다.[209] 박용규는 1897년 1월 29일 주임관 3등 외부 번역관에 임명되었으며 동년 6월 3일에는 정3품 외부 번역관에 임명되었다.[210] 박용규는 1900년 지도 군수(智島 郡守)에 임명되었으며 1906년 칙임관 2등 봉상사 제조(奉常司 提調)에 임명되었다.[211] 그는 『매일신문』(每日新聞)에 입사하여 사장 베델((Ernest Thomas Bethell)의 통역을 맡기도 하고 영문신문을 번역하여 배일사상 고취에 심혈을 기울었다.[212]

---

205) 「復命」 癸巳 11月 初9日 5更(陽 12月 18日), p.762, 『承政院日記』 高宗篇 12卷(國史編纂委員會, 1968), ; 『日省錄』 78(서울大學 奎章閣, 1996), pp.759～760 ; 『高宗純宗實錄』 中, p.472, 高宗 30年 11月 9日條 ; 이민식, 앞의 책, p.555.

206) 이민식, 위의 책, p.466 ; 李民植, 「駐美朝鮮公使 李承壽 研究」『韓國史學論叢』(鶴山 金廷鶴博士頌壽紀念, 1999), p.104.

207) 이민식, 위의 책, pp.466～467.

208) 이민식, 위의 책, p.468.

209) 이민식, 위의 책, pp.468～469.

210) 『官報』 光武 2年 1月 29日, 6月 30日 號外, 議政府 總務局 官報課.

211) 『官報』 光武 10年 12月 12日, 議政府 總務局 官報課.

212) 『統監府文書』 8(國史編纂委員會, 1999), p.228.

5. 서병규와 세계박람회

서병규 연구는 『정경원문서』, 『대한제국기관원이력서』(大韓帝國期官員履歷書), 『미국무성외교문서』, 체스너트(Anna S. Chesnutt)의 편지(1971년 4월 30일), 『독립신문』(獨立新聞) 등 단편적인 자료에 의존할 뿐이다.

서병규는 대구 서씨로써 1871년생이다. 그는 동촌(東村)에 살면서 20여세에 육영공원(育英公院)에서 영어공부를 하였다.213) 그는 일본으로 건너가 경응의숙(慶應義熟)에서 공부하다가 미국으로 건너가 샌프란시스코에서 1890년 4월(개국 499년 4월) 소학교에 입학하여 공부하였고 1893년(개국 502년) 워싱턴 중앙중학교에 입학하였다. 동년 서병규는 박용규와 같이 시카고 콜럼비아 세계박람회에 취업하기 위하여 4월 29일 정경원을 만났다. 서병규는 알렌을 도와 악공의 박람회 입회(4월 29일)를 하는데 기여하였다.

서병규는 정경원의 워싱턴사행시 미리 워싱턴에 가서 정경원이 워싱턴에 도착할 때 공사관 관원 장봉환과 같이 5월 22일(음 4월 7일) 워싱턴 정거장으로 가서 맞이하였다. 그는 6월 5일 박람회 요원 기념사진을 워싱턴에서 촬영하였다. 정경원도 기념 독사진을 촬영하였다. 이때 요원 기념사진은 주미국조선공사관 벽에 걸어 두었는데, 세계종교회 참석차 시카고로 가는 도중 윤치호가 그 사진을 목도하면서 불쾌한 악평을 하였다.

서병규는 워싱턴사행에 참가하였기 때문에 정경원의 세인트 루이스 관광에는 빠지고 워싱턴 사행 때 빠졌던 박용규가 참가하였다.

당시 서병규의 영어실력은 박용규를 따라가지는 못하였다. 이는

---

213) 「鄭敬源文書」御前奉奏書信 三月十八日樂工回便封奏 ; 이민식, 앞의 책, pp.513~514

1893년 12월 18일(음 11월 9일) 정경원은 고종이 박용규 서병규의 영어실력을 묻는 말에 서병규는 거의 통변할 정도이고 박용규는 영어공부한 것이 10여년 경과하여 영어를 잘 하였다고 한 복명서에 잘 나타나 있다.

서병규는 1894년 로아노크 대학(Roanoke College)에 입학하였다.214) 서병규는 서광범 주미공사의 도움으로 공부하였다. 그때 서광범의 도움을 받은 유학생은 서병규를 비롯하여 7명이었다. 서병규는 1898년(광무 2년) 6월 15일 전기대학에서 예술학사(Art Degree)를 수여받고215) 동년 9월 11일 프린스톤대학 대학원에 입학하여 1899년 7월 18일 정치학 전공으로 석사학위를 취득하였다. 『대한제국관원이력서』에는 이때 취득한 학위가 문학박사라고 기재하고 있으나, Chesnutt 편지와 프린스톤대 대학원 동창회 명부를 보면 Surh, Kiu Beung(AM)이라고 기록되어 있어 이때 취득한 학위가 정치학 석사학위임을 알 수 있다. 그러므로 서병규는 한국인으로써 석사학위 취득 제1호이다.216)

Chesnutt 편지에 의하면 서병규는 윌슨을 존경하였으며 1898년 미서진쟁시 프린스톤생으로 지원군을 조직하는 등 한미관계에 훌륭한 족적을 남겼다고 하였다.

서병규는 귀국하여 1900년(광무 4년) 5월 15일 판임8등인 궁내부 전화과 주사(宮內府 電話課 主事)로 근무하였다. 이후 1906년(광무 10년)

---

214) 『大韓帝國期官員履歷書』, p.668, 847.

215) Mrs. Anna S. Chesnutt to Constornce Escher, 11 may 1971, University Archives, Prinston University. 이 문서는 1971년 4월 30일 서병규의 딸 Chesnutt가 프린스톤대학 University Archives에 부친 서병규에 대한 정보를 문의한 결과 담당자 Escher가 1971년 5월 11일 Chesnutt에게 준 답변서이다. 이 문서는 이민식의 앞의 책에 처음 소개된 바 있다. 이민식, 앞의 책, p.513.

216) Prinston University Alumini Directory 18th edition, October 1, 1948, Prinston New Jersey Issued for Private Distribution by the Graduate Council, p.479.

11월 9일 농상공부 공무국장(工務局長) 주임2등 3급까지 이력을 살펴보면 다음과 같다.[217)]

1. 1901년(광무 5년) 4월 18일. 중학교 교관(校官) 판임 6등
2. 1901년(광무 5년) 11월 14일. 교관을 그만 둠.
3. 1902년(광무6년) 1월 9일 6품이 됨. 도원전 전사청 제실 이진시 감동로(濤源殿 典祀廳 齊室 移進時 監董勞)
4. 1902년 7월 24일. 경례식(慶禮式) 사무위원이 됨.
5. 1902년 7월 27일. 중추원 의관 주임 6등이 됨.
6. 1902년 7월 28일. 위의 직을 그만 둠.
7. 1902년 11월 25일. 유민원 총무국장 주임 5등이 됨.
8. 1903년(광무 7년) 10월 11일. 중추원 의관으로 전임.
9. 1903년 10월 16일. 위의 직을 그만 둠.
10. 1904년(광무 8년) 5월 11일. 정3품에 오름. 영릉 주룡 태락처 보축시 감동로(寧陵 主龍 汰落處 補築時 監董勞)
11. 1905년(광무 9년) 6월 15일. 영사 4등 임명받음.
12. 1905년 12월 9일. 농상공부 상공국장 2등
13. 1906년(광무 10년) 1월 19일. 농상공부 공무국장[218)]
14. 1906년 3월 19일. 인천 감리(監理)로 전임됨.
15. 1906년 3월 22일. 인천항 제판소 판사 겸임.
16. 1906년 3월 31일. 외국어학지교장(外國語學支校長)[219)]
17. 1906년 9월 3일. 관립 인천일어학교장 겸임.[220)]
18. 1906년 10월 1일. 인천부윤 1등 1급이 됨.[221)]
19. 1906년 10월 19일. 인천 일어학교장 겸임.
20. 1906년 11월 3일. 위의 학교장 그만 둠.
21. 1906년 11월 9일. 농상공부 공무국장 주임 2등 3급이 됨.[222)]

---

217) 『大韓帝國期官員履歷書』, p.664, 847.

218) 『官報』 光武 10年 4月 4日. 4급봉으로 2월 22일자로 임명일자가 기록되어 있다.

219) 『官報』 光武 10年 4月 12日. 4월 1일자로 임명일자가 기록되어 있다.

220) 『官報』 光武 10年 10月 10日. 9월 5일자로 인천감리로써 학교장 겸임한다고 기록되어 있다.

221) 『官報』 光武 10年 11月 13日. 인천부윤 도임 일자가 10월 8일로 기록되어 있다.

6. 결론

콜럼비아 세계박람회의 관련 핵심 인물은 개막식에 참가한 사람들이다. 그들은 알렌, 이승수, 정경원, 최문현, 안기선, 장봉환, 이현직, 박용규, 서병규, 국악사 10명, 도합 19명이다. 이중에서 본 논문은 출품사와 관련되고 있었던 최문현 안기선 박용규 서병규에 대하여 연구하였다.

최문현은 최온을 시조로 하는 해주 최씨로써 성균관 진사 최재원의 두 아들 중 차남으로 1856년 개성에서 태어 났다. 그의 호는 정제이며, 부인은 황성택이었다. 그는 제중원 주사로 재직중 콜럼비아 세계박람회 사무원으로 임명되었다. 그는 항해중인 4월 13일 염전진을 방문하였다. 그는 박람단과 같이 된장을 갖고 1893년 4월 28일 시카고에 도착하여 팔머 하우스에 여장을 풀었다. 다음날 29일 42가 275번지에 거처를 옮겼다가 5월 3일 번지 미상의 집에 짐을 풀고 출품사를 보았다. 개막식날 알렌의 안내에 따라 박람단과 더불어 클리블랜드 대통령을 맞이한 뒤 한국관에 갔으나 관람자가 많아 일일이 대응할 수가 없어 사무원인 최문형은 종이에 물품의 이름과 용도를 써 붙여 놓았다. 최문현은 정경원의 워싱턴 사행 때 동행하지 않았으나 뒤에 부름을 받아 6월 1일 정경원 일행과 워싱턴에서 합류하였다. 그는 정경원 안기선 서병규와 함께 6월 5일 4인의 기념사진을 촬영하였다. 최문현은 안기선 박용규 서병규와 더불어 한국관 출품사의 핵심적인 인물로써 윤번제로 일을 하였다. 최문현은 10월 30일 출품사를 끝내고 12월 18일 귀국하였다. 그뒤 최문현은 전우총국 주사, 중추부 원외랑, 공무아문

222) 『官報』 光武 10年 12月 12日. 인천부윤 11월 8일자로 그만 두고 농상공부 공무국장 주임 2등으로 11월 9일 임명한다고 기록하고 있다.

주사, 농상공부 주사, 농상공부 참서관, 농상공부 통신국장, 중추부 3등 의관, 외부 주사 판임관 1등, 법규교정청 주사, 통신원 참서관 등 여러 관직을 거쳤다. 최문현의 업적을 인식하기 시작한 최초의 인물은 그의 양자 최승만이다. 최승만은 1929년 시카고 여행시 양부 최승만의 족적이 남아 있는 시카고 과학산업박물관을 관람한 바가 있는데, 이때 관람기를 자신의 저술인 『나의 회고록』에 남기고 있다.

안기선은 죽산 안씨로써 아버지 안형수와 어머니 전주 이씨 사이에 3남매 외아들로 1865년 경기도 안성에서 출생하였다. 자는 덕경이며, 호는 덕제이다. 그는 개막식이 끝난 뒤 악공을 귀국시키기 위하여 샌프란시스코를 다녀 왔다. 안기선은 시카고에 오자 새로운 문명세계에 눈이 휘둥글어질 정도였다. 그는 미국 여자들이 높은 건물에서 자신을 포함한 박람단 일행을 보고 '헬로'라고 부르거나 사진을 찍자는 사람들이 있어 남녀칠세부동석의 차이를 느끼면서도 새로운 풍속에 대한 호감에 크게 만족하고 기쁨을 얻었다. 그는 정경원 워싱턴 사행시 수행하고 돌아 왔다. 워싱턴 사행 때 안기선은 정경원 최문현 서병규와 같이 기념사진을 촬영하였다. 이 4인의 기념사진은 주미국조선공사관 벽에 걸어 둔 적이 있었는데 세계종교회의차 시카고에 가는 도중 공사관을 방문하였던 윤치호는 사진 인물에 대하여 우둔하고 메스꺼운 사람들이라고 악평하였다. 박용규가 사진에 빠져 있어 박용규에 대한 호감을 갖고 있었던 윤치호는 마음껏 악평을 한 것이라고 사료된다. 이 사진의 특징은 인물들이 마른신을 신고 있는데, 이것은 사진 원본에 대한 진위 기준이 된다. 필자는 4인 기념사진 원본을 2005년 6월 24일 국사편찬위원회에 보관되어 있는 것을 처음으로 찾아냈다. 오른쪽에 서 있는 인물은 안기선, 가운데 앉아 있는 사람은 정경원, 왼쪽에 앉아 있는 사람은 최문현, 뒤에 서 있는 사람은 서병규이다. 그는 박람회를 마치고 돌아 와 외아문 주사로 근무하다가 1897년부터 진산 마전 부여 예산 전의 등지의 군수로 재임하다가 1919년 안성으로 은퇴하였다. 그는 팔판동으로 이사와서 안동교회를 다녔다. 안기선은 안동교회 돌층대에서 실족하여 골절상을 입고 평생 불편하게 살았다. 그는 와병 3년인 1936년 신동아 기자와 박람회 관련 인터뷰를 하였다. 인터뷰를 한곳은 팔판동에서 새로 이사한 권농동이었다. 이때 인터뷰 기사는 세계박람회 연구의 중요한 문헌이라고 사료되며 안씨가에서는 지금까지도 그 기사를 가보로 여기고 있을 정도이다. 최문현의 양자 최승만이 양부 최문현의 업적을 저술을 통하여 인식하고 기리듯이, 안기선의 장자 안보승은 문집을 통하여 아버지의 업적을 기렸다. 안기선은 인보승 안필승(안막) 안제승 3형제를 두었다. 안보승은 음악으로, 안필승은 문학으로, 안제승은 무용으로 이름을 날렸다. 안필승의 부인이 무용가 최승희이며, 안제승의 부인이 무용가 김백봉이다. 안기선은 후손들이 문예로써 일가를 이루어 너무나 다복한 사람이다.

박용규는 부산인으로써 박람회 당시 도움이로써 일한 사람이다. 박용규는 1883년부터 영어공부를 하였고 미국에 처음 도착한 곳은 샌프란시스코였다. 박용규는 1893년 시카고에 양복을 입고 와서 정경원에게 도움이 취직을 부탁한 것이 4월 29일이다. 박용규는 정경원의 세인트 루이스 관람 때 수행하였다. 이때 박용규는 호텔에서 미국 여자들과 같이 춤을 잘 추어 정경원의 부러움을 사기도 하였다. 박용규는 세계종교대회에 참석키 위하여 시카고에 온 윤치호를 만나 조국의 개혁문제에 대하여 진지한 토론을 하였다. 이같이 윤치호는 박용규에 대하여서는 개혁인사로 간주하면서도 그 외 박람회 요원에 대하여서는 반개혁적 구태인물이라고 생각하였다. 박람회가 끝난 뒤 박용규는 이승수 공사의 뒤를 이은 이현직 대리공사의 뒤를 이어 참무관으로써 대리공사 관무를 보았다. 박용규가 대리공사로 있을 때 을미사변이 일어나, 그는 미국정부에 그 사건을 알려주어 미국정부가 관심을 갖도록 하였다. 그는 대리공사 재직중에 서광범이 공사로 부임함에 귀국하였다. 귀국하여 독립협회 회원, 중추원 교전소, 외부 번역관으로 재직하였다. 그는 『매일신문』에 입사하여 배델 사장의 통역을 맡기도 하고 영문신문을 번역하는 등 배일사상 고취에 헌신하였다.

서병규는 대구 서씨로 동촌에 살면서 육영공원에서 영어를 배웠다. 그는 일본으로 건너가 경응의숙에서 공부하다가 미국으로 건너가 샌프란시스코에서 영어를 공부하였다. 1893년 박람회가 열리자 박용규와 같이 박람회 도움이 취직을 하였다. 그의 영어 실력은 「복명」을 보면 고종이 기억할 정도로 유창하였음을 알 수 있다. 서병규의 박람회 관련 중요한 업적은 악공의 박람회 입회를 성공시킨 일이다. 그는 악공들의 음악이 어전법악으로 이 음악이 양국간의 우의 돈독을 위하는 길이라고 주장하여 입회를 성공시킨 것이다. 서병규는 1894년 로아노크 대학에서 예술학사를 받고 프린스톤 대학 대학원에 진학하여 정치학으로 석사학위를 취득하였다. 그래서 서병규는 한국인으로써 석사학위 제1호가 되었다. 서병규는 딸 Chesnutt에 의하면 윌슨을 존경하였으며 프린스톤 대학원생으로써 미서전쟁 지원군을 조직하였다. 그는 귀국하여 칙임 8등 궁내부 전화과 주사, 중학교 교관 판임 6등, 경례식 사무위원, 중추부 의관 주임 6등, 유민원 총무국장 주임 5등, 중추원 의관, 영사 4등, 농상공부 상공국장 2등, 농상공부 공무국장, 인천 감리, 인천항 제판소 판사, 외국어학지교장, 관립 인천일어학교장, 인천 부윤 1등 1급, 농상공부 공무국장 주임 2등 3급 등등 여러 직을 거쳤다.

본 논문에서 논의한 이승수 정경원 휘하 최문현 안기선 박용규 서병규는 알렌의 지도 아래 콜럼비아 세계박람회 한국관 출품사의 실무자로써 그들에 의하여 183일간의 전시를 무사히 끝낼 수가 있었다.

Ⅴ. 콜럼비아 세계박람회 악공에 관한 연구

1. 서　론

1492년 콜럼버스 아메리카 발견 400주년을 기념하기 위하여 1893년 5월 1일부터 10월 30일까지 시카고에서 세계박람회를 열었다. 우리나라는 처음으로 전시관중 가장 큰 제품관내에 5종의 물품을 전시하였다. 정경원(1851~1898)을 출품대원으로 삼아 수원 최문현과 안기선 그리고 악공 10명 도합 13명을 박람회에 보냈다. 이들은 제물포에서 배를 타고 부산 요꼬하마를 경유하여 태평양을 건너 샌프란시스코에 도착하여 기차를 타고 1893년 4월 28일 시카고에 도착하였다. 이들은 주미국조선공사관 대리공사 이채연과 미리 시카고에 온 주조선미국공사관 서기관 알렌의 마중을 받고 이들의 안내로 숙소에 가서 짐을 풀었다. 이들은 이튿날 알렌이 미리 얻어 놓은 42가 275번지로 숙소를 옮겼다. 선채가(先債價)가 300$였는데 은행에 700$ 대출을 받아 돈을 충당하는 조건이었다. 당일 정경원은 박람회 총무를 만났는데 이때부터 악공에 대하여 문제가 제기되기 시작하였다.

이 연구에서는 악공문제와 관련되기 시작한 4월 28일부터 시카고를 떠나는 5월 3일까지 5일간 악공에 관련된 사실을 연구하고자 한다.

2. 악공의 연주활동

한국박람회단으로 시카고에 도착한 악공들은 첫날부터 좁은 공동숙소에서 지냈다. 숙소가 방 1개였기 때문에 불편한 생활을 감수하지 않으면 안되었다. 그래서 정경원이 악공을 일찍 귀국시키기로 생각하였다.[223] 이튿날 42가 275번지로 옮긴후 당일 정경원 알렌 서병규는 총무원을 방문하였다. 총무원 당국은 29일 악공이 시카고에 왔다는 소식을 먼저 듣고 처음에는 방문단을 만나자 부총무가 악공의 박람회 참가를 거부하였던 것이다. 그러나 알렌의 설득으로 박람회 참가허락을 얻어냈다. 조선이 악공을 파견하게 된 것은 민상호가 악공을 선정하여 허드 주조선미국공사 및 알렌이 협조하여 이루어진 것이었다.[224] 서병규가 알렌에게 재촉하여 알렌이 "악공으로 온 사람들은 조선에 유(留)하고 있는 귀국(미국)의 공사가 정한 것이며 우리나라와 미국이 체약하여 의중돈호(義重敦好)한 고로 400년 경축회인즉 특히 관원을 보내고 겸하여 악공을 보내 축하 경축을 제공하자는 뜻이요 물(物)을 과대히 하고 기예를 보이자는 뜻은 아니다. 그래서 총무관에 온 것이다."라고 말을 하여 허락을 얻어낸 것이었다.[225]

5월 1일 개회식날이 되었다. 우리나라 박람단 정경원 등이 개회식에 참석하였다. 주미국조선공시관 참무관 이승수. 시기관 장봉환 이현직도 참석하였다. 그런데 악공들은 자리 배당을 받지 못하여 수모를 당하였다. 이같은 사실은 정경원이 이채연 귀국시 이채연편에 고종에게 올린 보고서를 보면 "악공을 오게 하였지마는 부득이 박람회에서 열장(列場 ; 자리)를 얻지 못하였습니다."라고 한 것을 보면 그때의 상황을 이해할 수 있다.[226]

---

223) 「鄭敬源文書」 14(1-5), 御前奉奏書信 三月十八日樂工回便封奏 ; 졸저, 『근대한미관계사』(근대한미관계사 어문저작물-저작권심의조정위원회 저작권 등록물) (백산자료원, 2001), p.516.

224) 위의 「鄭敬源文書」 ; 위의 졸저, p.515.

225) 위의 「鄭敬源文書」; 위의 졸저, p.515 ; 위의 「鄭敬源文書」 3月 14日 ; 위의 졸저, pp.505~506.

226) 「鄭敬源文書」 16 , 第二次封奏 五月初五日 李采淵回便 ; 위의 졸저, p.533.

개막식이 끝나고 악공들은 알렌의 안내를 받아 군인이 좌우에 지키고 있는 길을 따라 우리나라 박람단과 같이 제품전시관의 제1문인 서문으로 들어가 제2문인 북문 콜럼비아 애비누(Columbia Avenue)에서 클리블랜드 대통령의 행차를 기다리고 있었다.227)

개막식을 끝낸 클리블랜드 대통령은 개막식장인 총무원 영광의 코트(Court of Honor)를 떠나 콜럼비아 분수대(Columbian Fountain) 옆을 지나 다리를 건너 제품전시관의 제1문으로 들어가 콜럼비아 애비누에 도열하여 있는 각국 전시관 대표와 같이 있는 우리나라 박람단 앞으로 다가왔다. 클리블랜드 대통령은 군대의 경호 속에 정경원이 있는 곳에 이르러 정경원의 손을 잡은 뒤 포옹하고 난 다음 포옹을 풀면서 악공파견에 대하여 감사의 뜻을 전하였다. 이때를 맞추어 악공들이 음악을 연주하였다. 그 자리에 있었던 서양인들의 귀에는 음악이 심벌소리같이 들렸다.228) 대통령은 다시 정경원의 목을 끌어 안았다. 그뒤 대통령은 제품전시관의 남문을 지나 지금의 사우드 러군(South Lagoon) 건너쪽에 있는 농업전시관쪽으로 갔다. 우리나라 악공들의 연주장면에 대하여『정경원문서』에서는 다음과 같이 밝히고 있다.

> 얼마 안되어 대통령이 그곳에 나타나자 대통령 몸을 보호하기 위하여 길을 순찰하는 사람이 와서 각국사(各國使)를 길 좌우에 세우니 질서를 추구하는 우리나라와 뿌리를 같이 하는 것이다. 얼마 안

---

227)「鄭敬源文書」14(1-5) ; 졸저, p.504.
콜럼비아 애비누는 제품전시관의 남문과 북문을 관통하는 통로이다. 남문에서부터 이 통로 좌측편에 ABCDEFGH, 우측편에 IKLMNOPQ sections로 나누어 각국 전시관이 진열되어 있었다. 우리나라 전시관은 B sections에 자리잡고 있었다. *A Week at the Fair*(Rand, McNally & Co's, 1893), p.135.

228) 앞의 졸저, p.508 ; Rossiter Johnson ed., *A History of the World's Columbian Exposition Held in Chicago in 1893*(New York : D. Appleton and Company, 1897), vol. 1, p.352.

되어 군대가 여러 길을 지키고 대통령이 이르러 조선사 있는 곳에 와 차례로 손 등(等)을 잡고 집요하게 끌어 들어 완악을 풀어 환대하고 또 이 박람회에서 귀국의 악공이 연주하여 감격을 받을 터니 우리들을 위하여 미국 대통령이 감사한다고 하더라. 때에 악공의 음악이 연주되자 서서 목덜미를 끌어 안고 소리를 들었으나 그 소리는 이내 곧 끝났었다. 그뒤 호수에 마차를 몰고와 마차 수량을 타고 3~4인(人)이 나란히 지나가는 것을 보았다.[229)]

악공들의 처음 연주가 끝난 이후 연주는 한국관에서 계속하였다. 3월 18일(양 5월 3일) 어전에 올리는 서신에서 "우리나라 물건을 쌓아 둔 옥자(屋子)도 그 역이 끝나지 않았으며 그 제양(製樣)은 막공들의 규칙에 맞는 연주를 할 수 있도록 되었다고 말할 수 있습니다."라고 한 점을 미루어 본다면 한국관에서 연주하였음이 분명하다.[230)]

악공들에게 지불한 방반비(房飯費 ; 방값 및 식사대)는 알렌이 책임지고 있었는데 1,000$였다.[231)]

악공들이 겪은 어려움중의 하나는 언어불통문제였다. 이에 대하여 정경원은 "악공 10인이 언어가 불통하여 지도하는 사람이 없으니 심히 염려가 됩니다."라고 하면서 어전에 올린 서신에서 밝힌 점을 보면 불편하였던 사실을 이해할 수 있다.[232)]

앞에서 논한 것처럼 거취가 좁아 너무 불편하여 악공들은 5월 3일 시카고를 떠나 귀국길에 올랐다. 귀국일이 5월 3일인 것은 3월 18일자 (양 5월 3일) 어전에 올리는『정경원문서』가 악공을 귀국시키면서 올린

---

229)「鄭敬源文書」2(1-17) + 3(1-3), 3月 16日(陽 5月 1日), 3月 17日(陽 5月 2日), 4月 9日(陽 5月 24日) ;「鄭敬源文書」14(1-5), 御前奉奏書信 三月十八日樂工回便封奏 ; 앞의 졸고, p.508.

230)「鄭敬源文書」14(1-5) ; 위의 졸저, p.516.

231)「鄭敬源文書」14(1-5) ; 위의 졸저, p.516.

232)「鄭敬源文書」14(1-5) ; 위의 졸저, p.512.

보고서가 5월 3일이기 때문이다.[233)]

악공들이 귀국할 때 그들은 샌프란시스코까지 안기선의 인솔을 받아 귀국선을 탔다. 악공들이 귀국한 것은 6월 13일전(음 4월 그믐)이었다. 5월 5일(양 6월 18일) 제2차로 이채연편에 왕에게 올리는 보고서에서 "악공이 귀국할 때 안기선이 악공을 샌프란시스코까지 인도하여 탑승을 보호하는 방법을 취하였습니다..........4월 그믐(양 6월 13일전) 전에 도착하리라고 예측됩니다."라고 한 보고서에서 악공들의 귀국 일자를 알아 볼 수 있다.[234)]

안기선이 악공들을 샌프란시스코까지 데려다 주는데 170.00$ 비용이 들었다.[235)]

3. 악곡에 대한 고찰

1) 연주장소

악공들이 연주하였던 젝슨공원의 미국관이 있었던 북문 콜럼비아 애비누(Columbia Avenue)는 가로 폭이 12,192m였으며 한국관은 세품관 서남쪽 B군에 위치하고 있었는데 넓이가 466ft^2(43,3m^2)이었다.[236)] 샴(현재 타이) 전시관과 더불어 47개 출품국중 가장 작은 전시관이었다. 한국관의 위치는 현재 사우드 러군(South Lagoon ; 당시 Basin) 연변 헤이스로(Hayes Dr) 연변 부근인 이스트 러군(East Lagoon ; 당시 North Canal) 남해안 동편 부근지점이다.[237)] 그림은 1893년 발행

233) 「鄭敬源文書」 14(1-5) ; 위의 졸저, p.510.
234) 「鄭敬源文書」 16 ; 위의 졸저, p.533.
235) 「鄭敬源文書」 15(1-3) ; 위의 졸저, p.537.
236) 졸고, 「콜럼비아 세계박람회 조선전시실 복원문제에 관한 연구」『한국사상과 문화』 제24집(한국사상문화학회, 2004), p.193.

한 guide book에 있는 그림인데[238] 한국관이 있었던 곳은 K지점이다. 그림에서 공화국상(A Statue of the Republica)이 서 있는 연못이 현재의 사우드 러군이고 이 연변이 현재 63가 헤이스로(H)이며 이길 건너 제품전시관 남문(M)

시카고 콜럼비아 세계박람회장

가까이, 전기관(E)과 면하여 있었던 이스트러군 남해안 부근, 영광의 코트 앞이 현재 리차드로(R)와 헤이스로가 만나는 리차드-헤이스로 교차점(RH ; Hayes-Richards Circle ; 복원 공화국상 위치) 동북쪽에 한국관이 자리잡고 있었다.

2) 연주 전공악기

악공들의 연주 악기를 기술하여 놓은 문헌이나 자료는 현재까지 발견되지 않고 있다. 진연의궤(進宴儀軌) 진찬의궤(進饌儀軌)를 통하여 악공 신흥석(申興石) 이재용(李在用) 안백용(安白用) 이경옥(李慶玉) 이경용(李景用) 이수동(李壽東) 정기용(鄭奇用)의 연주 악기를 추정할 수 밖에 없다.[239]

---

237) 「최초참가 세계박람회 한국관 위치 확인」『연합뉴스』 2005년 2월 13일.

238) C. D. Arnold and H. D. Higinbotham, *Official Views of the World's Columbian Exposition*(Chicago : Press Chicago Photo-Gravure Co., 1893), p.15.

239) 『1877 丁丑 進饌儀軌』, 『1887 丁亥 進饌儀軌』, 『1892 壬辰 進饌儀軌』, 『1901 申丑 進宴進饌儀軌』, 『1902 壬寅 進宴儀軌』 ; 『掌樂院樂員履歷書』 1915(大正 4年 12月), p.87, p.105.

〈표 1〉 규장각 도서, 『1887 정축진찬의궤』:통명전(숫자는 악공수)

항목＼이름	신흥석	이재용	안백용	이경옥	이창업	최을용	강삼석	이경용	이수동	정기용	페이지	기타
전정헌가			비파잡이2		장고잡이2						17	
전정전상							해금잡이4				18	
야시헌가			비파잡이2		장고잡이2						19	
야시전상							해금잡이4				19	
익일회작시							해금잡이4				20	
익일야연시							해금잡이4				22	
재익일회작시												
재익일야연시												

＊『1877정축진찬의궤』3(丁丑進饌儀軌三)

〈표 2〉 규장각도서, 『1887 정해진찬의궤』 : 만경전

항목＼이름	신흥석	이재용	안백용	이경옥	이창업	최을용	강삼석	이경용	이수동	정기용	페이지	기타
전정헌가	대금잡이7						해금잡이4					
전정전상			양금잡이1	비파잡이2	장고잡이3	필율잡이10						
야시헌가	대금잡이7											
야시전상			양금잡이1	비파잡이2	장고잡이3	필율잡이10	해금잡이4					
익일회작시			양금잡이1	비파잡이2	장고잡이3	필율잡이10	해금잡이4					
익일야연시			양금잡이1	비파잡이2	장고잡이3	필율잡이10	해금잡이4					
재익일회작시			양금잡이1	비파잡이2	장고잡이3	필율잡이10	해금잡이4					
재익일야연시			양금잡이1	비파잡이2	장고잡이3	필율잡이10	해금잡이4					

＊『1887 정해진찬의궤』3(丁亥進饌儀軌三)

〈표 3〉 규장각도서, 『1892 임진진찬의궤』: 근정전 · 강령전

항목 \ 이름	신흥석	이재용	안백용	이경옥	이창업	최을용	강삼석	이경용	이수동	정기용	페이지	기타
전정헌가											31	근정전
전정전상	대금잡이10		가야금잡이2	장고잡이3	장고잡이3	필율잡이10					32	근정전
전정헌가											33	강령전
전정전상	대금잡이10		가야금잡이2	장고잡이3	장고잡이3	필율잡이10					33	강령전
야시헌가											35	강령전
야시전상	대금잡이10		가야금잡이2	장고잡이3	장고잡이3	필율잡이10					35	강령전
익일회작시	대금잡이10		가야금잡이2	장고잡이3	장고잡이3	필율잡이10					37	강령전
익일야연시	대금잡이10		가야금잡이2	장고잡이3	장고잡이3	필율잡이10					38	강령전

＊『1892 임진진찬의궤』3(壬辰進饌儀軌三)

〈표 4〉 규장각도서, 『1901 신축진연의궤』: 함녕전

종류 \ 이름	신흥석	이재용	안백용	이경옥	이창업	최을용	강삼석	이경용	이수동	정기용	페이지	기타
전외헌가										필율잡이8		
전외전상		필율잡이10					아쟁잡이1	현금잡이2	장고잡이1			
전내헌가										필율잡이8		
전내전상		필율잡이10		장고잡이2	장고잡이2		아쟁잡이1	현금잡이2	교방고잡이1			
야시헌가										필율잡이8		
야신전상		필율잡이10		장고잡이2	장고잡이2		아쟁잡이1	현금잡이2	교방고잡이1			
익일회작시		필율잡이10		장고잡이2	장고잡이2		아쟁잡이1	현금잡이2	교장고잡이1			
익일야연시		필율잡이10		장고잡이2	장고잡이2		아쟁잡이1	현금잡이2	교방고잡이1			

＊ 규장각도서, 『1891 신축진연의궤』3(辛丑進宴儀軌三)

〈표 5〉 규장각도서, 『1902 임인진찬의궤』: 함녕전

이름 / 종류	신흥석	이재용	안백용	이경옥	이창업	최을용	강삼석	이경용	이수동	정기용	페이지	기타
전외헌가											28	
전외전상	대금잡이10	필율잡이10		장고잡이2	장고잡이2		아쟁잡이2	현금잡이2		필율잡이10	28	
전내헌가											31	
전내전상	대금잡이10	필율잡이10		장고잡이2	장고잡이2		아쟁잡이2	현금잡이2		필율잡이10	31	
야시헌가											32	
야시전상	대금잡이10	필율잡이10		장고잡이2	장고잡이2		아쟁잡이2	현금잡이2		필율잡이10	33	
익일회작시	대금잡이10	필율잡이10		장고잡이2	장고잡이2		아쟁잡이2	현금잡이2		필율잡이10	34	
익일회연시	대금잡이10	필율잡이10		장고잡이2	장고잡이2		아쟁잡이2	현금잡이2		필율잡이10	35	

＊ 규장각도서, 『1902 임인진찬의궤』3(壬寅進饌儀軌三)

〈표 6〉 진연진찬악기구성

전정헌가	필율8	대금7	편종2	편경2	당적2	통소2	비파2
	해금2	바향1	장고2	건고1	삭고1	응고1	축잡이1
	어잡이	생잡이					
전정전상	필율10	대금10	당적2	통소2	비파2	해금4	방향2
	장고3	생1	현금2	가야금2	아쟁2	양금1	교방고2
	가1						

＊ 고종조 전(全) 진연 진찬(악기 구성과 인원이 동일함)

〈표 1~5〉를 보면 진연 진찬시에 그들이 연주에 사용한 악기와 〈표 6〉에서 보이고 있는 전정헌가와 전정전상에 동원된 악기를 보면 연주된 악기를 파악할 수 있다. 악공별로 사용한 악기를 정리하여 보면 다음과 같다.

신홍석-대금
이재용-필율
3) 안백용-양금→가야금→비파
2) 이경옥-비파→장고
이창업-장고
최을용-필율
4) 강삼석-해금→아쟁
이경용-현금
1) 이수동-장고→교방고
정기용-필율

안백용 3종, 이경옥 2종, 강삼석 4종, 이수동 2종의 악기를 다루었기 때문에 이들이 박람회 때 다룬 연주악기가 무엇일가가 문제를 푸는 열쇄가 된다.

1) 이수동은 박람회 때 진연 진찬에서 이창업이 장고만 다룬 악공이기 때문에 장고를 다루지 않고 교방고를 다루었다고 생각된다.
2) 이경옥도 이창업이 장고만 다루었기 때문에 박람회 때 비파를 다루었다고 생각된다.
3) 안백용은 10명 악공중 유일하게 가야금을 연주한 경험자이므로 안백용은 박람회 때 가야금을 연주하였다고 생각된다.
4) 강삼석은 표6을 보면 해금 연주인이 전정헌가에 해금 2명, 전정

전상에 해금 4명, 아쟁 2명으로 구성되어 있으므로 해금 연주자가 더 중요하다고 생각되어 박람회 때 해금을 다루었다고 여겨진다. 이에 따라 각 악공들의 연주 악기는 다음과 같다.

신흥석-대금
이재용-필율
안백용-가야금
이경옥-비파
이창업-장고
최을용-필율
강삼석-해금
이경용-현금
이수동-교방고
정기용-필율

3) 악곡

『정경원문서』를 보면 악곡은 ‘어전법악’(御前法樂) 일부를 연주하였음을 알 수 있다.[240] 자산 안확(自山 安廓, 1886~1946)에[241] 의하면 어전법악은 고취곡(鼓吹曲)이다.[242] 또 안확은 고취곡이 고려시대부터

---

240) 「鄭敬源文書」 14(1-5) ; 앞의 졸저, 『근대한미관계사』. p.515.

241) 안확은 조선말에서 일제강점기에 걸쳐 생존하였던 국학자이다. 그는 서울 우대마을 중인집안에서 태어났다. 그의 먼 조상은 安珦이며 1926~30년 총독부 이왕직 아악부에서 촉탁으로 근무하였다. 그의 가계는 다음과 같다. 1) 子美 2) 永儒 3) 孚 4) 珦................20) 商彪 21)重縣 22) 福亨 23) 恩弼 24) 胤基 25) 廓(부인 淸州 安氏 劉媛) 26) 命哲 26) 東昊. 京城府 鐘路區 唐珠洞 127番地 安廓除籍謄本 ; 『順興安氏族譜』 卷 1(順興安氏竹山耽津安氏大同譜所, 1980), p.1 ; 같은 족보 권 5, p.311, 404, 405. 저작은 『朝鮮文法』 『朝鮮武士英雄傳』 『朝鮮文學史』 「朝鮮音樂史」 등과 더불어 1920년 여름부터 시작하여 1922년 1월에 탈고한 정치사로써의 『朝鮮文明史』가 돋보인다.

242) 安廓, 「朝鮮雅樂曲解題」『朝鮮』 5月號(朝鮮總督府, 1930). p.128. 안확은 우리나라의

당나라의 고취곡 영향을 받아 연주되기 시작한 황풍악(皇風樂)이라고 하였다. 안확이 황풍악을 소개한 「천년전의 조선군악」(千年前의 朝鮮軍 樂) 서두에서 콜럼비아 세계박람회에서 연주한 곡을 연구한다고 하면서 그때 그 곡이 황풍류(類)임을 밝혔다.[243] 이같은 사실에 대하여 안확은 다음과 같이 서술하였다.

> 거번갑오년(去番甲午年)에 미인(米人) 「알렌」씨(氏)의 특별(特別)한 청(請에 의(依)하여 조선(朝鮮)의 궁중음악인십수인(宮中音樂人十數人)을 미국박람회(米國博覽會)에 출연(出演)식힌 일이 있다. 그것이 당시의 평판(評判)이 되여 조선악(朝鮮樂)은 동양적고악(東洋的古樂) 가치(價値)가 잇다하는 칭송(稱頌)이 사면(四面)에 퍼젓고 최근수년래(最近數年來)로는 더욱 차(此)를 연구하는 자(者)가 배출(輩出)하야 작년박람회(昨年博覽會)에도 또한 차(此)를 연주(演奏)하야 일대인기(一大人氣)를 전(傳하)다. 그러틋 명예(名譽)가 잇슴에 좃차 조선악(朝鮮樂)의 진상(眞狀)을 사실(査實)코자하는 학자(學者)가.......... 허다(許多)해진 모양(貌樣)이다. 그런데 오인(吾人)이 시방(時房) 이것을 탐구(探究)하자면 초두(初頭)에 그 곡조(曲調)를 청취(聽取)함이 긴(緊)한 바......실상고곡(實狀古曲)의 품목(品目)은 십이종(十二種) 밧게 안되는 바니 그 이상(異常)한 명칭(名稱)은 고곡(古曲)의 진상(眞狀) 희미(稀迷) 함에 불과한 것이다. 고(故)로 금에 그 허명(虛名)을 헤치고 곡조그물(曲調其物)의 원명(元名) 탐사(探查)하여 종래의 분류법(分類法)에 의(依)하면 아악(雅樂) 당악(唐樂) 향악삼종(鄉樂三種)으로 분지(分支)되나니........[244]
>
> 수당(隋唐)의 의장(儀仗)과 상동(相同)이라. 고로 거긔 주(奏)하는 악곡(樂曲)은 일체당(一體唐)의 고치곡(鼓吹曲)됨이 무의(無疑)하다. 그 황풍악(皇風樂)이라 개명(改名)한 당(唐)의 고취곡(鼓吹曲)은 고려일대(高麗一代) 통(通)하야 사용(使用)되다가 이조(李朝)에 래급

궁정음악을 성질상으로 아악雅樂) 당악(唐樂) 향악(鄉樂), 사용상으로 제악(祭樂) 고취악, 연악(宴樂)으로 구분하면서 어전법악이 고취곡임을 규명하였다.

243) 安廓, 「千年前의 朝鮮軍樂」『朝鮮』1月號(朝鮮總督府, 1930), pp.50~51.

244) 安廓, 위의 글, 「千年前의 朝鮮軍樂」, p.48. 필자가 원본 한자를 한글로 바꾼 것임.

> (來及)하야 또다시 가사(歌詞)만 변개(變改)하고 곡조(曲調)는 고물(古物)을 그대로 습용(襲用)한 것이라. 고(故)로 금일고취곡칠종(今日鼓吹曲七種)은 모도 고려황풍악(高麗皇風樂)인 동시(同時) 그출처(其出處)는 원(遠)히 당(唐)의 군악(軍樂)에서 이입(移入)된 것이라 할 것이다.[245)]

안확은 황풍악중에서 곡을 택하여 서양기법으로 채보하여「천년전의 조선군악」에서 예시하고 있다. 소개하면 다음과 같다.[246)]

245) 安廓, 위의 글,「千年前의 朝鮮軍樂」, p.51. 필자가 원본 한자를 한글로 바꾼 것임.

246) 安廓, 위의 글,「千年前의 朝鮮軍樂」, p.55 ;「구미 첫 연주 국악은 황풍악〈국내학자〉」『연합뉴스』 2005, 1, 13.

＊ 황풍악 2차적 저작물-저작권심의조전위원회 저작권 등록물

안확은 채보과정에서 실수를 한 것 같다. 16마디만 3/4 박자로 되어 있고, 15 16마디와 21 22마디의 가락이 거의 유사하며 22마디는 전체 다른 마디와 마찬가지로 4/4 박자로 되어 있는 것으로 보아 실수를 한 것이다. 16마디에 3/4 박자 표시를 하면 완벽한 채보가 된다. 이와 같이 안확이 채보하여 개작한 황풍악은 현재 저작권심의조정위원회에 등록되어 있다.

연주를 하였을 때 진찬 진연 헌가시 악공은 흑화를 신고 조화를 단두건을 쓰며 붉은 주의를 입고 혁대를 차고, 전상 연주시 악공은 남색 주의를 입고 연주를 하였는데 대하여 도미한 악공들은 사모를 쓰고 흰 주의를 입고 흑화를 신고 연주하여 복장에 있어서 차이를 보이고 있었다.[247)]

4. 장악원악원이력서에 보이고 있는 악공의 모습

악공 10명중 '장악원악원이력서'(掌樂院樂員履歷書)에 강삼석과 이경옥의 이력서가 있어 악공의 일부 모습을 엿 볼 수 있다. 강삼석은 서부 반송방 대평동(大平洞 ; 지금 죽림동 일대)에 본적을 둔 진주 강씨

247) 『1892 壬辰進饌儀軌』 3, p.31 ; 앞의 졸저, p.492.

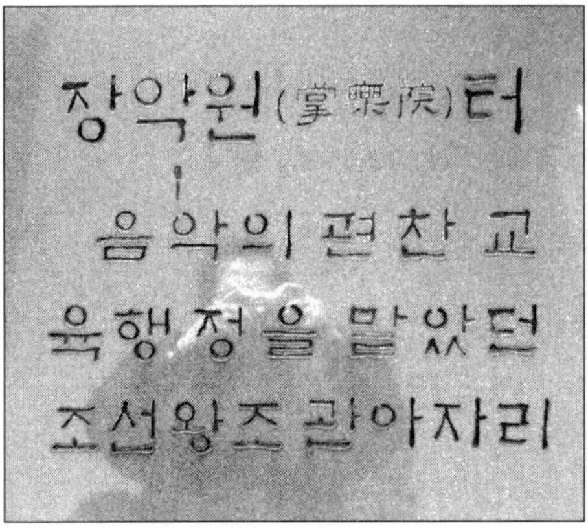

장악원 터 - 2005년 3월 10일 필자 촬영

로 사는 곳은 남부 명례방(구 남붓골) 대룡동〔大龍洞(큰 용골) ; 지금 중구 명동 1가, 명동 2가, 충무로 1가, 을지로 2가 일대〕이다. 이들이 살고 있는 곳은 모두 장악원(지금 을지로 2가 198~199 ; 장악원이 있어 장악원골이라 하였다.)과 가까운 거리에 살고 있었다. 강삼석은 1852년생으로 1867년에 악공이 되었다. 도미할 때 나이가 41세였다.[248] 이경옥은 본적을 서부 반송방 냉동(冷洞 ; 지금 서대문구 냉천동)에 둔 전주 이씨로 남부 명례방 종현(鍾峴 ; 지금 명동 성당 부근)에 살았다. 강삼석보다 2세가 적은 1854년생으로 1868년에 악공이 되어 39세 때 박람회에 가서 연주하였다.[249]

5. 결론

1893년은 한국개화사에서 중요한 의미가 있는 해이다. 우리나라가 콜럼비아 세계박람회에 첫 출품하여 미주한인문화의 기원을 이룩한 해이기 때문이다. 이때 정경원을 비롯한 박람회 관련 한국인, 주조선 미국공사관 서기관 알렌, 주미국조선공사관 참무관 이승수, 공사관원 장봉환 이현직 등 일행은 국악인을 대동하여 개회식에 참석하고 제품

248) 『掌樂院樂員履歷書』(1915), p.87.
249) 『掌樂院樂員履歷書』, p.105.

전시관 북문쪽 미국관이 있는 콜럼비아 애비누에서 클리블랜드 대통령에게 국악을 들려 주었다. 미국 사람들에게 국악 소리는 심벌 소리처럼 들렸다. 이때 연주는 국악이 해외에 연주한 처음의 기록을 세운 것이다. 따라서 이때의 연주는 미주 한인문화의 기원이 되었던 것이다. 이 연주가 있은 후 5월 3일 귀국할 때까지 국악인들은 제품관 서남쪽 현제 사우드 러군 연변의 헤이스로 북변인 이스트 러군 남해안 동편 지점에 위치하고 이었던 466ft^2(43,3m^2)의 좁은 땅 위에 세운 한국관에서 국악을 들려 주었다. 악공은 신흥석 이재용 안백용 이경옥 이창업 최을용 강삼석 이경용 이수동 정기용이다. 이들이 연주한 악기는 신흥석-대금, 이재용-필율, 안백용-가야금, 이경옥-비파, 이창업-장고, 최을용-필율, 강삼석-해금. 이경용-현금, 이수동-교방고, 정기룡-필율이다. 이때 연주한 악곡은 취타곡인 황풍악류이다.

VI. 완역 정경원문서

1. 도미도중 정경원과 일본인 염전진과의 필담

같은 배를 타고 온 것이 오래된 것 같지가 않는데 소식을 듣지 못하여 심히 근심이 되었습니다.[250)]

문 : 어제밤 이야기한 건은 혹이나 한번 의논한 것 같은데 그러한가요?
답 : 이미 잘 의논하여 당국에 의뢰하여 도움받아 계획이 되어 있습니다.
염 : 귀국의 물품은 먼저 가지고 가서 진열하여 놓았습니까?
정 : 우리나라 출품은 미국인 안련(安連 ; 알렌)에게 송달을 부탁하여 기간에 맞춰 가서 진열하여 놓았습니다.
문 : 상륙후에 며칠날 쉽니까?
정답 : 22일 아침에 상륙하면 24일 아침 8시 발차할 것입니다. 만약에 22일 오전에 부득불 상륙하면 25일 발차합니다. 22일 토요일은 오후 휴업들을 하고 23일은 일요일이라서 하루 종일 휴업하니 정금은행(正金銀行)에 가도 부득불 금원(金圓 ; 돈)을 수수할 수가 없으니 24일이 되어 가서 일을 봅니다.[251)]

---

250) 정경원(1851~1898)은 정해안과 김병옥의 딸 안동 김씨 사이에 4남 3녀중 셋째로 충주 가금면 창동리(창골)에서 태어 났다. 1890년 별시문과 병시에 합격하고 홍문관 부교리, 겸사서, 이조참의 정삼품 참의내무부사가 되었다. 참의내무부사로 있을 때 출품대원의 명을 받고 도미하였다. 귀국후 군국기무처 회의원으로 활약하였으며, 동학토벌에 가담하였으나 실패하였다. 제2 김홍집 내각의 법부차관을 역임하였는데 그때 법부대신은 서광범이었다. 제3차 김홍집 내각에서 평양부 관찰사 칙임사등관으로 임명 받았다. 호는 문산(文山) 자는 염조(念祖)이다.
251) 이민식, 『근대한미관계사』(백산자료원, 2001), pp.498~501.

염문 : 횡빈(横濱 ; 요꼬하마)에서 출선표시(出船票時)에 철차세(鐵車貰)를 이미 지급한 메표(買表)이면 은행국(銀行局)과는 아무 상관이 없는 것이지요?

정답 : 선표 철차표는 은행국과는 아무 상관이 없습니다. 염전진(鹽田眞)씨께서 주머니에 넣고 있으면 금권(金券)을 휴대한 것이 되는 고로 항구에 가면 은행에서 금권을 받을 것입니다.

정문 : 금행(今行)에 공사는 전권변리공사(全權辨理公使)가 아니지요? 관장서리공사(官將署理公使)의 임무를 깨끗이 하는 것이라서 기(旗)에 아무런 예시(例示)를 한 것이 아닌가요? 우리나라에서 대리공사는 기를 게양하는 예(禮)를 행합니다. 출품사행이 흔하지 않으므로 의식을 행함에 주차공사(駐箚公使)와 같지요.

【원 문】

渡美途中 與日本公使鹽田眞筆談

同舟徑句 不爲不久 迄未通刺 殊甚歉恨

問 : 昨夜所談事 或一議乎如何

答 : 已爲爛商而當依所戎爲之計耳

問 : 貴邦之出品 已有先行者而携帶陳列之乎

鄭答 : 弊邦出品之物 先已付送于美國人安連 使之適期陳列耳

鹽問 : 上陸後 當休歇幾日乎

鄭答 : 廿日朝 上陸則以廿四日朝八時 發車 若二十二日午前 不得上陸則以二十五日 發車

정경원은 태평양 항해중 4월 14일 염전진과 만나 필담을 나눈 바 있다. 이 문서는 그때 나눈 필담이다. 실재로 정경원은 샌프란시스코 도착일이 4월 22일, 떠난 일자는 24일이다.

因二十二日土曜日而午后休業 二十三日 日曜日 終日休業 就我(正金銀行) 不得受授金圓 待二十四日而行以事也

問 : 橫濱 出船票時 並鐵車貰 已給 買表則銀行局 似無更爲相關

答 : 船票 鐵車標 敢無關 銀行局 眞 擧囊中 皆爲金券携帶以故 就幸港我銀行 受之也

鄭問 : 今行 公使 非全權辨理也 卽浴事官將署理公使之任也 擧旗 得無沭例乎

爲吾邦所謂代理公使者乎

然則恐無揭旗之禮

出品使行 固是罕有 凡行儀所 與駐箚公使 何如

염답 : 공사는 나라를 대표하는 것입니다. 그러므로 대우가 다른 존귀한 관리보다 좋습니다. 유일하게 하나의 일에만 관련되는 일일지라도 의식의 예는 별로 행하지 않습니다.

정문 : 금문(金門)에 도착한 후에는 휴대한 행장에 면세가 될가요?

염답 : 꼭 면세를 받아야 하겠습니다.

정문 : 행장중에 주의를 요하는 것은 무엇입니까?

염답 : 비단 담배(2근에 한함) 수관(手管 ; 피리) 술입니다.

정문 : 세(稅) 여부가 어떻게 적용되느냐가 문제가 아니라 사행(使行)으로 꼭 면세를 받으려 하는 것은 과연 나라의 체통과 관련이 있는 것은 아닌지요?

염답 : 공사가 휴대하고 있는 행장은 엄하게 검열하나 기타인의 물건은 세관의 규정에 부득하게 저촉되지 않습니다.

정문 : 공사가 아닌 사람의 행장은 영자로 공사행이지문자(公使行李之文字)를 기록하여야 꼭 통과한다고 하는데 사무대원 일행의 행

장도 이미 무기입영자로 된 것은 시고아(市高俄 ; 시카고)에 보내도 되는가를 귀하에게 묻습니다.

염답 : 이미 기입한 것을 고친다는 것은 자못 어려운 것이나 지면에 영문공사행장을 쓰지 않아도 통과됩니다. 화차(화차 ; 화물차)로 별도로 보낸 사람은 화성돈(華盛頓 ; 워싱턴)과 시고아를 구별하여 보내야 하는데 휴대행리자(携帶行李者)가 공사이면 공사가 하차를 할 때 행장도 시카고에 내려 놓으므로 지장이 없습니다.

○ 무릇 휴대 행장자는 연포(筵包 ; 대나무 포장)는 불가하고 못을 치거나 궤에 넣거나 마루(麻縷 ; 삼실)로 짐을 묶어 봉함하거나 열쇠로 잠근 것도 이에 해당하는 것입니다.

○ 정문 : 듣자니 공은 18년전 이미 세계박람회에 참가하였다고 하는데 과연 그렇지 않은가요?

【원 문】

鹽答 : 公使者 代表一國 以故 待遇 極重他貴官 唯關一事 別無俄所之例

鄭問 : 到金門後 携帶行李 並不能免驗否

鹽答 : 不得免拾

鄭問 : 行李中可要注意者

鹽答 : 絹 煙草 限二斤 緘封手管 酒

鄭問 : 應稅與否 姑舍 使行之不得免驗 果無換於國體乎

鹽答 : 公使携帶之行李 嚴戒開檢而可 他別稅關之定則 不得破之

鄭問 : 繼令非公使之行李 以英字 記公使行李之文字則必通過耳
事務大員一行之行李 已無記入英字 送市高俄之文字乎 敢問

鹽答 : 若已有記入則改之頗難 無之則記紙面于英文公使行李之文字而

通過耳 以貨車 別送者 自有華盛頓 與市高俄之區別 其携帶行李者則公使下乘時 同下市高俄 以故 無支障

○ 凡携帶行李者 不可簁包 或釘 着匣 唯以麻縷 束縛廠封者 或 鎖鑰者當之

○ 鄭問 : 聞 公 十八年前 曾有以行 果然否

○ 염 : 나는 21년전 구주(歐洲 ; 유럽) 오지리(奧地利 ; 오스트리아) 유납부 만국대박람회(維納府 萬國大博覽會 ; 비엔나 세계박람회) 일급사무관 및 심사관이 되어 도선(渡船)하였고 18년전에는 미국비납특비(費拉特費 ; 필라델피아)에 미국 독립 100주년 기념회가 개최되었을 적에 역시 같은 직책을 띄고 참가한 바 있습니다.

정문 : 청나라 사람이 지은 비부박람회일기(費府博覽會日記 ; 필라델피아 세계박람회 일기) 중에 미국은 사사로히 물산이 풍부하고 미국의 부강의 세(勢)가 날로 올라가고 있다고 하였습니다. 가장 좋은 물품은 전박람회와 비교한다면 어떠하였습니까?

염답 : 그때 출품은 전박람회와 비교한다면 2배나 났고 출품수가 너무 많아 외관적 미를 보아서는 전연 손색이 없었습니다.

비부박람회의 일본 진열장의 면적은 지나치게 좁았습니다. 나는 미국 미국대총재와 의논하여 청나라 진열장을 할애하여 폭 12척 길이 420여척을 일본 진열장으로 양보토록 하여 점차적으로 출품을 정리 정돈하였으니 그때 청나라 사무관이 자못 불평하는 기색이 있었습니다.

이상 유래 풍속 약기완료

【원 문】

○ 鹽 : 予卄一年前 有歐洲奧地利國 維納府 萬國大博覽會 爲一級事務官兼審査官渡船 十八年前 有美國費拉特費府獨立百年祭大博覽會 亦以前官 赴之

鄭問 : 嘗見淸人所述費府博覽會日記中 盛稱米邦物産之富 窃想 米邦富强之勢 蒸之日上 一番出品之物 比前係如

鹽答 : 這回出品 比前回 更加貳層進步而只 數 甚過多 恐却換外觀之美 費府之會 日在陳列場之面積 差窄 予議彼國大總裁 割淸國陳列場 幅圜十二尺 長 四百二十餘尺 以屬日本 梢得整頓 于時 淸國事務官 頗有不平色

以上 由來 風俗 略記完了

2. 모담초 3월 그믐에 일본인 내왕

진 : 신호(神戶 ; 고오베)에 수십일 체류하다가 내가 동경(東京 ; 도쿄)에 가보니 귀하 등 여러 사람이 이미 조선공사관에 머물고 있었는데 다시 만나게 되었습니다.[252)]

답 : 우연히 만나게 되었군요. 짐은 많고 봄은 깊어 일을 하는데 참기가 힘이 듭니다.

문 : 공등이 신호 일본 우편회사에 가서 화륜선이 며칠간 횡빈을 거쳐 미국에 가는가를 물어 본 적이 있고 나머지 날은 서경(西京)에 차를 타고 가서 명승고적 관람을 하였습니다. 서경은 천황의 고

252) 이민식, 위의 책, p.518.
양 5월 15일(음 3월 30일) 염전진이 조선전시실에 온 적이 있다. 이때의 필담이다.

도(故都)입니까? 그러면 26년전 제도(帝都)를 동경으로 옮겼고 풍신수길(豊信秀吉)이가 좋아서 대판(大坂 ; 사이판)에서 동경으로 옮긴 것입니까? 풍신수길이가 귀국을 정복하기 전부터 대판에 성을 쌓아 사람들이 살기 위하여 와서 오늘의 대판이 상업의 중심지가 되었구료.

문 : 막부가 실각된 뒤 원씨(原氏)의 자손은 어디에 있습니까? 일광산(日光山)은 차로 가면 몇리나 됩니까?

답 : 약 30리입니다. 조선이수로 300리입니다. 우리나라의 이정법(里程法)은 6척이 1간(間)이요 6,000간이 1정(町)이며 36정이 1리입니다. 조선이정은 300보(步)가 1리입니다.

○ 일본인 송본정순(松本正純)의 방문

문 : 귀하의 성은 무엇입니까? 나는 귀국인 김가진(金嘉眞) 이학규(李鶴圭) 유기환(兪箕煥) 권재형(權在衡)군과 이미 여러번 만났고 정경원 이승수(李承壽)는 귀국의 주일공사관에 왔을 때 더욱 친하게 되었는데 모두 어떤 분들입니까?

답 : 얼마전에 미국에 왔습니다. 귀국(일본)은 우리나라의 퇴계(退溪) 율곡(栗谷)을 아십니까? 그분들이 시문은 모아져 현재 세상에서 읽혀지고 있습니다.

송 : 우리나라도 오늘날 세상에서 이름을 날리는 사람은 동도(東都)의 삼도중주(三島中洲) 천전옹강(川田甕江) 중야정재(重野靜齋) 서경의 석진관완(石津灌완) 강마천강(江馬天江) 죽첨진일랑(竹添進一郎)이 오래전부터의 문학인인데 귀국(조선)에서도 이정도 문학인이라고 칭할 수 있는 사람이 있습니까? 우리나라 문학인들이 목하(目下) 사관(仕官 ; 벼슬)을 하고 있어 그 학문은 치지 않고 시문만 약간 볼만한 것이 있습니다.

【원 문】

笔談草 三月晦日 日本人鹽田眞來訪

眞 : 滯留於神戶十數日 余亦赴于東京 若公等 尙留於朝鮮公館 更偶一月會

答 : 偶爾相逢 多荷厚春 不忍遂行

問 : 公等 就神戶日本郵船會社 問何日 火輪船 由橫濱赴美國者 有余日
下車於西京 歷覽名勝古蹟 可也
西京 爲天皇故都乎
然 二十六年前 帝都 移于東京
大坂 爲豊臣應都乎
然 豊臣秀吉 征貴國之前 築城於大坂居戻 今大坂 爲商賈之中心

問 : 幕府失勢之後 原氏子孫 在於何處
日光山
去東京幾里

答 : 約三十里 朝鮮里數 三百里
弊邦定里程法 六尺 爲一間 六千間 爲一町 三十六町 爲一里 朝鮮里程 三百步 爲一里耳

○ 日本人 松本正純來訪

問 : 貴姓甚麽
余與貴國人 相交已多 金嘉鎭 李鶴圭 俞箕煥 權在衡君 其尤親密者 鄭敬源 李承壽 公等 臻貴國 駐日節署乎

答 : 方前往美國
貴國 知弊邦 有退溪栗谷乎 詩文並有集 現行於世

松 : 弊邦 方今 以文章 鳴於世者 東都 有三島中洲 田饔江 重野靜齋 西京有石津囥 江馬天江 竹添進一郎 久住弊邦 知有文學 在貴國 亦以學文 稱之乎 以人 目下致仕 人不稱其有學 惟詩文 少有可觀耳

문 : 북안(北岸)에 산양도(山陽道)가 있습니까? 남안에는 구주(九州)가 있습니까?(남안은 멀리 있어 남해도에 속함). 귀국에 해양족(아이누족)이 들어온 적이 있다는데 오늘의 그 도(道)에 있다고 말할 수 있는 것입니까?

답 : 명치초(明治初)에 북안에 해양족이 북해도에 있어서 내지(內地)로 옮기어 백성으로 살게 한 바 있습니다. 그 유족이 아직도 있어 힘이 있습니다. 얼굴에 턱수염이 많고 내지인과 다소 같은 얼굴이라서 그들의 유래를 밝히는데는 어려움이 많아요.

송 : 동경에 귀국인 김옥균(金玉筠)이 있는데 공등(公等)은 이 사람을 어떤 사람이라고 생각합니까? 그 사람의 사악(邪惡)과 사건의 가부(可否)를 알고 있으리라고 여겨지는데 나는 이 사람이 백성을 위하여 일한 사람이나 오로지 때를 못 만나 일을 하다가 번민한 인물이라고 생각합니다.

답 : 춘추지의(春秋之義)의 법에 의하면 공의 말은 실로 잘못된 생각입니다. 적(敵 ; 김옥균) 때문에 폐(肺)와 장(腸)을 상한 사람이 얼마나 많은지 아십니까? 김옥균이 상대방(事大黨)을 누르고 김옥균이 관(官)에 이겼다면 관적(官賊)의 승(勝)이 옳다고 판정되는 것입니다. 우리나라는 이와 같은 사람은 나라일을 망치고 죄를 범하였기에 숭상하지 못합니다. 만약에 적신자장(賊臣子將)의 업적을 받아들인다손 치더라도 국유법(國法)은 반(反)을 옳다고는 못할 것입니다.

【원 문】

問 : 北岸 爲山陽道乎 南岸 爲九州乎(南岸 爲罕 屬南海道) 貴國 藿有蝦夷 今尙有道稱乎

答 : 明治初年 以蝦夷 爲北海道 移內地民住此云 其遺族 尙在 頗有齊力 面多鬚 與內地人 多共狀貌 此豈巫來由之類乎

松 : 東京 貴國人 金玉筠 在焉 公等 以斯人 爲如何人物乎 人之邪正 事之可否 公應知之 余以此人 唯有爲之人 唯時未到此爲可憫耳

答 : 律之以春秋之義 公之言 實所未料 此所謂各有肺腸者乎 彼敗敵 賊若勝則官 官賊 唯由勝敗而定耳 弊國 名如此者曰亡國事 犯於罪無有所尙 若如此卽難臣賊子子將接跡而起矣 國有法 不使反正此也

3. 3월 그믐 일본인 염전진 내방문답

진 : 안기선(安期善)이[253] 돌아오지 않았습니까?

문 : 아직도 돌아 오지 않았습니다.

진 : 감사합니다. 최군이[254] 어제밤에 내방하고 싶었던 것 같은데 내가 없었습니다. (최군을) 만나기로 생각하였습니다. 오늘 아침에 최군이 외출하였다면 두터운 생각을 품고(깊은 생각을 하고) 왔으니 글 한 구절을 전하여 주십시오.

미[255] : 오늘 방문하여 전하는 일에 대하여 문지기(수위)에게 부탁을 잘 하지 못하여 전해 주는 것이 어렵게 되었습니다. 어제 밤에 글을 남기고 마음을 바꾸어 문지기에게 방문의 뜻을 대신 전하

253) 한자명 표기가 잘못된 것이다. 安琪善이다.

254) 수원 崔文鉉을 가르킨다.

255) 정경원의 호가 문산(文山)이므로 미(嵋)는 정경원을 가르키는 것이다.

도록 부탁하였던 것입니다만 많은 토산물은 아니나 애오라지 마음을 표시하고자 하였던 것이며 오늘 임하고 싶어 왔으니 대단히 감사합니다.256)

진 : 미국 박사 모씨가 와서 말하기를 귀국(조선)은 전시를 할 수 없을 것이라고 하였습니다. 청나라 출품일이 잘못되어 전시를 하고자 하여도 담처럼 쌓아 놓은 것이 보이고 있으니 귀국(조선)은 진열장을 어떤 방향으로 진열할지를 모를 것 같으니 어떻게 할 것입니까?

미 : 우리나라의 진열실은 이제 준설하였습니다. 이제 진열문제를 해결하고자 합니다. 진열실이 섬나(暹羅 ; 샴) 전시실 근처에 있어 심히 협소하여 고민입니다.

염 : 심예관(예술전시관)에 섬라가 전시관을 갖고 있고 농업관(농업전시관) 수산관(어류전시관)에도 갖고 있는데 귀국은 어디에 전시하고 있습니까?

미 : 조선 출품은 단지 포백(布帛) 및 피물(皮物) 등등이니 모두 한 전시관에 진열하고 있습니다. 조선의 이번 출품은 우의를 돈독히 하는 것이지 이익을 얻으려고 하는 것은 아닙니다.

진 : 각나라의 출품이 이(利)가 박하지 않고 물건도 널리 모아서 사람들에게 관람시키고 이름이 알려져 전시장에서 물건을 판매하고 있습니다. 일본 정부는 보호출품이 가지런히 존재하고 있으나 출품자의 다수가 양보(賣買)의 마음이 없고 저자세를 아랑곳하지 않고 많은 수의 화물(貨物)을 갖다 놓으니 전시장이 협착하여 진

256) 이 필담 내용을 보면 전날 밤인 3월 29일 수원 최문현이 염전진을 방문하고 싶었으나 만나지 못하였으며 30일 염전진이 조선 전시실을 방문하였을 때 최문현은 출타중이었음을 알 수 있다. 또 이때 안기선도 30일에 출타중이었음을 알 수 있다.

열의 위치의 미(美)가 없으니 개탄할 일이지요. 미국신문지에 전날 귀국(朝鮮)에 소란이 있었다고 전하여지고 있는데 믿을만한 소식인가요?

미 : 소식 결과는 동학당인(同學黨人)이라는[257] 사람들이 본분이 불안하여 소란을 일으켰으나 미치광이 난은 옳은 것이 아니었고 그간에 안정되었지만 염려를 끼쳐준 것은 사실입니다.

【원 문】

三月晦日 日本人鹽田眞 來訪問答

眞 : 安期善 未歸來乎

文 : 姑未來到

眞 : 謝 崔君 昨宵 辱來訪不在 不得拜晤 今朝參拜 若慮君之外出 懷篤而來 乞給一讀

嵋 : 向日委訪 因閽人之未能指導 未能留剌而旼 昨宵 又爲委進 適値駕他 使閽人 代置此意 不腆土物 聊表寸忱 今蒙辱臨 感幸萬之

眞 : 米國博士某旣來而談 貴國出品展陳事無 淸國出品 曲來 欲解行李而配列 觀者如堵 貴國 出品陳列場 不知其何方 敢乞敎

嵋 : 弊邦出品陳列之屋舍 今始竣役 自今日 解行李爲陳列矣 陳列場 在於暹羅國陳列場近處而甚狹窄 可悶耳

眞 : 工藝及心藝館內 有暹羅陳列場而農業館或水産館中 亦有貴國出品陳列區域乎

嵋 : 弊邦出品 只以布帛及皮物等屬携來故 皆爲陳列於一區矣 盖弊邦今

257) 표기를 잘못하였다. '東學黨人'이라고 표기하여야 한다.

番之擧 只爲重敦友誼 非因出品而索厚利耳

眞 : 各邦出品 固非博利 唯廣蒐集物産 供世人之觀覽 併將名聲 園物産弘販之途 如我日本國政府 保護出品 亦在比 然而出品者之多數 或不諒此意 謾求估而輸數萬之貨物 以故 展列場 爲狹窄 陳列之位置終失美觀 豈不慨然乎 米國新聞紙前日 傳貴國 有騷亂 果信乎

嵋 : 果有之而乃同學黨人爲名者 不安本分 致此騷亂訛 非眞倡亂 間已安恬 不呈掛慮耳

장[258] : 미술관은 몇호(號)입니까?

진 : 미술관이 미술관의 호입니다. 박람회장에서 수산관 북쪽에 있습니까?

장 : 회화 조각상을 구경하는 곳입니다.

장 : 귀국 물품중에 그림은 이미 진열하였습니까? 물품이 반(半)도 도착하지 않아 일요일 휴가일이나 출품이 도착하면 행장을 풀어 정돈하는 시기가 3주후까지 걸리겠지요. 각국이 물품을 진열한 뒤에 박물을 연구한 학자가 물건을 보고서 평가하나요?

진 : 듣지 못하였습니다. 그러나 전회(前會)의 예를 생각하여 보면 수산 농림 산림 광산 등 학사(學士)가 모여서 토론회를 연 적이 있으니 전번을 생각하면 믿을만한 일입니다.

장 : 이것은 대단히 유익한 일입니다. 대저 박람회는 격물치지(格物致志)를[259] 위하여 여는 것이요 장사를 억제하기 위함이지요.

진 : 박람회 모든 것은 다 격물치지로 여는 것이요 물건을 팔려고 여는 것은 아닙니다.

---

258) 어른의 존칭으로 정경원을 가르킨다.

259) 주자학에서 사물의 본질이나 이치를 끝까지 연구하여 후천적인 지식을 깨닫는 것을 말한다.

장 : 아시아 여러 나라 중에서 귀국(일본)이 유독 먼저 개항하여 기기 제도가 유럽 여러 나라와 겨루고 있으니 어찌 나라가 번성하지 않겠습니까? 미래를 생각하여 재산을 이용하는 것이 물처럼 많고 나라의 형편이 부득불 세금을 무겁게 매기지만 백성들은 자신의 이익만을 위하여 그전부터 세(勢를) 추구하지 않고 지식을 다하여 부강에 이르게 하니 과연 나라가 청출어익(靑出於益 ; 무성하여 이익이 납니다.)입니다. 부자(夫子 ; 공자)의 도(道)가 부자간(儒家間)에 존재하는 해(害)와는 멀며 이것이 유럽의 저울(문화)과 겨루어 나가는 힘이군요. 만약에 이같이 되지 못한다면 이원(利源 ; 좋은점의 근원)이 고갈되고 백성들이 살아가지를 못할 것입니다. 공은 견문이 많아 유신(維新) 전후를 다 눈으로 목격하셨을 것입니다. 오늘의 일본의 형편이 과연 어떠합니까? 일본이 생각하는 것은 서법(西法 ; 서양문화)을 함부로 택하지 않으면서도 서속을 존중하고 미국의 형편을 관찰하면서도 이를 천천히 나라(園)에 명교(明教 ; 밝은 교육)가 될 것을 원하고 있습니다.

진 : 하신 말씀에 동감입니다. 유신 이후에 각번을 폐합하여 부현(府縣)으로 고치고 각번의 공업을 일으켜 녹(祿 ; 복))과 더불어 자본을 취하게 되어 그 사업이 정밀하게 계속하여 해외의 내외에 널리 알려졌습니다. 오늘날은 그렇지 않아 복도 없고 자산도 없어 호구책(糊口策)을 써 하루 한시라도 불가불 빈손으로 공부(工夫 ; 생산)를 하니 이에 제품이 조잡하여 옛날의 정교함을 이미 복구하지 못하여 불과 예날의 10의 2~3 정도의 공업(제품) 밖에 되지 못합니다. 모든 일이 다 이같다고 추정하면 알 정도일 것입니다. 일본은 무릇 개국(開國)에 관한 일을 점차적으로 수행하지 않고 급진적으로 수행하고 있습니다. 끝

【원 문】

丈 : 美術館者 何等名乎

眞 : 美術館 卽號美術館 在會場水産館之北 展

丈 : 觀繪畫彫像所

丈 : 貴國物品 已畵陳列乎

未至其半 雖日曜休暇日 亦皆出而解行李 整頓之期 或在三週日之後

各國物品陳列之後 將有博物考究之學者歷覽評議乎

眞 : 未聞之 雖然 考前會之例 水産農林山林壙山等之學士 相會而開討議會 這回 信可有此事

丈 : 此事甚有利益 大抵博物之會 爲格物致志而設耶 抑爲商販而設耶

眞 : 總爲格致而設 無爲商販設之者

丈 : 亞細亞諸國中 惟貴國 首先開港 機器制度 並駕歐洲諸國 豈不盛哉 第念財用 浩繁 不得不重稅則民之就利 自有孜之不已之勢 碣智彈力 以致富强然 果然靑出於益則亦可以夫子之道 反害夫子 以抗衡歐洲 若不能然則利源渴而民不能支矣 公 閱歷 甚多 維新前後 皆所目觀 今日之勢 果何如 弊國之所慮 如此故不敢用西法而遵西俗 觀米國之勢而徐圜之 願明教之

眞 : 至言 同感 維新以後 廢各蕃置府縣 如工業各蕃 皆與祿致資而助其業故精品 續出 至呈誇海之內外 今則不然 無祿無資 自爲糊口 雖一日一時 不可空手 費工夫 於是 製品 流粗濫 有無復舊日之精者 不過十之二三 工業 業已如此 百般之事 可推知也 凡開國事 無如以漸矣 何必急進是爲 了

4. 유럽제국과 미국의 유래와 풍속 약기(略記)

과거에 미국이 영국의 속지가 되어 관리의 합법적인 수렴이 극심하다가 118년전 지경내(地境內)에서 반란이 일어나 워싱턴을 머리로 하여 혈전(血戰) 7~8년에 강화자주하여 민주국을 만들어 대통령을 공거(公擧)하여 4년 이어 왔다.[260] 워싱턴이 나라를 세웠을 당시에 백성들이 도탄에서 벗어나고 관리의 징벌을 엄히 하고 삐뚤어진 것을 염려하여 워싱턴이 군위(君位)에 임하게 됨에 권위가 서 워싱턴의 덕(德)이 인(仁)에 밝아 시세(時勢)가 왕성하였다고 한다.

○ 풍속은 귀천존비의 구분이 없고 자유권이 백성에게 있게 하여 비록 대통령의 존귀함도 백성과 다름이 없고 공적인 일에 있어서는 특별히 의제(儀制)를 정하되 사석(私席)에 이르러서는 평등하게 대하고 학식을 분별하지 않으며 의관에 차이가 없어 풍속이 후하였으니 이것이 거동(擧動)과 의식의 모습이다.

※ 인간은 누구든지 자유권이 있다는 것은 우리의 유가(儒家)에도 있는 말이다. 필부(匹夫)라 할 수 있는 사람의 뜻도 존중하며, 염려가 되는 사람도 염려가 없도록 조처한다는 것이다. 이는 모두 예(禮)를 따라 법을 지키는 것이요 위압과 무력에 굴하는 모욕을 당하지 않는 다는 것이니 맹자에 의한다면 이같은 말이 의(義)이고 그렇지 못한 것은 불의(不義)라고 한다. 이 자유권이 천리인정(天理人情)에 합치되는 것이다. 세상의 풍속은 그렇지 못하여도 이같은 자유권의 형태가 임금을 모욕되게 하면 이것이 잘못된 이론이다.

○ 시비(是非)를 분명히 하며 공의(公儀)를 장려하여 사람이 비록 궁색

260) 「鄭敬源文書」 19-1(9-1, 9-2)

할지라도 감히 학식이 비의(非義)에 젖지 않고 있다. 인간들의 어두운 악(惡)에 귀를 귀울리면 모든 일이 미상(未嘗) 말로 훼방과 간사한 매를 맞는 것이다.

재화(財貨) 등 일에 있어서 사람들과 교섭할 때는 사례를 참작하고 경험자의 지도를 받는다. 경험 많은 분으로부터 잘 안되는 경우를 성찰하여 새롭게 듣고 사람들의 공의(公議)를 두려워 하니 이것은 비리지심(非理之心)이라 할 수 없다.

○ 전국을 통틀어서 놀면서 먹는 사람이 없어 어떤 곳이든 업(業)이나 사는 길과는 무관하다. 부자간이라도 재산과 관련되는 일과 무관하며 친척 친구간 곡식 문제도 이같은 일이 오래 되었다. 그래서 전국적으로 사람들이 노는 것과는 무관하며 업이나 사는 길과도 무관하다. 이로써 돈을 꾸고 주는 일이 없고 학교의 판매점이 비싸지 않아 이것이 학생을 돕는 것이 되어 인재를 양성하여 사방에 반석을 닦는 자산이 되고 있다.

○ 남자는 유연하고 정성이 있으며 여자는 강건하고 교태가 있어 여자도 독서와 학문을 한다. 학교 선생님이 이를 유의하여 말(자동차)을 타게 하고 공물(工物)을 살 수 있게 하며 음식을 요리하고 가사를 정돈케 하기 때문에 거의 남자와 비교하여도 지나친 말이 되지 않는다.

아이를 낳으면 우유로 키우고 조금 뒤에는 육즙(肉汁)으로 키우면서 계속하여 고기로 키운다. 작은 유모차에 아이를 태워 나들이를 하는데 작은 천을 펴서 일광을 차단하며 그때는 옷을 입고 등에는 업지 않는다. 아이가 때에 따라 스스로 행하게 하고 매나 말로 아이를 때리거나 꾸중하지 않고 교도(教導)를 이행치 않는 습관이면 엄한 것과 위험스러운 것을 보여 주기 위하여 손바닥을 때려 징벌을 한다. 그래서 아이의 피부가 매를 맞아 병을 얻는 일이 있다고 한다. 남자의 옷은 귀천장유(貴賤長幼)가 분별이 없고 여자의 의상은 우리나라의 의상과 상련(相聯 ; 비슷)하나 띠로 매는 풍속이 없다. 옷이 땅에 끌거나 먼지가 붙어 오물과 진흙이 옷에 묻는다. 두발은 우리나라와 다르다. 다만 여자는 비기(篦器 ; 빗)를 이용하여 머리의 위로 빗어 올리는 것은 우리나라와 같다. 남자는 관제(冠制)가 우리나라와 같은 것이 하나도 없다. 조화(造花)로 치장을 하여 어여쁘게 보이도록 하고 의상의 제(制)가 여러 가지이다. 머리카락을 뜸을 놓을 때 봉(蓬)처럼 머리털을 짜르거나 구불구불하게 말아 올리거나 머리카락을 난잡하게 짤라 머리 모양을 하니 이것이 아름답게 만드는 법이라고 한다.

문을 나서는데는 물론 남녀장유(男女長幼)하여 반드시 관(冠 ; 모자)을 쓰고 문에 들어 갈 때는 관을 벗는다. 남자가 문을 나설 때는 긴 장삼(長衫 : 오버 코트)을 입고 문에 들어 설 때는 필히 장삼을 벗으며 사람을 대할 때는 예(禮)를 다 한다.

어떤 가정이든지 비록 작은 것이라도 다 차로 운반하여 마류(馬類 ; 자동차)를 빌리거나 먹을 것을 사러 가는 일이 있을 때은 마차를 이용하되 절대로 짐을 지는 일은 없다.

옷을 입고 걷는 모습이 다 군대식이다. 이것은 유럽 각국이 밤낮으로 전쟁을 하였기에 그러하다. 일제의(一製衣 ; 제복)는 수년 동안 동하복 구분이 없어 이것이 부강함을 나타내는 것이다. 여자의 제복의 역사가 남자의 것과 같아 심히 예쁘지 않으며 방에는 수화(繡靴 ; 실내화)를 신는다.

남녀가 길을 가는데는 꼭 소매를 잡고 가 사람이 많은 곳을 갈 때는 심히 번잡하여 추하다.

의복의 끝 부분이나 소매 입구에 포(布)로 희게 다는 풍속이 있는데 매일 이 풍속을 반복한다. 그리하여 몸이 정결하고 당의(唐衣)도 또한 자주 세탁을 하여 불결한 냄새가 나지 않는다.

○ 남녀장유가 낮에는 자주 나가되 진일(鎮日 ; 만나기 좋은 날)을 택하여 만난다. 집에 있을 때는 일이 있어 문을 나서기도 하고 또는 운동을 하거나 골목에서 놀기도 한다.

대개 거주하는 집은 층루복벽(層樓複碧 ; 복벽으로 된 층이 있는 집)이 마당에 없어도 안에 마당이 없는 그곳에서 달빛을 받으며 서늘한 바람을 마시면서 노닌다.

서양인들은 좋은 법(法)을 연구하여 적합하게 쓸 수 있는 물건을 만들고 국가가 그 이(利)됨을 인정하여 몇 년 안에 분점(分店)을 내어 만드는 법을 배우게 하고 연정(研精 ; 정밀한 연구)을 장려하여 사람들은 깊이 생각하고 열심히 힘을 쓴다.

○ 빗에 관한 송사(訟事)는 관리의 말을 따르지 않고 유망한 노인과 의논을 하므로 그 노인은 송사(訟師)이다. 학문과 덕망이 있는 사람으로 항상 모여서 주민들 사이에 있는 원망스러운 일들을 관리하여 송자(訟者)에게 재산을 취할 수 있도록 하니 그들은 이같이 항상 대신하여 곡식 창고를 만들어 주고 있다. 서양의 풍속에 전물(典物)이 없으면 돈을 빌릴 수 없다. 전물은 채물(債物)의 배를 부과하며 기간이 지나도 갚지 못하는 경우에 노인에게 말하면 채물을 갚은 후에 노인이 전물을 허락하고 노인이 표를 주면 법관(法官)에게 송(訟)하면 법관이 조준연후(照準然後 ; 재판한 후)에 전물을 인정한다.

○ 국제(國制)에 금주령이 없어 중세를 부과하여 술마시는 것을 억제하고 있다. 일요일만은 술 판매를 하지 않는다. 그러면서도 대개

예배일에는 일이 없어 사람들이 모여 술을 마시는 일이 많다. 유독 저자에서만 금판매(禁販賣)는 아니어서 그곳을 이용하여 급히 술을 마시고 싶어 한다. 그래서 이때는 술을 많이 마시려는 사람은 저자에서 약(藥을 ; 술) 찾게 된다. 내가 워싱턴에 도착하였을 때 이주사와[261] 술을 마시려고 하였는데 바로 일요일이나 저자에서 술을 마시고자 하니 주인이 하는 말이 과거에 이같은 일은 거의 없지만 판지사빙표(阪至師憑票 ; 허가증)가 없으니 판매를 하지 않는다고 하여 헛되이 돌아온 적이 있다. 아! 그 좋은 법을 보았도다.

【원 문】

國制 無禁酒之令 特重稅而抑之 惟日曜日 不許販賣 盖以禮拜日 人皆無事 易致群飮滋事也 惟荒肆則不禁販賣 以其荒用 爲急也 故 是日 飮酒者多於藥肆求之 余到華盛頓時 李主事如余飮 適値是日 求之荒肆 荒肆主人曰日前 有新稀 不持阪至師憑票 不許賣買 因以虛還噫 其良法美俗 亦呈觀焉

매일밤 기계와 차를 운행하지 않아 시끄럽지 않다. 일요일에는 무엇보다 더욱 시끄럽지 않아 조정의 기풍이 한배나 더 새로운 것을 볼 수 있다. 무릇 학습하는 것을 모두 정기(定時)에 끝내고 7일째 쉬니 이날이 예배요일(禮拜曜日)이다. 혹은 예배를 보러 가고 혹은 차를 타고 놀러 가기도 하고 혹은 산꼭대기에 꽃을 따러 가기도 하고 사람을 방문하여 한담을 나누기도 하여 마음에 따라 행동하고 저자(시장 ; 시가)에는 음식점과 약국만이 문을 닫지 않는다. 매일 진시(辰時)에 종이 울리거나 청머구리가 울어 시끄러운 소리가

261) 이승수를 지칭한 것이다.

들려 백공(百工)이 일을 하여 사람들이 모두 점심식사 때까지 이르니 오전이오, 신시(申時)가 되어 백공이 다 퇴근하는 것이 평상시에 이러하니 생각하고 일어나고 돌아오는 것이 명확하여 감히 어김이 없고 일에 따라서는 노동이 달라 노동이 오래 걸리는 것도 있어 노동의 종류가 똑같지 않다.

○ 백공의 일이 다 집행이 된다. 비록 손으로 뻣뻣한 철공(鐵工) 일을 하더라도 치문(治門)을 할 때는 문일을 하고 난을 기를 때는 난을 기르고 작은 일이 진행이 안되더라도 여러 사람의 손을 거쳐 해결되어 노력한 공이 커 완벽한 법으로 해결못한 부끄러워 하는 일이 많지 않다.

○ 모든 제도가 좋지 못한 옛날의 제도를 택하는 것은 없다. 수시로 변통(變通)하여 백성들을 편하게 하고 불편을 고쳐 나간다. 편리한 새로운 법 즉 정부가 장(章)을 만들어 신보국(新報局)을 통하여 발간함에 일정한 모양새를 갖추어 사인(使人)으로 하여금 알리도록 한다.

○ 정부의 소비와 개인의 소비를 모두 월간(月刊)으로 만들어 사민(使民)으로 하여금 그 쓰임새를 알리는 고로 국가가 쓰는 경비를 사람들이 모두 자기의 일로 알고 국가의 이(利)라고 하여 달리 생각하지 않는다.262)

○ 정치 풍속이 난치(亂治)를 해결하는 것이어서 국내외로 즐거운 일뿐이다. 사람이 쓸 재산이 없으면 재리(財利)로 생활 할 수 없다. 비록 부자 부부 형제라도 재용(財用)은 각자가 해결하여야 하므로 함부로 재(財)를 주고 받고 하는 일이 없다. 자신의 재산으을 자신의 힘으로 늘려야 하며 사여증송(賜與贈送 ; 증여)하는 것은 벗어

---

262) 「鄭敬源文書」 19-2

나는 것이라고 생각한다.

부자형제가 재산을 주고 받지 않으므로 업(業)을 얻지 못하면 먹는 것이 몸의 자산이다. 그래서 감히 태만과 타성의 습성이 없어 소위 척토(瘠上 ; 척박한 땅)의 백성이라도 그것이 옳다고 생각한다. 이것은 의식이 부족하고 도움 받는 것을 넘겨다 보지 못하므로 사람마다 선량한 마음이 울어나지 않아 그러하다.

○ 풍속이 재리(財利)에만 치중하여 부를 우럴어 보고 가난한 사람은 천하게 본다. 이러한 풍속은 사기와 허위를 좋아 하는 것이 되므로 유망한 노인은 의논하는 분위기를 만들고 순포(巡捕)는 법을 어기는 것을 바로 잡고 호조(戶曺)는 관(官)을 성실히 감독하고 형부(刑部)는 범죄자의 감옥을 감시하여 사기와 허위를 행하는 것을 용납하지 못하게 한다. 그래서 사기의 무리가 그간에 용인을 받지 못하고 세(勢)를 얻지 못하여 식업(食業 ; 생업)에 신의의 문제가 발생하니 이는 이 나름대로 치세(治勢)의 어지러움이 있다. 인품의 고하와 사리의 당부(當否)가 다 이해관계에 놓여 있다. 이해문제에 투명한 후에라야 인의(仁義)라 한다. 공법(公法) 즉 소위 응유지권(應有之權 ; 의무)과 응수지권(應守之權 ; 권리)을 구분하여 국가의 이해를 추정하여 일신(一身)의 행동을 취하는 등 이해문제에 대하여 심사숙고한다. 이러지 않은 경우는 소위 사단(四端)을 감정적 관점에서 본다.

지혜가 깊은 사람이 상등인(上等人)이다. 그런데 충효신앙(忠孝信仰)으로 몸을 잊고 의(義)를 따르는 자는 처음에는 그 이름이 알려지지 않는다. 학교는 기본적으로 혜안(慧眼)을 발하여 힘을 쓰고 신보(新報 ; 신문)에 보도되는 근징(勤懲)의 법을 널리 보고 인식함을 근본으로 한다. 혜안을 발하여 선악을 분별한다. 식견이 넓어

지혜가 깊다. 그러나 한편 지혜가 악(惡)의 이(利)가 되면 그것은 선(善)의 이가 아닌 고로 이를 실천하지 못하고, 잠간의 이는 길고 오래 계속되는 이가 아닌 고로 안으로 받아들일 수 없어 진실로 나라의 법을 범하지 않고 그간 내행(內行)을 착실하게 행동하려는 생각에 대하여서는 부족하다.

○ 내행이 부정한 집의 사람이 자유권을 가지면 몽매와 압력과 핍박의 환(患)이 되어 아버지는 자식을 가르치지 못하고 여자는 남편과 이별하여 사인(使人)과 같이 도행(道行)을 행하지 않아서 가족들에게 이로운 것이 없다. 교사가 회(會)를 열어 교당(敎堂)에서 연설하고 가로에서 지도하여 선악관상지사(善惡款湯之事)가 자신에게 문제라고 알면 천신(天神)이 알아 줄 것이니 이에 사람들은 겁을 먹고 감히 벽지심(僻之心)을 갖지 못하게 되니 이같은 방법을 쓰면 대체적으로 나라 사람들은 옥돌과 같은 법을 지키고 인(仁)으로 의(義)를 행하고 충(忠)을 좋아하게 되며 이렇게 되어서 아무 문제 없는 즐거운 것이 되고 있다. 그러나 이러함을 부정하는 사람도 있다. 즐거운 법은 관중(管仲)과 상앙지술(商鞅之術)에 합당한 것이라고 생각한다. 이에 서양의 일백년전쟁과 연결하여 보면 백성이 도탄에 빠지고 성인의 도(道)가 유지되지 않아 인인지사(仁人之士)가 고민하여 자유의 말씀을 만들어 깨닫게 하는 것이 그러한 예이다.

미국은 개벽(開闢 ; 천지가 처음 열림 ; 역사)이 오래지 않아 지기(地氣)가 펼치지 않아 현명한 대책이 있어야 하고, 지혜와 어리석음이 심각한 바가 있어 설시방략(設施方略)이 잘못된 방향으로 수행과정이 이루어져 시설을 엄히 잘 하고 다스림도 잘 하여 나날이 변하였으나 어여쁜 모습이 보이지 않더니 날이 갈수록 달라져 당우(唐虞) 3대의 번성을 누리는 것 같다. 이러한 중에 우리들은 미국의 충효인에 대한 말을 들을 수 있게 되었고 이를 경탄하는 사람이 많아 우리나라도 이를 숭상하는 폐단이 있다고 말을 하는 것은 올바른 견해가 아니다.
당시 가정풍속을 보면 여자는 바람을 피워도 남자는 재취(再娶)를 선듯 결단하지 않았는데 그 금(禁 ; 制止함)함이 이완(弛緩)하여 풍속이 여자는 귀하고 남자는 남편으로써 천하였다. 가주(家主)를 친척(親戚 ;가족) 표(表)로 삼아 풍속을 개선하고 유산이나 주는 물건은 균등하게 나누어 주니 실로 이는 천리(天理)의 이치이다. 중화의 풍속을 따르는 것 같은 느낌이니 이같이 훌륭한 풍속은 어디 있을가?[263)]

○ 서양 사람들은 일을 할 때는 대중 앞에서 선서를 하니 그 풍속과 관습과 기습(氣習 : 풍습)이 춘추시대(春秋時代)와 비슷하고 모든 표본이 되는 진한시대(秦漢時代) 이후와는 같지가 않다.[264)] 서양 사람들이 예수를 성인으로 받들고 있다. 예수를 성인으로 받들고 있으면서도 사람중에는 성인을 인식하지 못하는 것은 괴상한 사람이 아니라고 생각한다. 예수는 서양의 묵자이다. 전국시대에 유묵(儒墨)이 병칭하였다. 맹자가 일어나 묵자의 학설을 압도하여 버리니 뒤에 묵자설이 없어지고 말았다. 이를 미루어 보면 유럽은 나라의 문을 연 뒤에 성인과 영웅이 없어 빛나는 순박한 기상이 흩어진 고로 우수한 영웅의 재주가 한 사람에게 편재하지 않은 것인가?

【원 문】

西人 臨事行立誓告衆 究其風俗氣習 近於春秋列國時代 不似秦漢以

263)「鄭敬源文書」19-3끝
264)「鄭敬源文書」7-1

後世也

西人 以耶蘇 爲聖人 彼不識聖人 無怪以耶蘇爲聖人 耶蘇 卽西方之墨子也 在戰國時 儒墨 並稱 乃孟子起而闢之廓如故 後世無述焉 由以觀之歐洲開荒以來 無聖人 亦無英雄 其人者 豈其輝樸之氣不散故清秀英特之才 不偏萃 于一人歟

○ 중국은 풍속의 기수(氣數 ; 기원)가 진한시대 이전으로 올라 간다. 지난날 동동보(凍同甫)가 논난(論難)을 폈으나 주자가 이를 부정하여 이로써 잡왕패(雜王覇)는 점점이 쇠를 박아 놓은 꼴이 되었다. 그래서 3대(진한 이전)는 모두가 순수한 논리가 바르게 전개되었다. 진한 이후로 패술(覇術)이 잡다하여 전적으로 지력으로 새는 것을 미봉보충하여 가히 괴상한 것이 많았다. 그러면서도 진나라의 개제(改制)가 한(漢)나라에 이어져 2천년이 흘렀는데 패술에서 헤어나지 못한 것은 어떤 연고인가?

그 원인의 하나는 존군억신(尊君抑臣)하는 것이 아첨하는 분위기로 되어 있고, 둘째는 시서(詩書)를 금하여 검수(黔首 ; 백성)를 어리석게 만들고 부모를 섬기는 풍속이 지금의 세상에 분명히 존재하지 않기에 그러하다. 영웅의 이름은 진시황이 정치를 하면서 백성을 이롭게 하는데 위압적이어서 이것이 세(勢)를 이루어 감사할 사람에게 감사하는 것이 완고하고 둔하여 부끄러워 해야 할 사람이 오히려 우뚝 서서 그 세를 이루니 누구에게 말도 못하는 고로 뒤에 가서 누가 인자(仁者)라 할 것이며 누가 잡(雜)된 행위를 도모하는 자라고 하겠는가?

○ 군주의 독재국은 독재자가 나라의 백성은 심히 비굴하여 법을 만들어 놓아 자유를 허락하더라도 그 자유를 준수(향유)하지 못한다

라고 말한다. 모든 정법(政法)에 있어서 민심(民心)은 백성에게 있는 것으로 되어 있는데는 이론(異論)이나 지론(止論)은 없다고 한다. 지배층이 다시는 백성을 위압하지 않고 소민(小民)이 성숙한 단계에 이르러 이를 따르게 되어 민심이 민중에게 이르러 이론이나 지론이 없은즉 독재가 자유의 존재가 되어 버리는 것이라고 한다. 백성이 임금을 오로지 부모로 보아야 하고 공화국이 아닌 정치에 대하여 임금의 한(恨)(공하국이 아닌 국가형태로 임금을 괴롭히는 것)은 세상에 있을 수도 없다고 한다.

○ 공화정은 다 의원(議員)에 의하여 일을 수행하고 의원이 논의한 것은 백성들의 마음의 요지(要志)이며 이를 시행한다는 것은 중인(中人)이 의논한 것을 시행하는 것이다. 이같은 정부는 가위(可謂) 중인정부(中人政府)라 할 수 있고 요순 치세이고 낙(樂 ; 遊興)이 직설(稷卨 ; 농사 시작)로 바뀐 뒤라야 가위 고등정부라한다. 우리나라의 제도는 대신(大臣)이 의정(議政)하고 육조가 행정하고 헌부(憲府)가 사법을 관장하니 이것이 삼대제도(三代制度)이다. 이로써 인재를 발굴하여 그 임무를 다 하게 한즉 공화정을 하고 있는 나라라고 할 수 있도다.[265]

【원 문】

共和之政 皆由議員 議員之議 要合衆心究之 所施行者 特中人之議耳 是可謂中人政府 不可謂高等政府 夫堯舜 在上 樂變稷卨 在位然後 始謂高等政府

265) 정경원은 우리나라는 대신(의정) 육조(행정) 헌부(재판)의 3대제도에 바탕을 둔 공화국이라고 생각했다. 정경원은 근대국가의 입법 사법 행정의 산권분립의 개념이 부족한 사람이다. 그러기에 그는 우리나라의 정체를 오인하고 있었다.

如我國之制 大臣 議政 六曺 行政 憲府 緝政 以卽三代之制也 果能得其人而專其任則豈共和政取 能及哉

○ 영국제도는 왕이 죽으면 왕비가 오만하였던 지아비를 받아들여도(용서하여도) 괜찮다고 하니 너무 추한 일이다. 영국인들은 하민(下民 ; 하원)에서는 왕이 전제를 하는 날(집무하는 날)이라도 왕은 후회와 거만과 경멸의 마음을 갖지 않으며 지배층은 행정에 평상시의 교제(交際 : 볼일)에 특별한 권리가 있다고 생각지 않는 특이한 계층이다.

【원 문】

英國之制 王 殂則王妃 雖再納贅夫 無妨 醜之甚者
英人 於下民 雖君主專制之日 未嘗有侮 慢輕蔑之意 座族 行政事 自有特異之權而平常交際 未嘗視爲別種

○ 천하에 귀한 자로 태어나지 않아도 반드시 공(功)이 있고 민중의 공경을 받은 후에 민중의 장이 되니 이같은 것은 당연한 사실이다. 그러한데도 만약에 세손세자(世孫子弟)가 가문에 명성을 갖게 하고자 부형이 갖고 있었던 세(勢) 있는 자리의 오만심을 모방하여 어지러운 행동을 자행하고 향곡(鄕谷 ; 고향)에 까지 무력을 행사하기에 이르는 일이 흔히 있으니 이는 조상에게 죄를 짓는 것이요 국가에 위해를 가하는 것이로다.

【원 문】

天下 無生而貴者 必有功鹽 爲衆所敬服然後 爲衆人之長 亦情理之當然也 若夫世孫子第 籍門戶之名 席父兄之勢 敖然自負 騷逸成風 甚

至於武斷鄕谷 無所不至 獲罪於祖先 貽害於國家 噫

사람은 근검(勤儉)을 우럴어 보면서 힘을 쓰고 청간(淸簡 ; 간단하고 명료함)하여야 함이 중요하다. 사람은 맑으면 탐욕이 없고 간명하면 번민이 없어져 재원(財源)을 공개하며 공익을 베푸는데 그렇게 어려운 것은 아니다. 기호(嗜好)가 많으면 재용(財用)이 항상 메마르고 조석(朝夕)에 따라 법제가 다르면 이것은 있을 수 없는 것이다. 그러므로 청간은 숭검(崇儉)의 요체이며 이러할 때 옳다고 할 수 있다. 이러할 때 100일 검소생활을 하였더라도 1일 검소생활을 하지 않는다면 100가지 일에 검소하였더라도 한가지 일에 검소하지 않은 것에 비(比)할 수 있다. 이는 100일 검소하지 않으며 100가지 일에 검소하지 않음과 같다. 그러나 앞으로 검소한 생활을 한다면 위대한 것이다. 이는 돈에 집착하지 않는 것이라고 할 수 있다. 그러므로 이익이 없어도 일전(一錢)을 아까워 하고 이익이 있어도 만금(萬金)을 좋아하지 않는다. 충(忠)이 항상 밝음과 검소에 있다면 충은 반(半)이나 달성한 것이다.

○ 서양인들은 말하되 화리(貨利)는 지력(智力)을 발(發)하고 인심은 화재(貨財)를 갖고 싶어 하는 고로 인심이 화재와 더불어 항존(恒存)하고 있다고 한다. 인간은 옛부터 본래 비단옷과 채식을 하였는데 오늘날에도 똑같이 견의(絹衣 ; 비단옷)와 육식을 추궁하니 추궁하는 것은 동일하나 이는 오늘날 사람이 살아가는 정도가 옛과 동일한 것이 아니다. 그러므로 옛법으로 살아야 함이 옳다.

영국은 왕공(王供 ; 국고지원)이 억일백구십이만오천원(億一百九十二萬五千元)이다. 축재(蓄財 ; 저금)로 충당하고도 남용하여(돈을 사용하여) 입법(立法)을 하는데 돈을 써 돈을 보충하여야 할 데가 많이 있다. 오스트리아 황제는 부(富)와 사치가 영국 여왕의 5배나 된다. 그래서 황족(皇族)은 갑옷이 구름과 하늘까지 쌓여 있고 금은주옥이 사람의 눈을 현옥하게 하나 소민(小民)은 빈천한 집에 살고 있다. 국계(國計 ; 재정)가 궁핍하여 나라빚이 많고 지폐를 남발하여 백성들에게 신용을 매일 잃어 가고 있다.

【원 문】

泰西人 有言 貨利 發智力 人心 殖貨財故 人心 必與貨財進退 古之人 錦衣菜食而窮 今則絹衣肉食而窮 窮則爲一而生計之度則今進於在未可 以古律今而已

英 王供 億一百九十二萬五千元 以積蓄財在充之 尙然有濫用 立制司計總筴 以充一地羸 餘

奧帝 富侈 比英王五倍故皇族 甲第 連雲宵 金銀珠玉 眩人目而小民貧窶殊甚 國計 屢告窮匱 國債之多 紙幣之濫 每之失信於人

동리에 꼭 공원이 있는데 초목과 꽃이 있어 사람들이 아침 저녁 휴식하며 노는 것이 동양 사람이 각자가 혼자 놀면서 외부인과 접촉하지 않는 것과 다르다. 도부(都府 ; 도시)에는 동물원이 있어 유람을 함께들 하니 사람들의 마음이 고동하여(움직여) 어른과 아이들의 지력(智力)이 발휘되어 주변 사람들에게 영혼을 부르는 시(詩)가 삼림속 눈앞에 있다.

서양은 인주(人主 ; 왕)가 예(禮)로써 신하를 접(接)하지마는 신하가 왕을 무례하게 보므로 치욕과 분노와 번민이 많아 상한 마음을 보상받으려 한다. 우리나라는 사족(士族)이 평민을 대할 때 모욕과 오만이 없어 사람의 도리를 그르치지 않는다. 습속이 상반적이다.

반대로 우리나라는 반상(班常)의 구분이 있어 군신간의 의(義)로 얽혀져 있다.

○ 올바른 인간 사회의 제도는 천자는 말을 많이 하지 않으며 제후(諸侯)는 이해관계의 말을 하지 않으며[266] 나라에 왕이 있으면 소와 양을 먹지 않으며 올바른 신하는 닭과 돼지고기를 먹지 않으며 총명한 관리는 돈을 따르지 않으며 대부(大夫)는 나라에 상처를 주는 일을 하지 않으며, 선비라면 이(利)를 부끄럽게 여겨 백성과 같이 업(業)을 다투지 않으면서 평소에 근검하여 행군을 하는데 말을 나라에 바치고 도둑을 잡는데 말을 공마(公馬)로 바치고 공화(公貨)를 귀하게 쓰이도록 하고 가화(家貨)는 공용(共用)으로 바친다. 이같은 말을 듣고 지도자가 백성들 사이의 천민을 잘 다스리면서 끌어가니 후세에 선정(善政)을 하는 자라도 이를 따르기가 힘이 들어 한다.

○ 삼대지성(三代之盛)에 교법(敎法)이 크게 구함 바가 있어 사람은 8세에 소학(小學)에 입학하여 글과 지혜를 배우는 것이 가정에서 장유(長幼 ; 지란 이이)의 도리로써 해야 할 일이나. 동리에 숙낭(塾堂), 태학(太學), 서국(序國)(학교)에서 배워 인재가 배출되는 효과가 있다. 설립의 취지가 근사(近似)하여 근검한 행동이나 고쳐야 할 일이나 곡예가 이에 해당한다. 3번 설(說 ; 말)에 일선(一善)하면 이 사람들이 한 무리를 이루게 되고 배우는 이들이 여러 무리로 나누어지면 모두가 다 공(功)을 이루어 부득불 무리를 뛰어넘어 교학(教學)이 이루어진다(수학한 후에 졸업이 된다). 대개 8세에서 13세에 소학에 입학하고 15세에서 20세에 대학에 입학하여 재주에 따라 배우고 그렇지 못한 자는 농촌으로 들어가 사농(士農 ; 선비나 농민)이 된다. 선비는 꼭 양성을 하는데 의복과 부대와

266) 「鄭敬源文書」 7-3

양식을 40세까지 데준다. 그간 25년 사이에 한 마음으로 공(功)을 닦아 녹(祿)의 이익에 물들지 않게 하는 마음을 갖게 만들어 나라의 인재가 많아지고 부운(父運 ; 부모 세대의 운명)이 좋다. 그러나 이 같은 올바른 사회가 쇠퇴함에 학정(學政)이 폐퇴하고 진초(秦楚)가 다투어 선왕의 좋은 제도가 쇠퇴하여 마음이 상하여 볼 수 없도다.

○ 태서학(泰西學 ; 서양학)에서 정치는 법으로 행하는 것이다. 만약에 서양의 한곳에 동양 선왕(先王)의 법을 적용시키면 아름답고 좋은 제도가 만들어 질 수 있을 것이다.[267] 서양학이 사환(仕宦)의 길이나 의법(醫法)의 길이나 교수(敎授)의 길을 이루는 것이 있어 기예를 익혀 의식의 길을 업(業)으로 삼는데 이미 혼인할 몸이 아니더라도 고무진흥이 되고 있다.

【원 문】

泰西學 政有呈法者 若能所吾先至之法 參酌變通則可爲盡美盡善之制矣 西人學 成 有仕宦之路 有議法之路 有敎授之道 至於百工技藝 業成則有衣食之路故孳之不已 鼓舞振發

우리나라의 소위 사부(詞賦)는 원래 정치와는 상관없고, 아동들이 사부를 공부하지 않고 바빠지도록 과거의 길만 찾아 다니다가 그길을 찾지 못하면 아사(餓死) 지경에 이른다. 그러나 (과거의 폐단으로) 나라에서 과거에 사부를 부과하는 의도(정책)는 사부를 사랑하는 사람들에게 얼마만큼 보탬이 될가? 5백년간 생각하고 생각한 것인데도 그답을 얻지 못하였도다.

○ 중국 음악이 인도에서 전래되었다는 말이 있다. 황제(黃帝)가 사람

267) 「鄭敬源文書」 7-4

들에게 명령하여 해곡(嶰谷)에서 음악을 들여 오니 해곡은 인도의 북쪽에 있는 곳이다. 황제가 대나무로 쉽게 만든 적(笛 ; 날라리)에 대한 소문을 들었던 것이다. 역시 서양음악도 인도에서 전래되어 적으로 악률(樂律 ; 곡조)를 조율하니 세계의 악률의 바탕은 같다고 할 수 있다.

【원 문】

或日中國音樂 本自印度傳之 如黃帝 命伶倫 取竹嶰谷 嶰谷 在印度北 帝盖聞知其竹之宜笛也 泰西樂 亦自度印傳之 以笛 爲樂器之本 樂律 一以笛 調之 盖萬國 無不一揆也云

○ 글을 지어 신문 잡지로 판을 찍어 내는 것은 원래 매매를 하여 이득을 얻는 의도인 것으로 많은 사람들에게 식견을 넓혀 주고 공의(公儀)를 넓혀 준다고 하나 서양 풍속 정치에 맞지 않다.

○ 보물과 진기한 화폐가 있으면 기이한 미술을 관람하는 것을 사람들에게 자랑함을 좋아하는 사람의 말을 듣는데 이는 동양인이 진귀함을 비밀로 전수하는 풍속과는 다르다. 대개 사람의 물건은 내가 분별할줄 아는 고로 절대적인 노력의 념(念)으로 재주와 지혜를 짜서 시샘하지 않는 분위기 속에 박람회가 있으면 관람하고 서로 앞을 다투어 배워 앞으로 점차적으로 진보하면 이제 천하 각국의 기기 물품이 서로 다름이 있어도 다 존재가치가 있도다.

【원 문】

凡有寶物珍貨 好誇人觀覽奇技美術 好向人教授 不似東人 秘傳自珍而已 盖人之物我 分然故絕與奪之念 才智相勵故 無猜忌之風 至於博物有

觀 博覽有會 相學進步 漸此上進 今天下各國 機器物品 幾何相敵 盖有於此爾

○ 영국의 제도는 국왕의 임무수행에 대한 시비를걸어 책임을 묻고 있다.[268] 난(亂)을 당하든지 난을 일으키게 되면 왕을 바꾸지 않거나 바꾸는 경우가 발생한다. 왕을 바꾸게 되면 그 방향으로 상황이 바뀌어진다. 새로 선임되어 왕이 된 자는 왕의 정치에 대하여 간단히 그 상황을 해결한다. 나라의 당파도 모여서 왕과 다투지 않으며 왕이 최고의 할인(割人 ; 조정자)이 되어 말을 조심하고 일을 화평스럽게 처리하므로 정체(政體)가 확고하여 움직이지 않는다. 국가에 해(害)가 많지 않으면 왕은 필히 당파에 입당하여 백성들을 다스리게 되니 이보다 더 좋은 것이 없다고 할 지어다.

○ 서양 여러 나라는 왕의 집은 왕의 사유물이다. 폐하도 가사(家事)를 돌본다고 한다. 그러므로 왕이 헌법을 지킨다면 사치나 태만한 행동을 하더라도 불문에 부친다.

○ 미국의 제솔(制率 ; 외교관 관리 체제)은 1등공사를 파견하지 않았다. 또한 미국의 1등공사를 받은 나라도 없었다. 금년봄에 비로소 각국이 1등공사를 파견하는 것을 결정하여 파견되어 오는 공사는 1등공사가 보빙사(報聘使)이다. 각국중에서 영국이 먼저 1등공사제를 만들었으나 공사가 부임하지 않았다. 그러나 법국(法國 ; 프랑스)이 1등공사제를 만들어 미국보다 먼저 이 제도를 사실상 실행하였으니 차서(次序)로 미국이 1등공사 제도를 실행한 셈이다. 그런데 법국 공사가 미국에 왔으나 대통령이 지연하여 보지 못하였으나 부임하지 않았던 영국 사신이 와서 기다린 다음 접견을 하였다.

268) 「鄭敬源文書」 7-5

접견이 끝난 뒤 이에 대하여 법국이 하는 말이 "법국 공사는 대통령의 접견이 어려웠으나 꽤를 써서 뒤에 가서 접견이 되었다." 라고 하였다. 그러므로 결국 대통령의 접견이 된 셈이다.

【원 문】

美國制率 不遣一等公使故 亦不受一等公使 今年春 議定各國 以一等公使 來者 以一等公使 報聘於是 英國 首生一等公使 公使未及至 法國 生一等公使 經先至美 盖公使位次 以先後 序故也 法使至 大統領故遲之不見 待英使至 接見然後 見之曰法 用詭通故 後見之耳 大統領 可謂得體矣

○ 서양인의 풍속은 무릇 학교를 졸업하면 정법(政法) 의교(醫教 ; 의술) 농공상무에 종사케 하여 각자가 전업(專業)이 있고 근무하는 회사가 있다. 차공(車工 ; 車工業)의 경우 바퀴 맡은 자는 바퀴에만의 일에 종사하고 수레를 맡은자는 수레일에만 종사하여 서로 간섭하지 않고 오로지 교(巧)를 살려 업(業)을 전문화하고 이득이 많이 생기도록 하여 그 복(福)이 많고 영화가 넘치고 있다. 그런데 우리나라의 풍속은 오기(五技)의 우수함이 잘 쓰이지 못하고 그 폐단이 실역(實易 ; 실무)에 통하지 못하여 매일 형편이 궁색하다. 가장 먼저 당장 급한 것은 정부에서 방도를 세워 백성들로 하여금 정부를 믿도록 하는 것이며, 철광 석탄광이 요망되게 하고 금은화폐의 폐단을 없애는 것이다.

○ 무릇 안(案)이 이루어 지고 공장(工匠)에 대한 업(業)을 배운 다음에 휴식을 취하는 것은 시간이 정하여져 있다.[269] 진시초(辰時初)에 일

269) 「鄭敬源文書」7-6

을 시작하면 오후에 휴식하고 신시(申時)에 바로 일을 끝낸다. 매7일에 휴식을 하나 이날은 마음놓고 놀지 못한다. 물론 한가로와 병이 없으며 마음이 한가로와 폐(廢)될 것이 없다. 매시마다 시계가 울리고 청머구리가 울며 늦게끼지 저자에서 날아다니고 하여 집으로 돌아 가니 때는 분명하여 길에서 노는 사람이 적다. 그런데 나중에는 유인(遊人) 마차가 더듬 더듬 달리며 노래와 현(弦)의 소리가 동리에서 들리며 교외에도 그러하니 그 기상이 역력하다.

○ 인가(人家)의 남녀 7세 이상은 다 초등학교에 들어가서 글을 배우고 노래를 잘 하고 춤을 잘 추어 비록 어린 아이도 모두 무용을 하고 노래를 부를 줄 안다. 그래서 일요일에는 음식점이나 음악사(노래방)도 문을 닫지 않는다.

○ 미국은 봉급이 적어 대통령이 1년에 불과 5만원이요 외무장관은 불과 8천원 밖에 되지 않는다. 워싱턴이 앞장 서서 뇌물 주는 것을 허용하지 않았기에 금일에 까지 수뢰하는 풍속은 없다. 옛날부터 오륜(五倫 ; 마차)이 넓고 깨끗하여 시간이 부족하여 어려움이 많은데도 사람을 태우지 않는 법은 없다 하니 그것이 인간을 위하는 길이라는 것을 알 수 있다. 사람이 고향에 가서 천리나 되는 길을 말(차)을 타고 와야 하는 일이 있어도 그 사람을 잊지 않고 태워 오게 한다고 하니 이를 보면 뇌물의 풍속을 막지 못하면 천하의 일은 되는 것이 없을 것임을 알 수 있다.

○ 당우시대(唐虞時代)에 관(官)이 100이나 되었는데 미국도 또한 관이 많음은 마찬가지이다. 미국은 대관(大官)이 모두 7인이요 그밑의 부관은 여러 사람이 있다. 병자년(丙子年) 가을에 강빈 이규(江賓李圭)가 외부로 비대신(費大臣)을[270] 만난 적이 있는데 그의 공사

270) 대신은 장관을 의미한다.

(公事)는 빠르게 간단하고 번거롭지 않으며 용인(用人)은 많지 않으나 일은 충분히 해 내어 봉급은 많고 박(薄)하지 않다고 한다. 일이 간결하고 쉬우면 명석한 사람이 적어도 일을 잘 처리하므로 봉급이 후하여야 한다는 생각이 드는 것이다. 내가 어떤날 외부에 가서 거대신(巨大臣 ; 巨來三 : 국무장관)을 만났는데 일을 꼼꼼히 처리 잘 하고 시간을 잘 이용하여 외부의 번거로운 일이 없는 것이 마찬가지인 것을 보았으니 그것이 미국의 법이다.

○ 우리나라의 예(禮)는 의상과 차마(車馬) 및 일체 주어지는 물건과 궁보(宮寶)가 다 규정을 갖추어 상하를 분별케 하여 백성들로 하여금 예의를 지키게 한다. 미국의 풍속은 의복에 등급의 차이가 없고 차와 궁보가 또한 차이가 없다. 공화정치는 군신상하가 분별하는 고유한 일로 방탄과 사치를 하지 않으니 어찌 잊어 버릴 풍속인가?

○ 성호 이익이 당우 이전에 사변이 많이 발생하였고 문학이 극히 번잡하여 두 번 보고 세 번 모략하는 것이 극에 달하여 입을 열어 말을 하지 않는 자는 보이지 않더니 요순 이전에는 이와 같지는 않았으리라.[271] 미국 풍속대소가 어찌 이와 비슷하지 않는가?

○ 서양은 각 항목의 세액이 심히 무거우나 비록 사치한 물건에 징세하는 것은 소홀히 하고 있어 세금 부과하는 정책은 요원할 뿐이다. 그러면서도 미국은 다른 나라에 비하여 세액이 아주 가벼워 정치는 평화롭고 풍속은 온후하니 유럽과 아프리카인들이 이곳에 이민오려고 한다.

○ 미국인은 개인의 자유가 있는 고로 각자가 국가에 책임을 다 하고 있다. 즉 각지에서 나오는 세금으로 학교 병원 도로 경보(警保) 등 국가내 각지에 쓰고 있다. 각지의 인민이 스스로 자치하여 정부에

271) 「鄭敬源文書」 7-7

일깨워 주어 사무를 보도록 하여 관리가 활발하게 행동하지 못하여 나라가 시끄러워 지는 일이 없다.

○ 미국은 금은철이 지역에 따라 다르게 돈으로 통용되고 있어 돈의 액수 표시가 편파적이고 불공평하여 미국내에서 통용에 있어 항구통상에 장애가 많아 활성화 되지 못하여 외국인에게는 둔한 언덕이 가로 놓여 있다고 말하고 있었던 것이 오래 되었다. 금년 여름 남북 당쟁론이 있어 최상의 좋은 것을 택하는 것으로 정책이 결정되었다.

○ 영국은 정권을 모두 하원이 쥐고 있어 정부의 출납비가(出納費)가 하원 의결에 달려 있다. 내각 수상이 전적으로 나라의 회계를 하여 그 쓰임의 용도를 적어서 국가의 회계를 밝힌다.

○ 유럽에서는 권농회사 법인(勸農會社 法人)이나 농업박람회를 열며 광산학교가 있어 토질을 분석하고 살펴서 수십년래에 전국 토양을 정확히 알게 되고 책을 발간하여 이에 나라에 새로운 정보를 갖게 한다.[272)]

【원 문】

歐洲 有勸農會法人 又有農業博覽會 又有礦山學校 分析土質 熱別土宜 數十年來 驗明全國土壤 圖書壁上 發行新聞云

○ 고금의 경야지법(經野之法)이 옛날의 정전법(井田法)과는 다르다. 정전(井田)이 파괴된 것을 회복하지는 못하나 고금의 정전법을 참작하여 그 통용을 변화시키는 것이 일반적이다. 정다산 약용(丁茶山 若鏞)이 우리나라의 예초본(禮草本)과 전장제도(典章制度)가

272) underline은 필자가 친 것이다. 정경원은 유럽의 농업 박람회에 대하여 인지하고 있었다는 것을 알 수 있다.

조리(條理)가 있어 이것에서 많은 것을 취택한 일이 있다. 그러나 정치가가 정치를 잘못하여 이같은 전통이 없어지고 있다.

○ 서양인들이 사용하고 있는 수지법(水之法)은 운하를 이용하고 혹은 기륜(機輪)을 이용하는 것이다.[273] 우리나라는 중농을 으뜸으로 하고 있으나 가뭄이 그칠날이 없다.

제언(提堰)을 수축하여 복구하여야 하며 또한 큰강 상류에 통(筒)을 묻어 물을 끌어들여 한곳으로 보(洑)를 만들어 모이게 하거나 윤(輪)을 돌려 물을 끌어 들이면 효과가 크다고 생각한다.

○ 도로를 고치지 않아 도로에 대한 나라의 정치가 어지러울 때에는 서양인들이 열심히 도로에 대한 일을 하니, 그 정성이 가히 착하고 아름답다고 글로써 표현하고 싶다. 무릇 시사(市肆)에 가옥을 건축할 때는 도로의 규모를 넓고 길게 하여 우물 장치를 만들어 놓는다.

○ 옛날에 성인이 만든 공지정(工之政)이 효과가 있어 공(功)이 없으면 이에 대하여 벌을 받는다. 관(官)이 공이 있고 족(族)이 세습하여 많은 공(工)의 정치를 장려하지 않은 것이 없고 나라가 백성을 동요케 하거나 태만하게 하는 일이 없다. 특히 공(功)을 들이려고 애를 써 사회의 사치의 근원을 밝히고 있다. 그러나 뒷 사람들이 그 사치의 근원을 알지 못하여 적당히 국면(局面)을 벗어나려고 공업(工業)을 논하지 않고 사람들이 사치에 몰두하여 정치가 모두 유약하고 궁색하다. 공업이 중요한 것이니 가히 이에 준하여야 할 것이다.

○ 서양인들은 공업을 산골과 언덕에서 한 것이 오래이다. 낮에 일을 끝내고 아버지에게 글을 배우니 전연 궁색한 모습이 보이지 않는다.

○ 우리의 법속은 농업을 중시하고 상업을 천시하여 이(利)를 얻으려

---

273) 「鄭敬源文書」 7-8

하니 이는 잘못된 기(技 ; 방법)이다. 서양인의 법속은 상업을 으뜸으로 중히 하여 부강안녕에 이르러 그공이 크다. 시속이 모두 같지가 않고 그 제(制)가 다르다. 동양의 법속은 정세계(靜世界)이며 서양의 법속은 동세계(動世界)여서 기(氣)가 많이 탕진되어 자정(自正)의 능력이 없다. 그러나 미국은 보건데(워싱턴 부근) 모두가 농가로 일어나서 사업을 이루었는데 근일(近日)에 이르러서는 사람들이 바라는 바가 모두 학문에만 있어 부유한 상인이 큰 장사를 하는 것이 없으니 역시 이는 잘못된 것이다.

○ 우리나라는 풍수지리설(風水地理說)이 크게 좋지 아니하여 사람의 집이 산재하여 촌락을 이루지 못하여 성자(공자)를 모시는데 도움이 되지 못하고 학교는 그 설립이 마땅치 않고 산소는 산언덕에 편재(遍在)하여 그 자손들이 성묘를 하지 못하여 사송(詞訟)이 계속 발생하고 있다. 숲이 날로 성(盛)하여 금은 석탄 철광을 개발하지 않고 있다. 그 잘못된 것을 고쳐야 한다.

○ 미국의 제(制)는 가옥을 건축하여 관(官)을 통하여 매매하며 장지는 집이 있는 지역에 있어 장례는 산지(散地)를 허락지 않고 숲과 목축에 세금을 거두어 들이니 백성들은 부(富)하여도 번민이 많다고 할 수 있다.[274] 우리나라의 제(制)는 이같은 일이 없어 낙원의 나라이니 백성들이 근심에 쌓일 일이 어찌 있겠는가? 근심이 있다면 당연히 이유가 있을 터이니 당무자(當務者)가 깊이 연구하는 바이다.

○ 우리나라 가정의 진휼책(賑恤策)은 정성을 다하여 성(聖)스런 덕을 쌓아 처리하고 있다. 나라에 어려움이 계속되어 진휼책에 어긋나는 일이 생겨도 백성들이 돈에 관하여서는 손해 보는 일이 없다. 서양

---

274) 「鄭敬源文書」 7-9

인은 빈민을 구제하는데 항상 돈을 적게 쓰므로 정부가 그 부족분을 보충하니 이런 일이 항상 심각한 문제로 대두되어 그 이자가 무겁다. 한 국(局)을 두어 가난한 백성과 고용살이하는 사람의 돈을 위하여 이식을 늘여 그 이식이 그들의 재산이 되고 있다.

○ 영국의 제(制)는 1년 이식이 매 1방(嗙)이 10편(片)으로 많지 않다. 1년에 빚을 지불하는 것이 매인 30방이다. 1년 지불액이 150방이 되어 생전에 다 받지 못하게 되면 돈을 갚아야 할 사람을 불러서 법(法)으로 처리한다. 200방 이상이면 손해 보는 이식을 다 받지 못한다. 생자가 돈을 여러번 다시 받는 경우는 적으나 받는다면 그 금액이 대단히 크다.

○ 옛날에 선왕(先王)은 백성들의 생산제도에 업(業)을 지켜나가는데 예외를 두지 않고 스스로 노력으로 먹이를 해결케 하도록 하기 위하여 대중에게 널리 시혜를 베풀지 않았다.

○ 서양 사람들은 지혜가 우매하고 깊어 여러 가지 방책이 요망되었다. 일을 처리하는 사람은 측은한 성품이 아닌 중류출신이요 이들이 전국의 법제(法制)를 파악하였으니 그 결과는 그들이 백성의 마음을 상업법으로 다스려 이를 근본으로 자유자수(自由自修)하여 부득이 한 경우를 외면한 채 강인(强人)의 뜻에 부합되게 된다.

○ 서양인은 성인(聖人)이 되지 못하여 경륜의 중대성을 알지 못한다. 그래서 남녀혼인 문제에 있어서 대단히 추잡하다고 할 수 있다. 가난한 사람은 가옥의 재산을 다 잃어버리게 되니 이는 간악하고 사악한 재산을 잃어버린 아들(사람)에 비유가 된다. 음식도 남녀인들이 많이 먹어 재산이 없는 자는 처(妻) 얻을 수 없고 주야로 화리(貨利)를 얻으려고 한다.

○ 서양인들이 말하되 무릇 혼인의 원(原)은 곡식과 병행하는 것은 아

니다라고 한다. 그러나 매세(每歲)에 혼인하는 수가 곡식과 비례하며 이 곡식이 쌀이다. 그런데 혼인이 적거나 곡식이 부족할 것 같은 데도 혼인은 많다고 한다. 쌀에 비례하여 보면 혼인을 해야 신인(神人)이다. 그런데 그렇지 못한 사람도 있다.

○ 서양 풍속은 작게 만들려고 힘을 쓰고 크게 만든 것을 좋아 하지 않는다. 의복을 짜는 여자나 음식을 만드는 여자에 대한 풍속은 칡을 다루는 재주가 있고 여름에는 학문을 하지 않고 노는 여인이 있으나 그 수효는 많지 않아 부인의 소탈(疎脫 ; 게으름)이 스승을 따라 배우지 않더라도 한(恨)이 되지 않다.

○ 사람이 보이는 것이 그 몸이 사치하고 그 의복이 화려하면 필연코 물끄러미 일어 나는 요염의 기색이 물색(物色)으로 나타나는 것이니 이점에 있어서 아동과 부녀를 보면 다름이 무엇이 있다고 할 수 있나? 이는 성인의 도를 모르는 것이니 풍기(風氣)를 가두어 두도록 하기(억제하기) 위하여 안이하게 그들을 그대로 방치하여서는 아니 될 것이다.

○ 여자가 남편을 택함에 있어서 혼약 후에는 여자는 남편의 명령을 받아야 하고 다른 뜻을 두어서는 아니 된다. 부인은 시부모와 자신의 부모에 관한 일은 그 예(禮)가 다르고 부모로써 자녀에게 대하는 태도는 편애하여서는 아니 되며 기거(起居)를 잘 하도록 하여야 하며 필히 같이 먹고 같이 자야 한다. 부부는 각각 나름대로 갖춘 것이 있는 고로 여자도 다 일할 능력이 있어야 한다.

○ 서양 풍속은 부부생활을 오래 하면 친우들이 모여 축하하는데 그 것은 금혼 은혼 철혼 등이 있다.[275] 부부생활 40년 이상 했으면 금혼이라 하고 30년 이상은 은혼, 20년 이상은 철혼이라 한다. 남편

---

275) 「鄭敬源文書」 7-10

이 죽으면 재혼을 금하지 않으며 과부로 살면 하늘의 뜻에 배반하는 것이라 생각한다.

○ 영국사람은 소송에 잡비를 다 패자(敗者)에게 물게 하되 억울한 피해를 입은 사람에게 돈을 갚는데 있어서 5방(嗙) 이상이 아니면 그 패자는 돈을 내지 않아도 된다. 무릇 사람들을 상(傷)하게 한 사람은 질곡(桎梏)의 벌금인데 상인(傷人)이 고관의 직이면 그 벌이 무거우니 이는 율법이 서민을 보호하는데 있다.

○ 서양에는 옛날에 아버지가 아들을 죽일 권리가 있었고 아버지가 종신(終身)하여야 아들에게 재산을 물려 준다. 아버지는 타인의 자손을 징벌하는 권리가 있어 지은 죄에 대하여 듣고 벌을 준다. 그래서 벌은 받는 사람들의 원한이 된다. 뒤에 이같은 제도를 다 없앴다. 남녀 성인 이상은 독립의 권리를 갖게 되었고 벌을 주거나 원혼을 사게하는 것을 허락하지 않았다. 부자간의 죄의 문제도 마찬가지이다.

○ 서양 각국이 바야흐로 대치하고 있는 이때에 서양에는 싱병제를 실시하여 무(武)를 도모하는 법이 대동소이하다.[276] 보(普프 ; 프루시아) 법(法 ; 프랑스) 영(英 ; 영국) 하란(荷蘭 ; 홀랜드) 서서(瑞스西 ; 스위스) 아라사(俄羅斯 ; 러시아)가 가장 정묘하고 오지리(奧地利 ; 오스트리아) 이태리(伊太利 ; 이태리) 백이의(白耳義 ; 벨기에) 정말(丁抹 ; 덴막) 서전(瑞典 ; 스웨덴) 서반아(西班牙 ; 스페인) 포도아(葡萄牙 ; 포르투갈) 土耳其(토이기 ; 터키)는 규모가 웅대하여 서로 같은 것이 없다. 각 나라가 다 무학원(武學院)이 있어 유력한 자제를 모집하여 교육하여 쓰고 있다.

○ 도회지에 총을 들고 노는 풍속으로써 민간이 왕왕 수렵하는 풍속

---

276) 「鄭敬源文書」 7-11

이 있다. 사는 집이 없는 100보 밖에서는 총을 쏠 수가 있되 위반하는 사람은 벌금을 물게 한다.

○ 사람들이 6개 구멍의 포(包 ; 총)를 옷과 부대에 차는 풍속이 있어 도둑의 무리가 포를 차고 인명을 해치는 일이 많은 것이 염려가 되어 신문에 글이 그치지 않다.

○ 소 말 가축은 한 장소에 무리로 두어서 소는 왜소하니 우리나라의 우종(牛種)에 미치지 못한다. 말은 8척으로 준마(駿馬)이니 모두 이 말을 택하여 뛰어난 종자로 방목하여 부지런히 키운다고 한다.

○ 서양에는 병제(兵制)가 국민을 대상으로 병적을 만들어 항상 예비하니 그법이 상세하고 치밀하다.

○ 합중국의 제도도 당연히 조신(朝臣)이 군에 복무하고 사족(士族)이 충순충의술(忠順忠義術) 직(職)에 임하고 서민은 기병(騎兵)으로 출병하고 나라를 위하여 수군의 역할도 하기 위하여 다 병적을 편성한다. 후세에 태평이 오래 지속하여 무비(武備)가 이완하여짐을 강(講 ; 말)하는 사람들이 있어 탄식할만한 일이다.

○ 서양 여러 나라의 부강이 모두 민회(民會)에서 나오는 것이니 민회가 흥한다는 것은 실은 군상(君相)의 덕(德)이 줄어진다는 것이다. 존경을 받는 군상으르 하여금 직(職)에 임하게 한다면 백성의 얼굴을 안심시켜 정법(政法)을 미리 미리 예비케 할 수 있다. 그러하지 못하기 때문에 민회를 만들어 폭정을 못하도록 하는 것이니, 이리하여 민회가 필요한 것이라. 그러나 내가 각국 민회 의원을 본즉 대중이 연설하는 사람(민회원)에게 이끌리어 모두가 그 말만 따라 하나의 의견으로 모아지니 백성이 살피고 통찰하고 아는 것이 숨겨지고 백성의 의견이 많이 있어도 투표를 하여 남의 의견을 따라야 한다.

○ 초연(超然)히 멀리 보지 않고 일격(一格)을 오래 유지하면 항상 바꾸어야 하는 잘못이 생긴다.

○ 우리나라는 사론(士論)이 외국인에 대하여 요염하게 말하는 것이 오래다. 100년 이전에는 사림이 논의함이 맑아 정부를 바꾸어 특권 있는 선비의 이름이 붙었고 민권란(民權亂)이 발생하여 나라의 맥(脈)을 혁고(革固)히 하고 풍속을 순응(淳應)케 하니, 무릇 우리나라의 사림자라고 하는 사람은 모두 독서하는 일로 돌아가 덕을 많이 구비한 자를 종인(宗人)과 장인으로 식별하는 것이었다. 그러니 외국 민회의원제를 이용하여 일상의 일을 논의할 수 있는가? 선왕이 정치를 잘 하여 정부대신에게 위임하여 조정에 중한 일을 맡겨 공경(公卿)이 책임지고 일을 처리하게 한다. 이로써 삭막한 갈등의 폐단을 없애고 보부상이나 일반 사람들이 맑은 논의를 하여 처음부터 갈등의 시간을 없애려고 노력한다. 낮고 어리석은 정치가 평화롭게 되는데 서양의 부강의 술(術)을 배울 필요가 있는가?

【원 문】

我國 士論 爲外國人 所艶稱 久矣 在百年以前 士林 淸議 能移政府之特權士尙名所 民勸亂讓 以致國脈 革固 風俗 淳應 凡我所謂士林者 皆讀書歸躬 識優德備者爲之宗匠 豈可與外國民會議員庸之常流者同日論哉 局能修養先王之政 委任政府大臣 以重朝廷之權 訾責公卿百執事 以勵曠摩之弊 褓負商負士林 以收淸議則上無葛機之勞 下蒙治平之化矣 泰西富强之術 何呈敎哉

○ 위에서부터 도(道)를 보는 현명함이 있으면 옳고 그른 것을 바로

보아 나라를 바르게 지킨다.[277] 신상필벌을 분명히 하면 사리(私利)를 위하여 기록하는 것을 분명히 하여 많은 천한 사람도 수양의 인물이 되는 것이다. 그러면 덕을 숭상하고 실력을 쌓아 징벌이 똑발라 자연히 풍속이 스스로 바른 길로 간다. 가륜(家倫)에 대하여 말하지 않더라도 백성들이 바른 것을 안다.

○ 서양인은 신(神)을 최고로 믿는다. 교(教)가 기이하고 괴상한 것이 너무 많다. 하층민에 속하여도 똑같이 신을 믿는다. 조상신은 잊어버리고 제사를 지내지 않는다. 제사는 은혜를 갚기 위하여 지내는 것이다. 그러므로 효(孝)를 받들어 생각하는 것이 후민(厚民)의 덕이어늘 서양의 풍속에는 그같은 의로움이 보이지 않으니 승냥이나 수달과 무엇이 다른가?

○ 서양의 종교는 옛날에는 쇠퇴하였으나 근자에는 동양제국에 점점 많이 퍼져 교학을 개폐(改廢)하여 이교(異教)가 득세하여 저자에 퍼지고 있다. 자고로 간사한 영웅(사람)이 교회에 적을 두고 민심을 얻어 타국(他國)을 궁(窮)하게 하니 가부간 생각하여 봐야 할 것이다.

○ 미국의 제도는 법을 집행하여 가는 것이 의법(議法) 행법(行法) 심법(審法)의 권리로 나누어 임하게 하여 1인에게 책임을 지우게 하지 않는다. 그러한 고로 위반하는 것이 편중되어 있지 않고 과(科)를 두어 일을 하는데 장관 서리를 경유하지 않더라도 욕된 죄를 저지르지 않으며 백성들을 혹사하는 일이 없다.

○ 법 규정에 미치지 못한 사람은 한번 감옥에 넣는 것은 한번 물(物)로 갚는 것으로 대신한다. 전인(前人 ; 그 사람)에 대한 적(績 ; 과오)의 유무를 묻지 않고 감옥생활로 보충하는 것이 가히 백년의 개

277) 「鄭敬源文書」 7-12

혁이라 할 수 있다. 그런데 개혁으로써 발생하는 모순은 거관자(居官者 ; 교도관)에게 책임 있는 규정이 없는 고로 거관자는 꾀를 다할 마음을 갖게 되고 시간만 끌 생각을 하게 되니 어찌 현명하게 일을 한다고 할 수 있는가? 개혁이 거짓이 빈번하고 표준이 없으니 어찌 개혁이 성상(聖上)의 지시를 지키는 이치라고 할 수 있는가? 서양은 기계로 부강의 나라를 만들었으나 그 강대한 부를 깨닫지 못하고 상회(商會)를 보호하고 있다. 그런데 강한 자가 백성의 마음을 얻어 학교를 세워 지사(志士)가 많이 배출되고 의원(議員)을 세워 하정(下情)이 하달(下達)하여 군사와 수군의 여러 임무를 제정하는 일을 하고 있다.

○ 교류에 앞서서 해야할 것이 상대방의 언어 문자를 통달하여야 하는 것이다.[278] 우리나라의 학사대부(學士大夫)는 거짓과 준마의 집(참된 학문)을 해득하고 습득하여야 하는데 시서예의(詩書禮義)를 무시하고 오직 화폐의 이(利)에만 관심을 두어 교섭이 쉬워지고 조처히는 방법을 쓰는 것이 옳다고 생각한나. 서학(西學)을 좋아 하거나 전공을 하여 화문(華文)에 통달하지 못하여 그 마음 성정(性情)이 서양 사람과 다름이 없으니 나라에 무슨 이익이 되는가? 육영공원(育英公院)을 설치하여 교도(教導)의 방향이 없고 상벌을 엄히 하지 않아 녹봉을 허비하니 아무 효과가 없어 애석하다.

【원 문】

交際 先務 在於通其言語文字而我國學士大夫 解有習焉者則降而求諸庸僞駔儈之間 詩書禮義 無聞焉 惟貨是利視 其於交涉之宜 措施之方 庸有當乎 仰或專攻西學 不通華文 其心術性情 無異西人 亦何益於國

---

278)「鄭敬源文書」7-13

事乎 此 育英公院之所由設而敎導 無方 賞罰 先當 虛費公廩 無一收效 惜哉

○ 개인적으로 청나라 진려 추굉순(陳荔 秋宏純)이 아이들을 데리고 미국 유학을 할 때 증국번(曾國蕃)이 말하기를 미국은 군신상하가 등차(等差가 불분명하고 아이들은 중국 성현의 글을 이해하지 못한다고 하였다. 요사히 먼 이역(異域)에 가서 서양 학문을 공부하면 윗 계급은 미국을 위하는 일을 더 많이 하고 아랫계급은 각부두 양행에 나라를 파는 일을 할가 염려된다. 아이를 해외에 보내 공부하게 하는 효과가 동문관(同文館) 학생의 경우 보다도 효과가 없는 것이 많다고 한다. 동양인을 만나면 동전이나 우초(郵鈔) 등 동양에 대한 것을 알아 볼 수 있는 일은 가끔 있다.

○ 서양인의 가르침(교육)에는 황당한 것이 많고 어리석고 몽매한 말을 고치도록 하지 않아 공언(公言)을 하지 못하니 이러한 사람이 정치하는 사람이 점점 많으면 상벌을 분명하게 가름하지 못한다.

○ 애급(埃及 ; 이집트)이 접때 영(英 ; 영국) 법(法 ; 프랑스)으로부터 돈을 빌렸으나 철도 광무학교가 흥하지 못하고 포계(砲械)를 좋아하여 일을 소홀히 처리하여 이로써 빌린 돈이 가치가 다 하여(대출기간이 끝나) 채무를 갚지 못하니 애급은 이 정치(政治 ; 일)를 먼저 해결하여야 한다.

○ 야소(耶蘇 ; 예수)는 십자가에 못 박힌 고로 교(敎)를 받드는 가정은 모두 그 상을 걸어 놓고 있다. 피를 흘린 모습이 참혹하니 가히 참아 볼 수가 없다. 교를 받드는 사람들은 항상 그상을 유심히 보고 있으니 이는 잘 달리는 말(올바른 일)이라 할 수 없다. 이를 인(仁)이라 할 수 없다.

○ 법으로 다스리는 곳에는 형(刑)을 무겁게 매기지 않으며 백성들에게 꾸짖을 일을 하지 않으며 부녀자는 담배를 피우지 않으며 아이들은 벌거벗지 않는 것이 일상의 사람의 모습이다.[279)]

○ 스승의 죽음에 많은 풀위에서(놀러 가서) 즐거워 하지 않고, 주인으로써 마부는 말을 차지 않으며 친구가 오면 싫어하지 않는다.

○ 여름에는 비단 옷을 입지 않으며 겨울에는 헐렁한 솜옷을 입지 않으며 여자는 겨울에도 부채를 부치기도 하며, 여름에는 상복을 벗기도 하니 천기(天氣)가 서늘하고 열이 세서 그러하니 이것이 우리나라와 다른 점이다.

○ 부녀자가 가죽신을 신고 다니니 이는 남자와 같은 격(格 ; 모습)이다. 옥내(屋內)에 있을 때는 주단색(綢緞色)을 착용한다.

○ <u>중국 자기를 소중히 여겨 건륭제(乾隆帝) 이전부터 귀중하게 여겨왔고 벽간에 달아 두되 그것으로 밥을 담아 먹지 않으며 우리나라의 돗자리도 역시 벽에 걸어 두고 쳐다 본다</u>.[280)]

○ 연회를 베풀 때는 꼭 연주를 하니 이는 경사를 송축(頌祝)하는 뜻이다. 연주 중간에 말을 하면서 박수를 치며 칭찬을 하고 일어 서지 않고 마시며 노래를 부른다.

○ 옷을 세탁하는 것은 전업자가 맡아 하는 것이니 집안에서 여자가 세탁하지 않아 그 풍속이 청인(淸人)의 경우도 그러하다.

○ 그림 그리는 일은 서로 경쟁적으로 강구하여 물건이나 사람을 그러나 그 그림이 귀하다. 풀 숲 꽃 과일을 그리는데 부족한 것이 없어 그림을 보면 거짓으로 그림에 대하여 비판할 수 없다.

---

279) 「鄭敬源文書」 7-14

280) underline은 필자가 친 것이다. 이 기록에 의한다면 우리나라의 돗자리 등 물품이 1893년 이전 미국에 수출되어 있었음을 알 수 있다.

○ 무릇 인간 및 차마(車馬)의 길은 길을 왕래할 때 반드시 오른쪽으로 가야하는데 이같이 우측으로 걷는 것이 위반이 아니다. 잘못 길을 가더라도 우측으로 가야 하는 것이 올바르다. 무릇 3~4인이 무리를 이루어 가는 간행(間行)에는 비록 소매와 병행하여 가되 전후좌우에 서서 오른쪽 사람의 어깨를 따라 갈 생각을 하거나 서로 가까이 하여 가는 것이다. 서양의 부녀자는 허리가 가늘고 유방이 도둑(凸)하고 치마를 질질 끌고 소매는 휘두르는 모양을 하여 심히 가볍고 넓으며 너무나 편안한 모양이다.

【원 문】

凡人間行及車馬之道 往來相着 必相讓以右 相讓以右則自無撞着之違 亦緣僞以右爲上也 凡三四人 成群間行 豈須聯袂並行 不得參屋前後 推右人肩隨之義意 或相近

婦女 以腰細乳凸 爲坐 曳裳揮袖 爲態 甚有經薄驕逸之氣

○ 무릇 가정의 일을 아내가 스스로 결단을 내려 이행한다.

○ 서양의 세법이 무거운 것은 일찍 가끔 들어본 것이다.[281] 지세(地稅) 정세(丁稅) 신세(身稅) 옥세(屋稅) 초패세(招牌稅)가 있어 세금이 무겁다. 그러나 백성들이 나라를 원망하지 않은 것은 상하민의 마음이 똑같다. 우리나라는 오로지 토지세가 있으나 장물화(匠物貨 ; 製造物)에는 세(稅)가 없다. 그럼에도 공장(工匠)을 부지런히 운영치 않고 물화(物貨)를 일으키지 못한 것은 반드시 이유가 있는 것이니 상자(上者 ; 治者)가 깊이 생각할 것이 아니다.

○ 표조지(表祖志)가 하는 말이 서양은 각각 언어가 같지 않되 유독

281)「鄭敬源文書」7-15

아이들은 아버지를 파파(爸爸)라고 하고 어머니를 마마(媽媽)라고 하는데 서양 어디든지 똑같은데 중국말도 그러하니 이해하기 힘들다고 한다. 그러나 파파 마마는 우리나라 말과는 다르니 서양인들이 마(馬 ; 媽)를 사용는 어법은 우리나라와 같다고 할 수 없다.

【원 문】

表祖志曰泰西 言語 各不相同 惟孩童 呼父曰爸之 呼母曰媽之則處之皆同 與中土相合 殊不可解云 無與我國相合 直不可解也 西人御馬之勢 亦與我國 同

○ 표조지가 하는 말이 서양 풍속을 보면 기절(奇絕)하다고는 말 할수 없고 관습에 있어서 같은 것이 있어 이해할만 하다고 한다.

○ 후한서 동이전(後漢書 東夷傳)에 이르기를 왜인은 단주(丹朱)로 몸을 치장하는 것이 중국의 용분(用粉)과 같다고 한다. 오늘날 미국의 토번(土番 ; 아메리칸 인디언)이 실제로는 아시아 인종이나 단주로 몸을 치장한다. 그러므로 어찌 일본인만이 표도하여 치장한 것이라고 할 수 있나?.

【원 문】

按後漢書東夷傳云倭人並丹朱粉身 如中國之用粉 今美洲土番 實是亞洲人種而皆以丹朱 粉身豈日本人種 漂到于此哉

○ 대당서역기(大唐西域記)에는 중국을 지나(支那)라고 하고 융월왕(戎月王)이 마가(摩訶)에게 묻기를 지나국에 이르면 진오장(秦五長)이 있고 신무(神武)가 궁궐을 다스리고 바다를 다스린다라고 하였다.

또 지나는 대당국(大唐國)의 전왕국의 칭호요 대당국은 중국(또는 우리나라가 칭하는 당의 국호)의 왕국 칭호로 진나라로부터 전승되어 왕을 천자(天子)라고 칭한다고 하였다. 그래서 서양인들은 중국을 지나라고 부르는 것이 오래이다.

○ 사람이 사는 집의 정원을 원포(園圃)라고 한다. 모두 자래수통(自來水筒)이 있다. 통(筒)은 기관(機管)이 있고 피관(皮管 ; 가죽)으로 느슨하게 묶고 연결하여 둘러 싸서 기관에 잡아 매어 물이 관중(管中)에 분출하여 그 높이가 수장(數丈)에 이르러 가히 창벽을 닥고 풀과 나무에 물을 데준다. 가죽으로 만들어진 그 관 끝에 다시 기관을 연결하여 물을 분출케 하여 계속하여 물을 주니 물이 그치지 않아 물거품이 양분하여 과히 볼만 하다.

○ 각 집마다 방 1간에 2명의 숙처(宿處)로 설계되어 있지 않으니 이는 어떤 연유로든지 남에게 폐를 끼치지 않도록 설계한 것이라고 한다.[282] 서역총지(西域總志)에 의하면 드물지만 도성(都城)이 장려하고 시가에 비늘이 덮여 있고(시가가 융성하고) 그 부요(富饒)는 보석과 돈이 많고 사람들은 의복의 앞쪽을 풀어 헤치고 양소매를 꼭 잡아 매고 눈에서부터 가슴에 이르기까지 포(布 ; 베)를 세밀하게 치장을 하여 풍속의 본질이 어지럽고 남자의 색(色)이 세다고 한다. 그러나 실은 미국 사람들은 다행히 우뚝 일어서서 그러한 것을 멀리 하려고 한다.

○ 미국은 인종이 각나라에서 온 것이다. 猶族(유다족)이 있는데 코의 모양이 아주 달라 구분이 된다. 이족은 나라가 망한 뒤에 사방으로 흩어져 상업을 하여 화성둔(華盛頓 ; 워싱턴) 시내에서 부자상인은 대개 이 사람들이며 서로 도와 친하게 지낸다. 통역이 안되어 이들

---

282) 「鄭敬源文書」 7-16

은 어느 나라 어느 인종에 속하는지 모르나 나라가 망한 뒤에 서로 의지하여 서로 사랑하며 지낸 것이 오래 되었다. 우리나라 개성 상인들이 조선의 벼슬을 거부하고 상업을 하여 어언 500년여년이나 오래 된 것과 비슷한 것이다.

○ 대소옥상의 가운데는 낙수받이 통이 있는데 유리로 덮고 있는 것은 특히 옛날의 형태이다. 예기중류주(禮記中霤註)에 보면 옛날에 도자기를 깨트려 구멍을 내어 그 위를 열어 햇볕이 들어오게 하였다고 하니 유리로 덮고 있는 것은 이와 비슷한 것이다.

○ 연회나 군중의 집회에 연설이 있을 때에 손가락으로 가르키면서 민중들을 통찰하고 알게 한다. 그래서 학교의 아동들을 연설로 교육하는데 역사를 가르치거나 역사에 가까운 내용들을 가르치니 공문제자(孔門諸子)가 아버지로부터 공자님의 말씀을 배우는 것과는 다르나 기쁜 일이다. 서양인의 집회(集會)에는 꼭 남녀가 모인다.

○ 방기(坊記)에 이르기를 예(禮)는 제(祭)가 아니며 남녀는 잔(술잔)을 나누지 않는다고 한다. 동리 사람들이 이러지를 못하니 살육이 일어나고 부인을 몰래 빼내 큰 잔치에 대리고 와서 부인의 도리를 지키지 못하게 하는 것이 예(禮)로 되었다. 중국에도 이와 비슷한 일들이 있다.

○ 공자는 법으로 정사를 인도하고 형벌을 정확히 하면 부끄러움을 면(免)하거나 또는 부끄러워 할 것이 없어진다고 하였다. 서양인의 법은 이(利)를 따라 정법을 운행(運行)하여 가는 고로 비록 재리상(財利上)에 나라의 법을 어기는 일이 없어도 염치나 양보나 즐거워하는 일이 없고 교섭관계가 오래 되어도 상대방에게 압력을 넣는 일이 있어 그 풍속은 순박성과 거리가 멀다는 것을 알 수 있다. 정법시행이 상업을 주관하지 않으려는 것이 아니라 영구히 주관하

는 것을 목표로 하기 때문에 인(仁)이 없어 황로(黃老 ; 정의로운 사람)의 지적이 있어 서양인의 잘못된 상업이념이 고쳐지곤 한다.

○ 여항(閭巷)에서 순포(巡捕)가 하는 일은 심찰(審察)하여 도로에 서서 취하여 가는자와 사타구니를 풀어 헤치고 다니는자와 똥 오줌을 퍼트리는자에게 벌금을 물게 하여 징벌의 법이 있는 고로 눈을 흘기거나 지껄이는 자가 없어 불순한 뜻을 품지 않고 현명하게 잘 노는 것이 오래이다.[283] 매번 보면 겸손하고 신중하여 여러가지 잘못한 경우가 있어도 그 잘못에서 스스로 크게 벗어나 날이 갈수록 착하여 지는 것이 그치지 않다.

○ 자로(子路)가 정사에 대하여 공자에게 물으니 공자가 말하기를 먼저 솔선수범하여 힘쓰는 것이라고 하였다. 이에 대하여 질문을 또 하니 공자는 게으름을 말하는 것은 아니라고 하였다. 이말에 비교할만치 미국의 정법은 타성이 없이 뜻이 있다. 법을 실천하는 것이 오래 되었고 퇴패와 타성이 없으니 최고의 법이다. 그러나 흐르는 물이 썩지 않고 집안에 버드나무를 심는 것이 옳지 않다고 하는 것은 (자연의 생활을 즐겨서는 않는다는 것은) 올바른 가르침이 아니다.

○ 하(夏)의 우(禹)가 도산(塗山)에 모일 때 만국에서 구슬과 비단옷을 모았다. 우리나라의 단군은 아들 부루(扶婁)를 도산에 보냈다. 그 시기는 확실히 알지 못한다. 이때 물품을 모은 행사를 박람회가 아니라고 하지만 9개의 솥과 그림을 한 자리에 모았다라고 좌씨전(左氏傳)에 전하는 바가 있는 것을 보더라도 박람회임은 부정 못한다.[284]

283) 「鄭敬源文書」 7-17

284) underline은 필자기 친 것이다. 정경원은 우리나라의 박람회는 단군시대부터 시작하였다고 생각하였다.

【원 문】

夏禹塗山之會 執玉帛者萬國 我國檀君 亦送子扶婁 未知其時 亦有博覽會否 如九鼎所繪 左氏所傳觀之 未必不然

○ 사람의 풍속이 중화와 비슷하다. 집안의 일상 일용 기물은 새기고 그림을 옛날부터 내려오는 그린 긴 그릇과 잔을 쓰고 있다.

○ 오늘날 아세아(亞細亞 ; 아시아)가 군주국가이요 구라파(歐羅巴 ; 유럽)는 군민공지국(君民共之國 ; 공화국가)이며 아미리가(阿美理駕 ; 아메리카)는 민주지국(民主之國)이니 현재의 앞뒤 세계는 사람의 마음에서 이반되고 있다.

○ 돈이 많으면 장사하는 사람에게 좋고 소매가 길면 무용하기에 좋다고 하는 말이 있는데 미국을 두고 하는 말이다.[285] 미국인들은 공상(工商)에 있어서 비록 작은 점포라 하더라도 수십년 장사를 하여 어려움을 이기고 해결한 뒤에 더 큰상공 개업(開業)을 시작하여 이러한 과정이 오래 되어 비용이 많이 들더라도 고객에게 인색하지 않다. 멀리 앞을 내다보고 이익을 얻으려고 미리 일에 대하여 계산을 잘 하여 장사가 안되는 일이 있어도 탓하지 않는다. 지금 박람회를 연 것은 구주(歐洲 ; 유럽)를 모방하여 이에 인재를 모으고 물산을 널리 구하는 방책을 쓰고 있다. 각국이 박람회에 참가하여 모두 그 세(勢)를 다투니 이는 사람이 하는 일로써는 잘 되고 있는 것이다. 그러나 그 규모 설비가 너무나 크고 상점을 두어 영업을 하는 것이 화려하여 실제로 그보다 더 비할 것이 없다. 세계에 둘도 없는 현상이다. 미국회원(美國會院)이 경비가 많이 들었는데 삼십백만원(三十百萬元)이나 들었다. 재력(財力)을 동원하여 즐

285) 「鄭敬源文書」18-1

거운 일들이 더할 나위 없고 소비를 따르지 못할 정도이다. 그러나 계획을 잘 세운 나라는 그 나라의 어려움을 이기고 이익됨과 해로움에 공사(公私)를 불문하고 구분하여 참여한다. 미국 회원은 금, 철, 벽돌, 많은 작은 기계를 여러나라가 있는 가운데 한 자리에 모아 놓고 문을 열고 있다. 공장기예(工匠技藝) 전시물 등을 여러 나라와 같이 한 장소에서 전시하고 있으니 그 여러 공장기예가 정밀하고 우수하다. 여러 나라들중에서도 가장 많이 미국은 삼십백만원(三十百萬元)이나 들었으니 나라의 재정으로써 막대한 규모에 해당한다. 5대륙의 나라들이 한 자리에 모여 쓸 비용이 수십만원 수백만원이 미국에 유입되어 각국 물산(物産)이 이용후생(利用厚生)을 위하여 쓰여지고 있는 것이다. 이는 나라를 부하게 하고 백성을 편하게 하는 것이다. 화탕비(花帑費 ; 각종세) 즉 각항구의 선차세(船車稅), 세관(稅關)의 세액, 은행의 환표(換票), 우전국의 신용(信傭), 회중각항세(會中各項稅), 유인문표(遊人門票), 회내각점포지조(會內各店舖地租) 등 항목이 수일 동안 쌓여 있어 한량(限量)이 쉽지 않고 회원(會院)이나 유(留)하는 곳에 으루나무(소나무과)를 옮기는 데에 철도 차량 기계 집물이 다 나라의 바른 일에 쓰이고 있어 비용이 너무 들고 이익을 내고자 하는 문제와 직결하여 보면 그 비용을 감당해 나갈 수 없을 정도이다.[286)]

【원 문】

語 日多錢善賈 長袖善舞 其美國之謂乎 美人之於工商 雖小之店舖 必經紀十數年 打美其輸贏然後 始興工開業 其設施 弘遠 費用 浩多 而初無顧吝之意 以收遠大之利者 由先事熟計 不遺鎖銖也 今博覽會

286) underline은 필자가 친 것이다. 시카고 콜럼비아 세계박람회에 대하여 설명하고 있다.

之設 盖倣歐洲賽奇會 其所以淬慮人材 廣殖物産之方 凡來會各國 均有進步之勢 此 與人爲善者也 然 其觀模設施之宏大 營構舖置之華美 實右今無比 世界無雙 經費之多 國於三十百萬元 以有用之財力 順無益之戱事 無乃徒費乎哉 雖然 善計國家者 以全國輸赢 爲利害 不以公私 爲間 夫美國會院之役 金鐵磚木器械百物 皆取諸國中而用之 工匠技藝力役執事 皆所諸國中而用之則百工技藝 因以益精良而所費三十百萬元 固自去於國中 府庫財 未嘗非其財也 所來五洲然國 尙有費用 十數萬元數百萬元者散在美國中矣 況各國物産 可以利用厚生者有呈相資乎 此 富國便民之術也 至花絮費則各巷之船車稅 稅關之稅額 銀行之換票 郵電局之信傭 會中各項稅課租資及遊人門票 會內各店舖地租等項 散數日馴多 皆未易限量而諸會院之或留或杉也 鐵道車輛機器什物 亦皆爲國正需則所費之數 亦呈以相債 乃知費不徒靡而收遠大之利者歟

5. 풍속(風俗)의 부(部)

○ 매번 부녀가 일어나면 선루(船樓)에 품고 올라가 등의자에 길게 눕히고 남자가 측면에서 말을 걸고 손가락을 놀려서 기(氣)를 부리니(애무를 하니) 여자는 몸을 맡긴다.[287] 양찬(兩餐 ; 아침 점심밥) 후에는 걸어가면서 포옹하거나 측의자에 비슷하게 눕는다. 말하는 소리는 대들보에 앉은 제비의 지져기는 소리 같고 남쪽에서 온 원앙이 점점 더 모여 천진난만한 것 같아 나는 그 사람을 잊지 못하겠도다.

287)「鄭敬源文書」13

【원 문】

婦女 每起則擁登船樓 偃臥長藤椅子上而夫日問其側 順指氣使 花婦勝然 兩餐後 或擁以行而餘武倦則橫而椅並臥耳 語如樑燕之呢 南如鴛鴦之戢翼 天眞爛漫 予不忌人

○ 시가가 번성하여 누우(樓宇 ; 빌딩)가 다 6~7층이요 찬란하게 새기고 난간에 그림을 그린 것이 하늘에 널여 있다. 밤이 되어 정화(灯火 ; 전등)가 빛을 발하여 거리가 밝다. 밤에는 비록 일이 없어도 켜 놓는다. 시가가 연접하여 있어 점포의 전등이 너무 밝아 전등이 크게 보이는 것 같다.

○ 관청에는 화원의 꽃과 나무가 많아 기이한 새와 짐승이 그 수효가 많고 더욱 기이한 것은 바다의 고기를 파리방(玻璃房 ; 어항)에 분류하여 기르고 있다.

○ 부녀는 뒤쪽의 긴 막복(幕服 ; 의복)에 구슬과 보석을 화려하게 달고 연회에 가서 모두 벽에 옷을 걸거나 가슴에 옷을 벗어 들고 있고 비단이 기이함이 정원에 가득 차고 촉광이 빛을 북돋우어 주고 있다.

○ 장인(匠人)이 화륜(火輪 ; 자동차)으로 실려 있는 나무를 내리니 그 교(巧)가 민첩하고 비상하다. 나무의 길이를 철륜(鐵輪 ; 기차)에서 1장(丈)으로 만들어 내리느냐고 물어 보았는데 이 경우 모두 5개 장을 내리는 것이 되는데 한 사람이 내린다면 십여개의 무더기가 되어 내리는 셈이 된다. 비교하여 본다면 사람의 기교의 노력은 크다. 어찌 이같은 일이 하늘이 하는 일과 같다고 할 수 있는가?

○ 해관은 다 부두가 있는 곳에 있다. 바다 가운데 교량을 세우고 돌을 자르고 가목(架木) 위에 집을 지어 만든 것이다. 이같이 해관을

만들어도 근년래에 각국과 전쟁을 하여 신정정치(神政政治)가 이루어 지고 있다.

○ 신인(神人 ; 분수)이 십여장이나 수직으로 위로 올라 간다.

○ 부녀자가 호주가 된 자가 많고 살림하는 부인(아내)은 적다.[288] 큰 길이 있는 도시가 복잡한데도 혼자 걷는 여자가 눈에 띈다. 남자는 부인 둘을 취하지 못하며 여자는 재가녀 또는 적자(適者) 여부의 적용을 받지 않는다.

【원 문】

婦女 出戶者 多 在家者 小 大家之市 參錯 街走觸目 皆是男不得有二婦 女不妨再適人

6. 점사(店舍)의 제(制)

자는 빙에서 사람을 부르면 즉삭 온다. 그 사람이 도착하면 즉각 문앞에 서서 가볍게 문을 두드린다.[289] 다음에는 사람을 부르기 시작한다. 그런데 부르지 않고는 함부로 오지 않는다. 어떤 사람도 다 그러한 속례(俗禮)를 따른다. 객우루(客寓樓 ; 호텔)는 7층인데 사다리꼴로 소라처럼 빙빙 돌아 층상(層上)에 올라 가는 것이 불편하다. 작은 방으로 나누어져 있고 각방 손님이 6~7명이 방을 이용한다. 화륜법(火輪法 ; 엘리베이터)을 사용하면 상층(上層)까지 어디든지 갈 수 있다. 각방에는 암소식(暗消息 ; 전화 교환기)이 있어 옆방에 손으로 전화를 걸면 그방에 모든 소식이 전달된다. 말이 전

288) 「鄭敬源文書」 13끝

289) 「鄭敬源文書」 12-1

하여진 것은 확실하다 할 수 있으나 의도와 상상(想想)이 주밀(周密)하지 못하다.

○ 빌딩이 높고 넓으며 음식이 훌륭하고 상하 5층 건물인데 각층마다 수십간이다. 밤에 불을 켜서 밝고 사다리꼴로 빙빙 돌아가는 옥(玉)으로 만든 함(檻)이 보이는데 밤새도록 쉬지 않는다(밤에 비치는 네온 사인을 설명한 내용). 식당은 멀리까지 큰 것이 수십개요 거주하는 방은 130여간이다. 환인(換人 ; 데스크 안내인))이 빌딩에 대한 안내를 해 주어 모층 모방(某層 某房)의 순서를 알게 된다. 욕실에는 동관이 둘 있다. 이 동관에서 물이 나오니 한군데는 더운물 다른 한군데는 찬물이 나오는데 물의 양을 마음대로 조정할 수가 있다. 변소에는 역시 용수법(用水法 ; 수세식)을 써서 때때로 세척을 하니 향긋하고 청결하다. 멀리 떨어져 있는 곳도 모두 이러하다. 물론 주택의 대소(大小)도 있는데 모두 그러함을 기억할 필요가 있다. 상등방은 방마다 기구를 갖추고 있고 화문석이나 백옥석(白玉石)을 깔았으며 물 사용법은 욕실과 같다. 방마다 욕실을 갖추고 있다.

○ 빌딩의 높이가 12장(丈)에 9층 건물이니 총 1100여간내에 객실이 755간이다. 방마다 호수가 적혀 있는데 거기에는 야들야들한 금을 입히고 문 위쪽에 욕실, 세면장, 변소를 만들어 공용으로 쓰게 하였으니 이용하는 사람이 325명이다. 술을 마시는데 공히 10500잔이나 마신다. 각 객실마다 방값이 양전(洋錢) 5원이다. 그러고 보니 다양한 기구가 균등하게 다 아름답다. 식당에는 좌석이 2000석이나 된다. 음식은 정결하고 술은 5원 이내이다. 오늘 같은날 사람들이 먹는 것을 기준 잡아 곧 밥과 채소를 주방에 반입하면 5원 넘게 값이 계산되는 것이요 사람이 계산문서를 보면 비록 비싸지만

이값이 객우의 통례가 된다.

○ 또 기이한 것은 누(樓)가 대개는 높아 사다리형으로 빙빙 돌아 층상(層上)에 닫도록 되어 있다. 가고자 하는 길(방향)을 택하여 기구를 눌러 현방장(懸方丈 ; 엘리베이터)의 한칸을 탈 수 있는데 정원이 10여명이다. 현방장 설비가 아름답다. 한 사람이 탑동기(榻動機 ; 작동기)로 손님을 상하로 모시는데 손님은 집으로 가지고 갈 물건을 갖고 승강한다. 물론 어느 층으로 가는 가는 손님의 자유의사이다.

7. 가로지제(街路之制)

시가의 먼 곳에 알지못하는 포(布 ; 베)에 별을 그려 놓은 것이 있고 가로에 병정이 보이는데 그들은 장혹(杖鵠 ; 총)을 들고 서 있다.[290] 차소리가 인인(磷磷 ; 잉잉)나고 행인이 왕거미로부터 보호를 받아 안정되고 무사하다. 백성들이 사는 곳은 빈싱하고 시가가 찬란하다. 마차 왕래가 변방에도 통행이 잘 되고 저녁이 되니 전등을 켜서 빛을 내고 있으니 대낮 같다.

○ 철도가 있는 곳은 민가가 조잡하게 들어차 있고 도로가 철도를 횡단하도록 하기 위하여 꼭 철도 위에 고리 모양의 다리를 만들어 사람들을 통행할 수 있게 한다.

○ 도로는 모두 넓어 중앙의 큰길은 차마가 다니는 길이다. 돌을 세우기도 하고 돌을 깔기도 하여 기이하게도 원활하게 여러 방향으로 갈 수 있다. 작은 길은 사람이 다니는 길이니 기름 칠한 돌(페인트로 그림을 그린 돌)을 구하여 조성한 길인데 평평하고 단단한 것이

290) 「鄭敬源文書」 12-2

돌과 같아 비오는 날 행인의 오물 튀김을 막으며 시포(市鋪)의 번잡을 막기 위하여 목난 철함(木闌 鐵檻)으로 소로를 둘러싸 큰길과 작은 길 사이는 답답한 나무밭 같다. 길가에 수종(樹種)을 심기도 하고 혹은 풀 종류를 심고 있다. 작은 길가에는 사람 집이 있다. 길가의 낭차(廊遮 ; 텐트) 밑에 있는 두꺼운 유리를 통하여 빛이 들어오게 하여 사람들이 걸어 다닌다. 집과 도로를 방괘(方罫 ; ave., st.)로 구분하여 기도(祺道 ; 바둑길)를 이루고 있다. 괘내(罫內)에 집이 있고 괘외(罫外)에 도로가 있다. 사람집은 총 3분의 1을 차지하고 있고 도로도 3분의 1을 차지하고 있다. 순포(巡捕 ; 경찰)가 장(杖)을 들고 길위에 서서 과녁을 조종하여 도둑지키기 등 비법(非法) 예방에 관한 일을 하고 행인을 지도하며 차마의 불법행위에 대하여 단속하여 글을 쓰는 것이 밤낮 구분 없다. 그 단속은 한 가(街)만 맡기도 하고 여러 가를 맡기도 한다.

○ 매일 여러 차례 유쇄(有灑 ; 깨끗하다는 뜻)한 도로와 마차가 다니는 곳은 관리하는 도로라서 유쇄하다. 길위에 자래수통(自來水筒 ; 수도관)이 있어 피관(皮管 ; 파이프)으로 수통 위 차에 물을 주입하여 통이 가득차니 그때 관(管 ; 파이프)를 빼니 통밑 차뒤에 여러 개의 물줄기로 물을 뿜어 대므로 마차의 차굴대에 물이 흘러 길가에 까지 흐르고 사람이 힘으로 처리하기가 힘이 든다.

○ 오직 평소에 도로를 관리하는 사람이 있어 철(凸)을 없애고 도로바닥을 평평하게 만들고 고가(高街) 가까이에는 나무함(函 ; 쓰레기통)이 있어 노상의 풀과 겨자 등을 모아 그 함속에 넣어 함이 가득 찬 뒤에 차륜이 그함을 싣고 가버린다.

○ 도로상에 우통(郵筒 ; 우체통)이 있다. 그 우통에 편지를 넣으면 된다. 커서 넣을 수 없는 것은 통위에 걸어둔다. 매일 두번 우체부가

부친 현묘한 편지를 꺼낸다. 간혹 바람이 불어 편지가 도로 사이에 굴러 다니더라도 아이들이 그 편지를 만지지 않고 우통에 넣는다.

○ 그을름이 섞인 공기가 있는 가로등은 떨어진 곳에 별이 보인다고 지껄일 수 있도록(잘 보이도록) 하나의 낚시대에 여러 잔(盞)을 달아 놓고 낮에 가호(街號)를 방문하여 야행(夜行)이 가능하다고 알려준다.

○ 철도에는 전문관리자가 있어 때때로 수리정리를 한다.

○ 가로(街路) 및 인가(人家)에 호수(號數)가 제몇호 제몇호라고 하여 사람들은 다 이를 알고 찾는 사람의 집을 물어보지 않아도 된다.

○ 마차를 탄 사람이 도로의 원근(遠近)을 주지하여 가는 곳이 얼마나 먼 곳이 몇리(里)나 되느냐고 물어보면[291] 그곳에 몇시 몇분에 도착할 수 있다고 하여 터럭만큼도 어김이 없고 차비를 시각에 맞추어 정하여지는 고로 사람을 방문하거나 유람하는데 방해가 되지 않는다.

8. 선제(船制) - 선박은 다 회사에 속하여 있고 일본에서는 우편선회사가 있다.

배의 길이가 27장 6척이요, 넓이가 3장이요,[292] 깊이가 1장 8척이요, 무게가 2000t(1t은 17石)이다. 화륜(火輪) 기구가 선박안에 태반이나 차지하고 있다. 선장은 1인이요, 사공은 11인이요, 수부(水夫)가 30인이요, 수화기구(水火器具) 관리자가 40인이요, 포정〔庖丁(백정)〕이 6인이요, 방창(房艙 ; 방)이 40간인데 방마다 3~4인이

291)「鄭敬源文書」12-2끝
292)「鄭敬源文書」20-1

이를 이용하고 있다. 가운데 돛대 뒤에 식당이 있다. 식탁의 길이가 6~7장에 30~40인이 앉을 수 있는데 이들은 모두 상등객(上等客)이다. 점심시간이 되면 중하등객(中下等客)은 선창에서 점심을 먹는다. 선창의 기구를 정결하게 하여 안주와 반찬을 풍부하게 마련하여 놓고 있다. 저녁에는 불빛이 휘황한 가까이 거주하는 방(잠자는 방)이 있는데 각방이 15간이다. 여기는 감파리정(嵌玻璃灯) 큰 것 두 개와 정의경(穽衣鏡) 1개가 있다. 그중에 촉광이 밝고 요요한 것은 눈에 오색으로 비쳐 천문 천만호(千門 千萬戸)에도 이같은 것은 없다. 점심시간 이전에도 회륜기계가 있었으며 부엌 가까이에는 긴길이 둘 있으니 따라 가 보면 각문마다 전등이 달려 있어 사공 및 중객(中客)의 자는 방이 있는데 그것은 40~50개이다. 저녁에 멀리서도 빛이 비친다.

나머지 부엌 부뜨막, 약간 떨어져 있는 변소 전후는 정교하고 아름답다.

사공이 원(園 ; 물)을 가르면서 강역(疆域)을 공격하고 그림자를 측정하여 가는 거리를 계산한다(사공이 물살을 가르면서 배를 운행하기 시작하는 모습을 서술한 것임.). 전후좌우 위험한 곳에 침반오(針盤五 ; 나침반)를 이용하여 두 사람이 측정하여 방향을 정한다. 연(鉛)을 던져 물이 깊고 얕음을 측정하고 승판(繩板 ; 속도측정기)을 이용하여 속도를 조절하고 그 외 장막키를 펼치니 정교하고 주행(舟行)이 주야에 그치지 않다. 음식이 충분히 준비되어 있어 시가(市街)에 들어선 것 같고 동리에서 사는 것 같으며 가는 길이 어디인지 모를 정도이다. 더욱더 기이한 것은 항해하는 바다가 맑은 물로 평원을 이루어 윤선(輪船)이 화(火 ; 동력)로써 물을 가르게 하여(動力으로 進水케 하여) 수기(水氣 ; 물)의 힘으로 배를 운행케 하고 기화(氣化)된 물(끌어들인 물)을 배의 상하 사방에 동철관(銅鐵管)으로 대주니 수백인의 음식 세탁에 걱정이 없다.

○ 선신 내창(船身內艙)은 3층이다. 두등창(頭等艙)은 17간이나 또는 27간이요, 이등창(二等艙)은 2간이다. 선주가 1인이요, 사공은 7인, 수부가 39명, 기구 관리자 72명, 식당 종사자가 64명이다. 선신(船身)의 길이 38장, 넓이 4장 6척, 깊이 4장 2척으로 3300t이다. 매일 석탄 60t(120000門에 때는 양)을 때고 있다. 선두 후반(船頭 後半)에 포장을 치고 있는데 길이가 20여장이요, 선상 전중후내(船上 前中後內) 가까이에 소선(小船) 한척을 싣고 있는데 이는 급란(急亂)을 당하였을 때 준비하기 위함이다. 날씨가 더우면 배안에 선풍기가 10여대가 있어 5사람씩 앉아 바람을 쐬니 선풍기 바람이 계속 생겨 사람들은 식욕이 생겨 더운 것을 느끼지 못한다. 배안이 다 성스럽고 깨끗하다.

○ 먼 낮은 하천에 옹색하게 있는 배를 인도하기 위하여 반드시 등대를 세워 바다에 배가 가는 곳에 조심하도록 하고 밤에는 등을 켜서 멀리 배가 가는 것을 피하도록 알으켜 주도록 한다. 선중(船中) 각방에 암소식(暗消息 : 전화 교환기)이 있어 손가락 하나를 이용하여 옆방에 소식을 전하여 주어 거주하는 방과 똑같다.

○ 배가 바퀴가 있고, 큰 돛대가 둘이요, 형통(洞筒 ; 전등)이 둘이요, 무게가 2500t(1680근)이다. 선면(船面)이 윤기가 있고 창(艙)이 상하 2등으로 되어 있다.

○ 누면(樓面) 25호방간(25號房間)인데 방의 넓이가 7척이나 된다. 긴 걸상을 2대를 갔다 놓고 있고 창침(倉沈 ; 침대)이 청결하고 푹신푹신하여 연하고(손님들이 갖고 들어온 것이 아니고 배에 비치하여 놓은 것임) 벽에는 큰 거울 파리정(玻璃灯), 칫솔, 면포, 향기나

는 비단, 등 작은 물건 등이 갖추어져 있다. 탑만창위(榻幔窓幃 ; 커틴)가 깨끗하게 쳐 있고 누(樓)의 전후에는 아담한 좌석 2간이 있으니 이곳은 창객(艙客)을 위하여 만들어 놓은 것이니 출입관련 글을 쓰는 곳이요, 또 하나는 휴식처이다(그런데 舟例에 보면 房艙飯聽 안에는 모두 휴식하지 못하도록 되어 있다.). 포설(舖設 ; 房)이 아름답고 누우면 편안하다. 누하중창(樓下中艙)에 식당이 있다. 10장(張)의 좌석에 매좌석마다 10여인이 앉을 수 있다. 화분이 있어 향기롭다. 진정(辰正)에 조찬을 먹고 자정(子正) 2각(2刻)에 중찬을 먹고 유정(酉正) 2각(2刻)에 저녁을 먹는다. 매 식사시간전 2각(2刻)에 한번 꽹꽈리를 울리고 시간이 지나간 뒤 일단 다시 꽹꽈리를 울리면 모든 그릇을 거두어 간다. 식사 때에 문지방에 채단(菜單 ; 메뉴판) 1~2개를 두고 손님의 주문을 받는다. 음주를 위하여서는 어떠한 배이든지간에 많이 마시게끔 배려한다.

○ 북쪽 성(城)쪽에 있는 배는 배 전체를 철로 만든 것이다. 배안에 4개의 길이 있고 형통(泂筒)이 둘 있으니 길이가 총 42장 6척, 너비가 4장 6척, 무게가 5500t이다. 상등창(上等艙)은 34간이다. 매우 넓어 7척인데 7사람이 자고 하등창(下等艙)은 연이어 2개의 돛대 앞에 있는 창(艙)이라고 하는데 1000명이 자는 곳으로 그들은 용인(傭人)들로써 중국인이다. 매차(每次) 동원되는 사람이 1000명 이하가 될 때가 없다. 설비가 화려하고 문창벽이 모두 좋은 나무로 되어 있고 조밀한 강철로 된 설비는 극히 정밀하고 세밀하며 기거 음식에 여인을 안전하게 대기시켜 심부름을 시킬 수 있도록 한다. 규정이 면밀주도 하여 속하고 있는 창(艙)은 바꾸지 못한다. 장(長)은 4인이었으나 그 외에 서기, 의사, 장부 및 일관리자, 포수, 재부(宰夫 ; 관리자), 갱부(更夫 ; 대기원), 심부름하는 여인 등 31인이

있었다. 중국인 고용자는 화부(火夫)가 30명, 심부름꾼 28명, 포수 등 9명이다. 중국인들은 각방에서 대기하고 있다가 영(令)을 받는다.

○ 연안에 도착하니 작은 윤선이 있어 정박하여 있는 큰 선박에 연접하여 있거늘 사공에게 승선을 요구하니 윤선은 손님을 맞아 운행을 한다.

○ 해안 12리 거리에서 등 하나를 노닐면서 보니 빛이 명멸(明滅)하고 멀리 배의 돛대에도 등이 있다. 부두가 약 228리 멀리 있다는 것을 물어 보아서 알았다. 등이 설치되어 있는 그 돛대의 등이 어떤가를 보았는데 그 결과로 모(某) 사공의 배라는 것을 알았다. 전보선으로 모(某) 부두에 신호를 보내면 저쪽에 물건 떨어지는 소리로 사람들에게 배를 타는 것을 알으켜 주고 동시에 서신 한 장을 같이 보내 부두와 전보선(電報船) 사이에 배가 아무 사고가 없다는 것을 알으켜 준다.

○ 손님이 부두에 서면 행선지에 보내는 화물인가를 분명히 확인하고 큰 것과 작은 것을 구분하지 않고 일괄적으로 한곳에 보내어 손님의 설명을 들은 뒤에 열람조사한다.

○ 세관에 면험(免驗 ; 세관 검사 면제), 면세예점(免稅例店 ; 모범 상점)이 있다는 정보가 있다.

○ 부두에 도착하면 해관 역부(役夫)가 상자마다 인지(認知)한 다음에 떨어져 있는 곳으로 옮긴 뒤에 해관이 열람을 하는데 담당해관원 2~3인이 상자를 열어 조사를 한다.[293)]

○ 호항(湖港)의 물 얕은 곳에 배 철륜(鐵輪)을 배측면에 설치하고 화기(火器)를 배위에 설치하여 두 윤(輪 ; 철륜, 화기)을 모두 노출시켜 물을 적게 품게 하고, 석탄을 사용하지 않고 선미에 윤(輪)을

---

293) 「鄭敬源文書」 20-3끝

설치하여 기(機)를 동작동시켜 배가 간다.[294] 호수나 산으로 놀러 가자고 하는 도시인들은 꼭 진선(津船)에 나와 놀 수 있는 곳을 문의한다. 배의 내왕 여부가 아직 결정하여져 있지 않고 배의 제작이 다른 배와는 다른점이 있어 상하 2층을 전부 백철(白鐵 : 쓰지 않는 철)로 쓰기는 두려운 배가 있다. 이배는 중앙에 방이 전후가 넓고 윤이 있으며 포만(布幔 ; 커텐)을 설치하여 빛을 가리고 의자 수십 개를 갖다 놓고 놀기에 편하게 되어 있으며 신문 새그림 과일주 등이 준비되어 있어 음식 구입이 가능하고 음악 일부(一部)까지 연주하여 놀 사람을 환영하고 부의(浮衣) 수백이 교량 위에 꽂혀 있어도 만족할만한 것은 없다.[295]

도시중에 개천의 물이 흐르는 곳에 교량을 조정하여 배가 오면 관리자가 기계를 이용하여 교량을 들어 배가 지나간 뒤에 기계를 이용하여 교량을 본 자리에 돌아 가도록 하니 힘이 덜 드므로 배의 이동에 이보다 편리한 것은 없다. 대읍(大邑)의 사람이 사는곳과 연기가 많은 곳에 바로 통하는 화차로(火車路)는 철도 위에 가교를 설치하여 차마(車馬)가 통한다. 이 때 화차를 보면 하나의 성문을 지나는 것 같다. 또 평지에서 가교는 불편하다. 횡단로 위에 긴 나무를 세워 문을 만들어 놓고 화륜차가 통과할 적에 관리자가 기계를 돌려 그길을 막고 차가 통과한 뒤에 다시 기계로 길을 열어 가게 하니 이것이 교량이용의 규정의 하나이다.

294)「鄭敬源文書」21-2
295)「鄭敬源文書」21-2끝

9. 철도의 계속

○ 윗 부분의 길이가 약 2리로 세관을 만들어 통과하려는 사람을 조사하기 위하여 문 5개를 만들고 객선(客船)의 행선별로 분별도열하여 문안에 목판(木板)으로 잡어매어 경계를 만들어 놓고 있다.[296] 운반인을 각선별(各船別)로 고용하여 문앞에 붉은 철로 호수(號數)를 정한 다음 우측벽에 혈원식(絜園式)으로 동패(銅牌)에 이름을 기록한다. 각 선행(船行)의 결과는 세관 순행(巡行) 2사람이 호수에 따라 가는 곳을 검사한다.

10. 차제(車制)

○ 차는 화륜기구(火輪器具)로 석탄을 때서 저장한 물로 바퀴를 돌려 발차한다.[297] 차 바퀴가 40개인데 40개는 다 크기가 다르다. 각 바퀴 위에 객실이 있다. 한 개실은 3간으로 나누어져 있고 3칸에 모두 문이 있다. 여면소완(如面小玩 ; 의자)에 8~9인이 앉는다. 의자 상하에 물건을 넣는 행낭 수십개를 두고 대창(大窓) 사이에는 선풍기가 있으며 파리(玻璃 ; 유리)로 바람과 해를 막고 사람이 봐서 창을 열고 닫는다. 유효(油餚 ; 음식)를 내놓고 먹는데 의자의 매트리스가 두껍고 연하여 앉아서 음식을 먹으면서도 일어 서서 좌우 좌석으로 마음대로 가도 된다. 차자(次者 ; 차를 탄 사람)는 화물을 상자에 넣어 하루 걸려 말이나 낙타에 싣고 와서 차를 타는데 처음에는 차가 느리게 가다가 수각후(數刻後)에 말도 따라가지 못할

296) 「鄭敬源文書」 현토문서로써 보관
297) 「鄭敬源文書」 22-1

정도로 달린다. 차 밖에는 집 수목 산간이 수없이 빠르게 달려 한군데만 보는 것이 불가하다. 밥 먹는 시간을 주기 위하여 차가 정차하여 길옆 촌사(村舍) 집 한채 있는 곳에 가 남녀가 다 물과 음식을 먹는다. 산령(山嶺)을 뚫은 길이 있는데 길이가 3~4리 10여리로써 같지 않으며 깊은 산골이다. 차가 달려 도착한 곳은 칡흙같이 어두운 때이다. 방을 정하여 들어 가니 등이 다 켜져 있다. 잠시 산을 둘러보니 하늘에 빛이 지나간다.

○ 윤차방(輪車房 ; 정거장)에 도착하여 짐무게를 계산하는데 차례(車例 ; 운임)를 보면 손님 한 사람당 350방(磅 ; 매1방 12근)인데 이 무게가 넘으면 양전 1각(角) 5분(分)을 더 내어 계산을 끝내는데 이때 동패(銅牌 ; 차표) 1면(面 ; 장)을 내면 동식동호패(同式同號牌 ; 짐표)를 주고 이것을 상자에 묶어 문서로 인정한다. 목적지에 도착한 뒤 패(차표)를 갖고 내리는데 작은 상자나 대나무 상자를 차내에 갖고 탄 사람은 그 물건에 대한 패(짐표)는 없어도 된다.

○ 철도를 만드는데 먼저 길을 평평히 한다. 길이 6~7척 너비가 3~4촌(寸)의 나무를 이용하여 포로상(鋪路上)에 가로로 나무를 놓는데 나무와 나무 사이에 간격을 띄어 놓는다. 나무를 凸형 철조(鐵條 ; 못)로 박으니 길이가 장(丈)에 가깝고 너비는 1~2촌은 능히 된다. 차륜을 凹로 조합이 되어 있어 목적지에 갈 때는 차행(車行)이 철로 위에서 빠르게 달린다.

○ 앞차 기구는 화작수(火灼水 ; 끓인물)를 만들어 증기가 관으로 들어가 바퀴를 돌려 가게 한다. 석탄을 싣고 그 다음 화물을 싣고 하루를 잡아 말을 싣고 그 다음에 사람들이 타고 간다. 관방시자(管房侍者 ; 역무원)가 방(房 ; 역무실)에 자리한 다음에 객차(기차)에 오지만 평상(의자)에 눕지 않는다. 여행객은 평상에 누워도 된다.

누워도 되는 이 평상이 찻간마다 있는 객실에 다 있다. 객실은 1간의 길이가 7장 2척이요, 너비가 9척인데 양쪽편에 작은 평상 10장(張)을 만들어 놓고 있으며 가운데는 다니는 길이 있다. 평상에는 상대적으로 두명씩 앉는다. 저녁에는 평상을 평평하게 하여 놓고 한사람이 누울 수 있게 한다.

평상 아래쪽 2개의 의자에는 한사람이 기댈 수 있으니 여기는 나무다리 위장(幃帳) 메트리스가 있어 두껍고 연하여 몸을 맡겨도 된다. 작은 상자가 평상 밑에 있으며 큰 파리창(玻璃窓)에는 20대의 선풍기가 설치되어 있다. 파리창은 객실안에 보호 위장을 쳐 바람과 해를 막고, 사람을 봐서 열고 닫을 수 있다. 그러한 다음에 앉아서 음식을 먹을 수 있으며 좌우로 마음대로 자리에서 통행이 가능하다. 객실 뒤에도 작은 방이 있는데 여기도 2개의 의자가 있어 손님이 기분에 들떠 떠드는 사람은 양전(洋錢) 수십원을 더 내도록 되어 있다. 객실앞에는 세면소 흡연소(차내에서 흡연을 못하다가 흡연하고픈 사림이 오는 곳) 변소(남녀 이용하는 곳) 빙수통이 있고 수사(水絲 ; 수돗물)가 준비되어 기관(機管)을 통하여 물이 나오도록 되어 있어 편하게 마시게끔 되어 있고 티끌을 손질하는 비단수건이 준비되어 있으며 저녁에는 등촉이 밝게 켜지고 드디어 여행이 끝나니 그곳에는 기다리는자가 있었는데 흑인이 많았다. 주도치밀하게 차를 당겨 반(半)이 되는 8~9양을 접속하기 시작하나 경우에 따라서는 접속을 증폭시켜 40~50양으로 증가시킨다. 기차안에서 자리를 찾아 다니는 일은 거의 없다. 기차역에는 매일 12번 차가 서는데 정차하는 곳은 일정한 곳이다. 정차할 때마다 12각(刻)씩 하차할 수 있도록 시간을 주고 있고 연도변 음식점에도 갈 수 있으며 이곳은 매일 정차가 여러번 있어 손님은 기다리지 않아도 빨리 탑승할 수 있는 곳이다. 정하여진 일정한 곳에 차가 서면 멀리서 동자(童子)가 와서 물건을 돈을 받고 파는데 연도의 산수화, 시령에 두어야 할 차 오이 채소류는 아니다.

○ 차로(車路)가 왕래가 복잡하므로 개목가(盖木架 ; 플래트홈)를 이용토록 하고 차를 타기 위하여서는 시내에서 오도록 되어 있다. 길이 4~5리를 판목(板木)으로 연변에 책(柵)을 설치하여 바람과 눈을 막도록 하였으며 산은 아무리 준령이라도 길을 보이게끔 하였으며 높은데는 집을 지어 놓고 별로(別路)에는 골짜기를 뚫어 물을 만나면 다리를 놓아 그 길이가 수리(數里)라 하더라도 한가롭게 보이도록 하고 차가 지나가는 곳에는 수리(數里) 떨어져 있더라도 반드시 큰 우물을 설치하여 놓고 물고기를 넣어두는 통이나 목방(木房)이 바람을 맞지 않도록 하여 차내에 물이 떨어지면 기계를 돌려 물을 공급케 하여 적토(赤土) 사막이라도 걱정할 것이 없다.

○ 화차기기지제(火車機器之制)는 차(車) 위에 하나의 화철통(火鐵筒)을 똑바로 눕혀 놓았다. 길이가 약 1장(丈) 2척(尺), 둘레가 약 1장, 두께가 약 1장 2척이다. 통신전단(筒身前段)에 연통(烟筒)을 세워 두었는데 높이가 2~3척으로 입구가 크고 몸체가 가늘다. 뒤에는 동종(銅鐘)을 달고 그 다음에 증기통을 설치하고 통좌우에 동관이 있어 증기가 동관을 통하여 차 바퀴에 도달케 하여 바퀴를 움직이게 한다. 통끝에는 소옥(小屋 ; 작은집)이 서 있으니 방광(方廣)이 5척이나 되는데 이것은 윤선경누(輪船梗樓 ; 운전실)이다. 두사람이 관(管)을 조정하는데 한사람은 수화각기관(水火各器管)을 조정하는 것이고 다른 한사람은 석탄을 때는 관에 조정하는 것이다.

옥내(屋內 ; 운전실)에는 시진표(時辰表 ; 시간표) 한서표(寒暑表 : 온도계) 기지승강표(氣之升降表 ; 計器) 기지행지표(機之行止表 :

운항표)를 두고 표통(表筒)안 상반(上半)에 증기통이 있어 물을 저장하고 물이 화문(火門)을 조정하여 불이 물을 끓게 함에 증기가 좌우 2개의 관을 통하여 소관(小管)으로 들어간 뒤 승강표의 기(氣)의 운행 여부를 보아서 갈 것인가 아니 갈 것인가를 정한다. 만약에 승강표의 氣另(계기 표시)에 갈 수가 없다라고 되거나 가더라도 관(管 ; 조정기)을 통하여 정차가 되면 승강표의 기의 작동은 끝난다. 옥정(屋頂 ; 운전실)에 피대(皮帶) 2개를 설치하여 좌측 피대는 당기면서 종을 치고 우측 피대 반은 관(管 ; 조정기)에서 기(氣)를 발사하니(움직이니) 철기(鐵器) 감(嵌 ; 굽은자)이 깊은 톱니속으로 들어가는 듯 하다. 기계는 침(鍼 ; 계기판)에게 앞으로 전진할 것인가 중지할 것인가를 물어서(연계하여) 전진한다. 차가 바로 가는 것이면 표침(表鍼 ; 계기판침)대로 움직인다. 옆에서 차가 정지할 것인가 진행할 것인가 속력을 낼 것인가 느리게 갈 것인가를 사람(운전자)이 뜻대로 조정하여 행하여진다. 차의 머리 끝에는 철물(鐵物)이 아래로 드리워져 있어 뾰족한 보습 같고 그 모양이 서서히 혀를 자르는 것 같아 열렸다가 닫혔다가 떨어졌다 한다. 철로에 조금 있다가 돌덩이 등 물건이 있어 차행(車行)에 방해가 되니 이 장애물을 제거하려는 방향으로 치워진다.[298] 기차의 기기(機器)가 400마력 시속 260리, 최대 속력 400리, 1일 석탄 소비 4t이고 세관 소기(細管 小機) 등 수십개를 갖추고 있어 붓으로 형용하기 힘든다. 한 시점(時點)이라도 그 시점의 법측에 따라 기차가 움직인다. 기계전체의 진동하는 소리가 얼굴을 대하고 말을 하여도 소리가 들리지 않는다. 체신포(遞信包 ; 우편낭)가 전달되는 것을 보았다. 극히 빨리 기차가 정차하지 않았는데도 일거수(一

298) 「鄭敬源文書」 22-2끝

擧手)에 주고받고 하였는데 이때 정한 곳에 있는 우정국 전인(專人 ; 우체국 직원)이 길가 등지에서 기다리고 있었다. 10여리 20~30리 100여리 수백리서 차방(車房 ; 기차)이 도착할 수 있어 정차가 되면 탑승객이 상하로 차를 탄다. 철도를 빨리 건설하여 약 수십개가 되니 왕래하는 윤차(輪車)가 개천처럼 흘러 간다. 뚫은 산골(터널)을 지나가는데 낮인데도 밤과 같다. 터널 입구에 기차가 들어서자 달려 있는 등에 전기로 불이 켜져 있는데 차는 터널 가운데 들어서 있다. 차가 한군데를 지나 가는데 다시 사람을 세워두고 상하를 살피게 한다. 손에 흰색 녹색 붉은색의 삼색기(三色旗)로 시간마다 구분하여 기를 날리면서 차를 승차하는 사람에게 보여준다. 괴도에 장애가 없으면 백색기로 1~2리 밖에서 승차인에게 분명히 보이도록 기를 흔든다. 빨리 달리는 차에 손님의 안전을 위하여 기를 흔드는 것이다. 괴도상에 관심을 적게 가져 급히 수리는 하여야 하겠으나 복구하지 못하였을 경우에는 녹색기를 흔들어 기차가 완행토록 하여 정차기간에 소리를 내면서 기다리게 한다.[299)]

혹이나 괴도가 크게 파괴되었거나 급류가 흘러 정리를 미리 하여야 할 때는 붉은 기를 기차에 보여 늑지(勒止 ; 브레이크)를 이용하여 차가 앞으로 나가지 못하게 한다. 탑승객이 있으면 점(店 ; 대기소)에서 기다리게 한다. 붉은 기로는 정지한 사람에게 차를 타라고 한다. 밤이 되면 등의 색깔로 기를 대신하여 그 예방책이 주도정밀함이 이와 같다. 연도에서 기차(機車)를 석탄차로 바꾸어 시간을 잘 조정하면 기다림이나 늦음을 생각할 수가 없다.

299) 「鄭敬源文書」22-3중간

【원 문】

火車機器之制 車上直臥一大鐵筒 長 約一丈二尺 圓約一丈 厚約一丈二尺 筒身前段 設烟筒 高 二三尺 口大身細 後懸銅鐘 一旦後 設蒸氣桶 筒左右 有銅管 粗發 通蒸氣 由車 應達輪際 激輪而行 筒尾 起小屋 方廣 五尺許 若輪船梗樓 以二人 承管 一 管水火各器 一 管漆煤屋內 置時辰表 寒暑表 氣之升降表 機之行止表 表筒內 上半 蓄水水爲火門火騰水沸 氣由左右二管 串入各小管然後 視升降表之氣 另與不另 定行止 若氣另而車尚不開行 或正行而須停輪 皆由管以洩其氣 屋頂 設皮帶二 抽左帶 鐘 自擊 抽右半 由管放氣 又有鐵機 若曲尺嵌入鋸齒者 推之向前行止表鍼 卽直指車則行引之 向後表鍼 卽橫指車則止 或行或止或速或緩 悉隨人意焉 車之首端 有鐵物下垂 如犁中尖 如後 漸削如舌 可開合離 鐵路 僅寸許 倘有石塊等物 碍車行此物 卽開張於如方 拂去之 機器有四百馬力 尋嘗 每一時 行二百六十里 極速 可行四百里 一日燒煤 四噸 尙有細管小機括十數具 難以筆術 盖一時 限於時刻一則 機括 震響 對面語不聞也 又見傳遞信包極秩速 車不停輪 一擧手間 正互相收授之 有一定地段 屆時 由郵政局 專人 在路傍等候者

每十餘里 二三十里 百餘里 數百里 必達車房 停輪數分許 俾塔乘客上下 鐵道 相挑而築 約十數條 往來輪車 若川流

每穿山洞而過 雖晝 如夜然 嘗將入洞口時 已倏忽燃灯 盖以電氣 引火 編及各車之中也 車道所經之更 所之置人守上下 半掌白綠紅三色之旗 屆時分別 展颺以示駕車之人 若軌道 無礙則以白 示駕者于一二里外 瞭見 卽駛車 颺分無所顧忌 或軌道上小換 急修未複則以綠旗示車 遂緩行 聊作停期以待之 倘軌道 大換 或突破急流沖沒 整理須 時則此紅旗 示車 遂勒止不前 如有塔客 在店次守候 亦以紅旗 示俾止

而登焉 入夜則以色灯 代旗 其防値之周至 如此 又沿道 更換機車煤車 亦按時整値 以俟無或稽遲

○ 가끔 수리하여야 할 차창(車艙)이 있다. 산꼭대기를 쳐다보면 철도가 공중에 놓여 있어 중국 촉(蜀) 나라의 길과 똑같다. 어떤이가 말하기를 의(義)로운 사람(운전 잘 하는 사람)이 우리들의 차를 운행할 것이라고 하였는데 얼마 안가서 산허리를 쳐다본즉 차굴대에 의존치 못하고 산골에 앉아 있는 것과 같다(산골에 떨어지는 것 같다.). 또 어떤 안일한 자는 우리들의 차가 지나가리라(무사히 가리라)고 말한다. 그런데 이내 곧 차가 산중에서 흔들리고 있다는 것을 깨닫는다. 산이 멀리서부터 다음 산이 나타날 때까지 수장(數丈) 수십장 떨어져 있으나 철교로 연결되어 있어 철교 위에 차가 간다. 머리를 아래로 숙이면 오늘 차를 탄 사람들은 깊은 골짜기가 구멍(낭떨어지)이 아닌데도 전율을 일으킨다.[300]

○ 움직이는 동작으로 이용하는 기계는 다 기륜(機輪)이다. 주차(舟車 ; 배)도 기륜이요, 수화지기(水火之機 ; 증기기계)도 기륜이요, 금합토리목거중지기(金合土理木擧重之器 ; 기중기)도 기륜이요, 시진표(時震表 ; 시계) 자명종(自鳴鐘) 세쇄지물(細瑣之物 ; 절단기)이 다 기륜이 아닌 것이 없다. 기물운동(器物運動) 창호계폐(窓戶啓閉)는 록로법(轆轤法 ; 도르래)를 이용한 것이다. 아! 하나의 바퀴가 없어지면 평지도(平之道 ; 기계의 시스템)를 조처하지 못한다.

○ 차제는 많아 대개 9종이 있다. 화륜차(기관차), 철도마차(기차), 마차로차(전차), 전기차(버스), 자전차(자전거) 추차(수래) 기기선차(증기차) 기동자전차가 그것이다. 마차(기차)는 철도괴도에 화차로

300)「鄭敬源文書」22-3끝

가는 차인데 왕래에 있어 시간을 정하기도 하고 혹은 내왕에 갈아 타야 하므로 잘 생각하여 차를 타야 한다.

【원 문】

車制 甚多而大槩有九 火輪車 鐵道馬車 馬車路車 電氣車 自轉車 推車 汽機線車 機動自轉車 馬車 鐵道軌道 與火車 同 往來 有定時 或來往異道 輪由鐵道行而省力 甚多

○ 마차로차도 괴도가 있으니 도회 왕래는 큰길에 긴 철관(鐵管)을 묻고 철관 가운데 철조를 만든 다음에 관중철조(管中鐵條)로 차둘레의 앞과 뒤를 연결하여 화륜기기(火輪機器)에 연결하니 기계가 작동하는 것이 비슷비슷하다. 화륜기기가 움직여 철조가 작동하여 지나가는 것이 주야로 그치지 않다. 철관(鐵管) 윗면에 긴 구멍을 뚫어 놓아 차(車) 바닥이 족집게가 되어 그 구멍을 잡고 철조(鐵條; 바퀴)가 지나가면 차가 따라 움직여 시끄러운 소리를 내면서 간다. 시끄러운 소리를 방치하여 놓고 정지된 상태에서 손님을 태우나 물건을 싣지 못하니 이차를 마차로차(路車)(전차)라고 한다.

【원 문】

路車 亦有軌道 於都會往來之衢 先以長鐵管 埋道 中央 置鐵條 於管中鐵條 周繞 首尾相連 至火輪機器梗 回繞機器 如彷車然 火輪機器 動而鐵條 回繞而過 晝夜不息 鐵管上面 打開長穴 車底 有鑷而執之 鐵條走過 車隨而 轉 夾鍱則行 放鍱則止 但載行客 不載他物故曰路車

○ 전기차(電氣車 ; 버스)는 차 한곳에 전선을 설비하여 땅에서 가는 차이다. 차가 갈 때는 철로 된 전선을 구부려 철(鐵)로써 가고자

하는 의도를 보여 주고 이어 전선을 회전하여 당겨서 가는데 힘이 별로 들지 않다.

【원 문】

電氣車 先設電線於車所行地 車將行 以鐵 如意鉤持電線 連隨電線向轉 不費推挽之力

○ 자전차는 앞뒤에 바퀴가 둘 또는 셋 또는 넷이 있다. 한사람이 기(騎 ; 타는곳)에 승차하여 움직여 나가니 회전 전진 정차가 마음대로이다. 대단히 빨리 달리는 마차(馬車 ; 차)이다. 남녀노소가 한가롭게 두사람 탈 때도 있으며 휘어 꺾어 갈 때도 다르지 않다.

【원 문】

自轉車 前後 或二輪 或三輪 四輪 一人 乘騎 以如另運動 回旋進止隨意所欸 行走 甚駛 疾於馬車 男女長幼 莫不閒習 或二人 並騎 製捩 稍異

○ 추차(推車)는 가까이서 물건과 아름다운 상품을 운반할 때 이용하는 것이다. 바퀴가 두 개의 경우가 많다. 차 바닥은 나무로 되어 있어 놓기가 안전하여 상탁(床卓)을 겸하고 있어 상탁 위에서 아이나 노인이 웅얼거린다. 바퀴가 넷이다. 조심하면서 천천히 끌면서 길을 지나감에 앞으로 추월하는 차는 아주 드물다. 산허리나 절벽에 수백개의 층을 만들어 차로 층과 상하로 연결하고 있어 거미가 벽면에 기어가는 것처럼 전기법을 이용하는 것과 비슷하게 상하운행을 하고 있다.

【원 문】

推車 凡近地運移之物 商販細瑣之屬 皆用推車 多離輪 車底 有木 放之則安 可兼床卓 養兒 載老之梵 皆用四輪 細之推轉 閑行街上 或有前挽者而甚罕矣

又於山崖斗絕處 設階級數百層 有車 緣級上下 若蜘蛛 行于壁面 似用電氣法 緣繩上下耳

Ⅶ. 윤치호일기 번역

p.144

1983년 8월 12일 토요일 산들 바람이 부는 아침, 린취버그와 베드포드시에서.

YMCA가 스니드(Snead) 형제에 의하여 잘 유지가 되고 관리되고 있다.

p.145

오후 4시에 린취버그(Lynchburgh)를 떠나 베드포드(Bedford)로 향하였다. 감독 갈랜드(Garland) 박사가 기차값을 지불하였다. 이분이 이끈대로 여행을 하였다. 그러나 이분이 말한대로 기차여행을 못하였다. 그녀는 정차하는 곳을 내게 말하였으나 나는 베드포드 지점을 지나버렸다. 그래서 베드포드를 향하여 6마일이나 되돌아 와야 했다. 모레일(Morail)이 여러 방향으로 걸어온 나에게 부담은 주지 않았다. 그는 나에게 방을 내주었다.
내가 제프링(Japling) 형제집에 도착하였을 때가 8시 30분이었으며 발이 쓰리다. 다행히도 제프링 형제는 친절한 사람이라는 것을 알았다. 저녁에는 앤니 제이양(Annie J), 매력적이고 조그마한 아더(Arthur) 부인, 그녀의 남편 포트마우스(Portmouth) 출신 존스(Jones), 사랑하는 호스테스 제프링 부인과 게임을 하였다.

8월 13일 일요일 좋은 날씨. 베드포드와 린취버그에서

감리교회에서 설교를 들었다. $6 연보를 하였다. 오후 1시 20분 시를 떠나 오후 2시에 린취버그에 도착하였다. 4시에 여러 가지 종류의 명칭을 건 혼합된 집회가 YMCA에서 열려 대화를 나누었다. 대단히 유익한 것을 들었다. 6시에 코트 스트리트 교회(Court Street)의 C.E.S회에 참석하였다. 짧게 대화가 끝났다. 우수한 회의관리자 이며 엔데보 회의(Endeavor)의 회장인 S형제는 회의 이름으로 $3을 주었다. 코트 스트리트 교회는 항상 나를 부지런하게 움직이도록 했으며 친절하였다. 이는 틀림없이 일찍 이들 형제자매들의 도움의 표본이라 할 수 있다.

p.146

차를 마시러 브라운(Brown) 집으로 갔다. 나이 많은 부인은 코트 스트리트 교회의 W.M.S.회의 회장이었다. 그녀는 두딸이 있었는데 특히 앤니(Annie)양은 기독교를 위하여 열심히 봉사하는 소녀이다. 앤니양은 특이한 중국 그림을 그려서 훌륭한 그림을 나에게 보여 주었다. 저녁식사를 하는데 너무 피곤하였다. 11시에 워싱턴 DC로 가기 위하여 린취버그를 떠났다. 여행비가 싸다. 돈 $3이다. 평소에는 여행비가 $10.50이었다.

14일 일요일 하루 종일 날씨가 좋음, 워싱턴에서

기차가 6시 15분 B지점과 O지점을 향하여 달려 갔다. 내가 세수를 하고 기분을 가다듬자말자 거대한 도시의 거리로 나오기 시작하였다. 한국공사관을 방문하기 위하여 아이오와 서클(Iowa Circle)로 갔다. 나는 공사관 건물 가까이 가자 우울한 애국심이 나의 가슴을 메웠다. 나는 조국의 빛처럼 넘실거리는 사랑이 담겨 있을 공사관의 여러 곳을 돌아 보았다. 한 유색인 부인이 조선공사관원들은 여름 휴가를 떠나 갔다고 나에게 말하였다. 공사원들이 있었다면 나를 환영할 것인가 아니면 내쫓을 것인가 의심이 들었다.
부인은 나에게 공사관 사무실들을 보여주기로 하였다. 방에는 조선제 물건들이 있었으나 나는 자랑할 것이 못된다고 생각하였다. 응접실 벽에는 박람회 한폭의 조선출품원들의 사진이 걸려 있었다. 나는 그들의 모습이 우둔하고 짐승같이 호색에 빠진 사람 같이 보여 깜짝 놀랐으며 속이 메스꺼웠다.[301)]

p.147

다음에 나는 N가 N.W.#1310에 있는 일본공사관에 갔다. 나카야마를 만나 나는 그로부터 서재필과 서광범이 아직도 워싱턴에 있다는 소리를 들었다. 나카야마는 나를 일본인 의과대학생인 니쉬호에게 보냈다. 그로부터 서재필과 서광범이 확실히 있는가를 확신시키기 위하여. 그래서 나는 1708 F가로 가서 니쉬오를 만났다. 그는 나를 진심으로 친절하게 맞아 주었다. 그는 서재필과 서광범에 대하여 모든 필요한 정보를 다 주었다. 그는 정찬에 나를 초대하였다. 우리는 식사를 끝내고 함께 가다가 그는 병원으로 가고 나는 의학박물관으로 갔다.
박물관 방에 있는 서재필을 방문하였다. 조선의 친구(?)가 차겁게 대해주는 모양이 니쉬오와 대조가 되어 괴로웠다. 서재필은 시내로 가버렸는데 대단히 서운 했다. 나는 그가 나를 보고 행복에 젖었을

301) underline은 필자가 친 것이다. 윤치호는 한국공사관에서 벽에 걸린 4명이 같이 찍은 박람회 요원 사진을 보았다.

것이라고 생각해 본다. 박물관에서 나는 1117B가 SE로 벨(Bell)부인을 만나기 위하여 나왔다. 그런데 만나려고 가는중 뉴번 N.C.(Newburn N.C.)에 있는 메도우(Meadow) 집으로 먼저 갔다. 벨부인은 내가 메도우 부인을 만나기 위하여 워싱턴에 왔다라고 뉴번에서 말을 하는 구나! 있을 수 없는 것처럼 보이는 이같은 일이 있을 수 있는 것은 너무 감격스럽다. 벨부인과 그녀의 여동생 리지(Lizzie), 이모겐(Imogene), 라우라(Laura), 벨부인의 자그마한 두딸은 나에게 따뜻한 환대를 하였다.

p.148

11시 50분에 벨부인의 아들중 한명을 데리고 나는 국회의사당으로 갔다. 하원과 상원이 속개되어 있는 것을 보았다. 하원의 장면은 복잡하게 전개되는 것 같았다. 그러나 상원에서는 더 질서가 있었다. 하원의원들이 자리에 앉은 것을 보고 그 사람도 내가 생각하는 것과 똑같이 "백성에게 자유를 주이 따르도록 하리라."라고 생각하겠지.
국회의사당에서 점심을 먹었다. 커피, 샌드위치, 비프 도합 55c. $1.30을 주고 포켓성경을 한권 샀다. 국회의사당에서 오후 4시 30분까지 나머지 시간을 보냈다. 국회의사당의 돔에서부터 보이는 도시의 풍경은 아름다움을 다 말로 표현할 수 없다. 도시는 국회의사당으로 통하도록 주로(主路)가 연결되어 있다. 넓은 산보길, 그늘, 절묘한 디자인물, 잘 포장된 도로, 우뚝 솟은 빌딩 등이 모두 워싱턴을 아메리카 도시중에서 여왕으로 만들고 있구나! 단순한 매력이 있는 도시로써 휴식과 쾌적한 공기가 있다.
서재필을 만나기 위하여 1208K가 N.W.로로 가서 숙박하였다. 서재필이 콜럼비아 의과대학(Columbia Medical College) 2학년 과정을 마치고 그 학교의 병리학 등의 대기교수(adjunct professor)로 임명을 받았으며 박물관에서 100$를 받는다는 소리를 듣고 자랑스럽게 생각하였다. 서재필은 거의 1년 동안 서광범을 보지 못하였다는 말을 듣고 나는 그들이 진심으로 친한 관계가 아니라고 판단하였다. 이같은 사실은 다음과 같은 가설로 설명이 가능하다.

1. 서재필은 근본적으로 서광범과는 정반대로 다르다. 서재필은 인색하며 이기적이고 비애국적인데 비하여 서광범은 너그럽고 애국적이고 인정이 있는 사람이다.

p.149.

2. 서재필은 행복하게 스무드하게 인생로를 살아가고 있으나 서광범은 겨우 살아 가고 있다. 자연히 서재필은 가난을 피하여 비교적 행복하게 살아갈 것이 기대되었다. 서재필은 모국의 글자와 말을 거의 다 잊어 먹었다.

정찬이라 하기에는 맞지 않고 저녁밥이라고 해야 할 끼니를 먹은 뒤 서재필은 환자를 진찰하러 가야한다고 하면서 내 곁을 떠났다. 나는 그 사람과 헤어지는 것이 서럽지가 않았다. 나는 니쉬오(Nishio)집에 갔다. 나는 그가 진심으로 친구이라는 것을 깨달았다. 대화중에 일본공사관 서기관 미야오카(Miyaoka)가 1881년 나를 페노로사(Fenorosa)와 칸다(神田乃武 ; Kanda)에게 소개했으며 1884년 로웰(Lowell)과 같이 조선에 갔다는 이야기를 하였다. 나는 니쉬오에게 미야오카가 일본공사관에 있다는 말을 듣자마자 나를 미야오카에게 데려다 달라고 요구하였다. 그러나 가는 도중에 우리들은 산책을 하려고 나오고 있는 미야오카를 만났다. 그는 나를 보더니 대단히 놀랐다. 우리들은 다같이 걸으면서 이야기를 나누었다. 그는 멋쟁이였으며 지성적이었고 넓은 마음의 소유자라는 것을 알았다. 그는 우리들에게 신선한 빛을 던져주었으며 일본식 스타일인 오후이산(Ohuisan)의 특성을 나타내면서 사심없이 돈을 썼다. 나는 그와 헤어진 뒤 자국의 예절을 잊지 않으면서도 서구적 광택의 피상성(皮相性)이 나를 따스하게 했다. 니쉬오는 서재필집까지 가는데 같이 동행하였다.

15일 목요일 워싱턴 DC에서

잠을 잘 잤다. 7시 30분에 일어났다. 내가 방값을 지불하자마자 서재필과 그의 심부름꾼들과 헤어진 뒤 시내로 나왔다. 이름 있는 레스토랑에는 조반값이 25c이다. 나를 기다리고 있을 니쉬오를 방문하였다. 나는 가방을 니쉬오방에 두고 500ft 높이의 워싱턴비에 갔다. 올라가는 계단이 900step이다. 내가 1891년 여름 워싱턴에 있었을 때는 낡은 엘리베이터를 타고 오르락 내리락하였다. 오후 1시 30분 니쉬오집에서 점심을 먹었다. 미지지근한 물에 목욕을 하였는데도 나는 피곤함을 느꼈다. 그러나 현명하지 않지마는 다시 외출을 하여 보스톤 잡화상에 갔다. 그 잡화상에서 구입한 작은 물건중에는 잘 알려져 있는 게임 기구(familiar quotations) 한 세트를 샀다. 그런 다음에 국회의사당으로 갔다가 벨(Bell)부인집으로 갔다. 나는 몸이 아파 거의 움직이지를 못하였다. 그녀의 가족과 저녁을 먹었다. 나는 그녀의 친절에 만족하였다. 나는 니쉬오집에 갔다. 니쉬오집에 도착하자 피곤 두통 열 다리쑤심 때문에 거의 반죽음이다.

7시에서 10시까지 나는 절대적으로 안정이 필요하였다. 10시 15분 아직도 머리가 아팠다. 나는 정거장에 갔다. 내가 거절하는데도 니쉬오가 나를 따라왔다. 그는 내가 차안에서 안정되고 있는 것을 보기까지 나를 떠나지 않았다. 그에게 축복이 있었다고! 내가 차를 타자 시끄럽고 아픈데도 잠에 빠지고 말았다.

16일 수요일 린취버그 : 그린스보로 NC에서

잠이 나를 대단히 좋도록 해 주었다. 오전 6시에 깨어보니 차가 린취버그(Lynchburg)에 들어서 있다는 것을 알았다. F.E양집으로 가서 대부분 오전에 쉬고 이야기하고 짐을 꾸렸다.

p.151.

4시에 F.E., 로티(F.E., Lottie) 부인과 헤어지고 정거장으로 갔다.(그녀의 친절이 고마운 기억으로 나에게 향기롭고 귀하게 남아 있을 지언저!). 형제는 몸이 불편한데도 내가 떠나가는 것을 보려고 일찍 정거장에 와 있었다. 신이여 그를 축복하소서! 7시 45분 그린스보로 N. C.(Greesboro N.C.)에 도착하였다. 목사관으로 갔다. 예배 시간전에 때묻은 마음을 닥아야 할 충분한 시간이 있었다. 감사의 마음이 가득찬 작은 회중(會衆)이 자리하고 있었다. 설교가 끝난뒤 목사부인인 힐리아드(Hilliard)가 식은 저녁을 권했다. 피곤하였으므로 밀크와 포도는 너무 맛이 있었다.

17일 목요일 섬머필드와 산골자기집에서

아침을 먹은 뒤 형제 H와 나는 마르타 위치(Martha Wyche)양을 보기 위하여 그린스보로 F. C.(Greensboro F. C.)에게 갔다. 그러나 그는 없었다. 대단히 실망하였다.
9시에 그린스보로를 보기 위하여 섬머필드(Summerfield)로 떠났다. 목사관으로 갔으나 크레밴(Creven) 형제는 시골로 가서 없었다. 그의 부인은 나를 친절히 맞이 하였다.
페니(Fannie)양에게 편지를 썼다. 정찬을 먹은 뒤 로브(Rob)군, 크레벤, 목사의 아들, 그리고 나는 15마일 여행을 하기 위하여 2시에 출발하였다. 길은 복잡하였다. 목적지에 도착하였다. 5시 30분까지 C형제는 우리들에게 봉사를 하였다. 무어(Moore) 형제의 자애스런 지붕 밑에는 따뜻한 가정이 있었다. 그는 그 공동체 사회에서 성공한 농부였다. 훌륭한 가정을 갖고 있었다. 그의 부인은 훌륭하였다. 그녀는 밤에 오한과 열 때문에 고통스러워 하였다.

p.152.

한 정자(渟子)를 따라서 바람을 쏘이면서 많은 사람들이 서 있었다. 내가 두려워 하는 것보다도 나의 건강이 훨신 좋아졌다. 이야기한 다음에 크레벤 형제는 나의 손을 흔들며서 회합에 가자고 요구하였다. 그들은 나의 손의 접촉에서 어떤 느낌을 가지면서 그 장소에 가자고 하였다. 어리석은 행동의 과정이었다. 그는 싸움이라도 생각하는 것처럼 위선의 사람을 만드려 했다. 악수는 무려 10분이나 계속 되었다. C형제는 내게 5$를 주었다. 그는 봉급이 많지 않을텐데 미안한 생각이 들었다. C형제는 사회가 철면피의 세례파(Baptist)로 가득차 있다고 말하였다.

18일 금요일 좋은 아침 Mt. 에이리에서

무어 형제가 사는 집은 산골자기 스타일이다. 아름다운 골자기에 위치한 집이다. 열로 생긴 물집이 나를 대단히 괴롭혔다. 11시 30분 무어 형제는 이륜차로 파인 힐(Pine Hill) 정거장으로 데려 갔다. 여기서 나는 월너트 코브(Walnut Cove)로 가는 기차를 탔다. 월너트 코브에서 Mt.에이리(Mt. Airy)로 가는 C. F와 Y. V.로기차를 3시간 기다렸다. N. C. 부인에게 편지를 썼다.

오후 3시 10분 월너트를 떠나 5시에 Mt.에이리에 도착하였다. 목사관으로 갔다. 블레어Blair) 형제는 대단히 친절했다. 그는 나를 센트럴 호텔(Central Hotel)로 인도하였다. 밤에는 앓았다. 사람들이 이해력이 있었다.

19일 토요일 윈스톤에서

10시 30분 Mt.에이리를 떠났다. 오후 1시 15분 윈스톤(Winston)에 도착하였다. 커티스(Curtis) 형제를 Mt.에이리 정거장에서 만났었는데 그와 같이 센테나리(Centenary) 목사관으로 똑바로 갔다. C형제는 내가 웨스리 홀(Wesley Hall)에서 본 적이 있는 벤더빌터(Vanderbilter) 사람이다.

p.153.

쉰 뒤에 C형제와 나는 차를 타고 사렘(Salem) 즉 옛날 모라비안(Moravian) 인들의 정착지로 갔다. C형제는 두 도시가 (사렘과 위스톤) 때를 봐서 합치려 하는데 두 도시가 도시명을 포기하지 않기 때문에 허사가 되고 말았다고 내게 말하였다. 윈스톤은 주(州)에서 가장 진보적인 도시라고 말하였다. 사렘은 모라비안인의 교회가 있는 곳이다. 이곳은 묘지가 대단히 아름답다. 묘지들은 돌스랩(slab)으로 덥펴 있었다. 묘지 밖의 길은 옛삼(cedar)으로 줄을

쳐 놓아 내가 본 도시중에 가장 아름다운 거리의 하나이다.

20일 일요일 윈스톤에서

센테나리 교회에는 위대한 성자(聖者)가 있다. 나는 성자인 감독 크로포드(Crawford)씨의 요구로 약 5분간 이야기를 나누었다. 그런 다음에 커티스 형제와 같이 그레이스(Grace) 교회로 갔다. 그는 이 교회의 자문위원이다. 대단히 인기가 좋다. 교회 가까이 있는 K형제의 집에서 밥을 먹었다. 그레이스 자문위원과 이야기를 나누었다. 센테나리 교회에는 흥미를 가진 회중이 많았다. 내가 교회에 들어간 뒤 엄숙한 인상의 크로포드에게 내가 교회를 반대한 의사를 갖고 있다면 하는 질문을 던졌을 때 "아니요! 정말 아니요. 모든 사람은 교회를 좋아 합니다. 반대할 리가 없어요. 대단히 가치 있는 말을 했군요." 라고 했다. 이같은 강조하는 뜻이 담긴 형제의 말을 듣고 나는 부끄러워 하지 않고 일요일의 괴로운 체험을 벗어 던지고 교회로 향하였다.

〈생략〉

p.168 15일 금요일 네쉬빌 테네시에서

아침을 먹은 뒤 벤더빌트로 갔다. 거기서 자콥(Jacob)과 같이 한두 시간 지냈다. 순수한 종교적 정신으로 이야기하니 기분이 좋다.
렘부드(Lambuth) 박사댁에서 정찬을 들었다. 그의 부인은 대단히 작은 사람이었다. 놀랍게도 부인은 중국사람은 일본 사람보다 우의(友義)가 더 있다라고 하였다. 중국은 동방에서 미래가 있는 나라이나 일본은 대국으로 성장하지 못할 것이라고 하였다.

네쉬빌(Neshiville)을 떠나 A.H.부인과 이별할 것을 생각하니 괴롭다. 그러나 시간은 제한되어 있고 나는 금요일 저녁 시카고로 떠나지 않으면 안되었다. 오! 나는 그녀와 이별할 것을 생각하니 슬퍼진다. 얼마나 오랫동안 떨어져 있을가는 아무도 예측 못한다. 기차가 정차하자 나는 가방을 열어 보니 작은 포켓 성경과 찬송가가 그안에 있는데 카버(cover)에 나의 이름이 적혀 있는 것을 보았다. A.H.부인의 날아갈듯한 명쾌한 사인이 눈에 띄었다. 그녀에게 복이 있을지어다.

p.168 1893, 9, 24일 시카고에서

세계박람회가 열리고 있는 시카고에 온지가 약1주일 되었다. 그간의 사연, 만난 사람, 떠오 르는 생각이 많다.

1. 시카고는 내가 미국에서 본 도시중에는 가장 큰 도시이다. 놀랍도록 먼 거리에 위치한 도시이다. 인구는 155만명이다.
2. 세계박람회에 2일 낮과 밤을 보냈다. 전시관의 거대함은 필설(筆舌)로 다 형용할 수 없을 정도이다.

p.169

중국 전시품은 볼품이 없는 것들이다. 아이보리 조각 이외에 미묘한 솜씨와 정교함이 중국기예를 발휘하지 못하고 있다. 이같은 현상은 중국의 그림에서도 보잘것 없고 기괴한 것이 엿보이고 있다. 일본전시품은 관람자들이 칭송을 아끼지 않는다. 샴과 버마의 출품은 의미 있는 것들이다. 조선전시실은 제품전시관 한구석에 자리하고 있는데 조잡하고 둔한 생산품이 눈에 띈다. 나는 조선의 예술품 등등을 궁하게 여기지 않을 수 없는 처지이지만 태극기의 모습은 나에게 깊은 인상을 받았다.

미드웨이 프레이잔스는 볼품이 없다. 이방인과 마호메드 극장은 볼품 없는 구경거리 밖에 되지 않는다. 여러 가지 의상을 입은 아릿다운 아가씨들이 있다. 광동 여인들은 미회장에서 브끄럽게도 더러운 손가락을 다듬고 있다.302)

3. 이틀간 종교대회에 참석하였다. 종교대회는 내가 여기 오기전 염려했던 것 이상으로 대회가 잘 진행되고 있다. 현명한 말들이 주고받는 것을 보면 다음과 같다.

(1) 밀(Mill). 우리가 예수처럼만 산다면 종교대회는 없어도 될른지 모르겠다.

(2) 웹(Webb). 순수한 인간의 마음은 복잡한 것이라고 하나 진실되고 완벽한 크리스찬이 순수한 마음이다.

(3) 피바디(Peabody). 기독교가 사회문제에 관심이 없다면 관심없는 기독교인은 기독교에 관심을 갖을 리가 없다. 인간은 개개인이 천국을 자기의 수단과 목표로 삼는다. 교회는 한편으로 개인이 예수의 진실성에 화답도 하지마는 한편으로 사회를 져버리고 있다.

p.170

그래서 선한 일을 하는 사람이 세상에 나가 일하지 않고 죄많은 사람들이 오히려 더 열심히 일하고 있다. 천국은 사회와 떨어진 관련속에서 오지 않는다.

302) underline은 필자가 친 것이다. 윤치호는 조선전시실이 제품전시관 한 구석에 자리잡고 있는데 물품이 조잡하다고 기록하고 있다. 그러나 태극기가 있는 것을 보고 깊은 인상을 받았다고 기록하고 있다.

(4) 브라운양과 브라운 목사(Miss or Rev. Olivia Brown). 이웃 사람들의 행위가 옳다고 여기는 것은 원래 모든 인간들의 생각이다. 특히 조상에 대하여 그러하다. 세계가 희망하는 것은 세계가 모성화(母性化)되는데 있다.

(5) 하나님이 병자를 위하여 약을 준비한다면 왜 예수는 약들을 이용하지 않았는가? 신앙의 치료로 고치려는 빈약한 논리만을 내세우면서.

(6) 흑인 아네트 주교(Bishop Arnett)의 말. "나는 기독교인과 흑인에 대하여 말씀 드리기를 청한다. 기독교인은 기독교의 옹호자가 없어도 스스로 문제를 치유하여 간다. 흑인에게도 기독교 옹호자가 필요 없다. 흑인은 내버려 두어도 스스로 문제를 치유한다. 나에게는 위에서 말한 기독교인과 흑인 모두를 필요로 한다. 나는 지구상에서 흑인이 필요하며 그들도 천당에 갈 기독교인이 내게는 필요하다. 우리들은 하나님의 문제를 공부하기 위하여 북아메리카 아시아 남아메리카에서 모여든 사람들이다. 우리들은 흑인을 마음에 두지도 않고 있지마는 이제 우리는 마음에 담아 두어야 할 때이다. 실론섬의 향긋한 냄새나 인도의 산호 타래(붉은 옷을 입은 힌두를 가르키는 것임.)나 죄를 뇌우치는 아메리카에서 온 사람이나 모두 하늘 나라에서 만나리라."(실내가 찬양의 박수가 터졌다.)

(7) 부로우스 박사(Dr. Burrows). 나는 존경하는 흑인 주교의 카톨릭의 성스러운 교직상을 본적이 있는데 나는 마음속으로 "하나님이 있는 곳에는 인간이 떨어져 나갈 수 없다."라고 말하지 않을 수 없었다.

p.171.

4. 마음이 너그럽고 넓으며 보편적인 신앙, 휴메니틱하고 협동적이고 형제와 같은 의(義)가 있는 사람, 하나님에 대한 신심이 확실한 사람 등등 이같은 말을 피곤할 정도로 들었다. 종교대회의 문제점은 홀이 너무 폭을 넓혔기 때문에 깊이가 없다. 밤에 아네트 주교는 흑인의 성가는 옛성가인 All hail the power of Jesus, Name이라고 말하였다. 모인 교인들은 성가에 매료되 말을 나누었다. 나는 옆에 있는 사람에게 "이홀에서 울려퍼지는 저 성가는 너무 활기를 넣어준다."라고 말하였다. 그는 "당신의 말이 옳다."라고 답하였다. 너무 폭 넓은 종교대회는 좋기는 하지마는 오히려 영혼에 괴로움을 끼쳐준다. 증기 전기 열 자석 및 기타 힘(에너지)은 좁은 공간에서 효력을 발휘하지 못하면 그힘의 효력을 발휘하지 못한다. 나는 너무 홀의 폭이 넓고 무관심하게 된 것보다는 좁고 열광적인 홀이 오히려 좋다.
5. 영어는 구사량이 너무 많기 때문에 어떤 종류의 넌센스나 옷들을 지혜로운 구절에 맞추어도 표현함이 가능하다.
6. 어제 트리분지사에서 만난 일본인 노야(Noya)가 와서 나의 방에서 잠을 잤다. 그는 영어로 말을 하는데 메스꺼움을 느꼈다. 그가 일어로 말을 할 때는 일어를 영어에 끼어넣어 말하는 것이 못마땅하다. 그는 신학강좌가 있는 여러 대학을 졸업하였다고 하였다. 그는 시간제 세탁부인 것처럼 보이고 또 그렇게 행동한다. 일본인으로써 거지 신세는 아니라고 그 자신은 아는 것 같았다.
7. 과일-수박, 참외, 포도, 사과, 배, 바나나 등이 많고 값이 싸다. 식사는 20c이면 해결된다(roast beef, Irish 감자, 커피, 빵 등). 남

부지방이라고 알려져 있는 곳에는 비스켓이 없다. 곡식빵, 수프도 없고, 흑인 웨이터도 보이지 않고, 비교적 인종 편견이 적은 곳이다.

p.172

8. 지난 수요일 아침 베미스(Bemis) 부인을 방문하였다. 그녀는 항상 진실로 친절하게 대하여 준다.
9. 조선출품대원 정경원을 방문하였다. 정경원은 자신의 아버지가 정치적 추방을 당한 사람이며 이유 없이 오랫동안 국외에 있어야 하는 사람이었다라는 것을 의식하지 않은 듯 하여 조선정부의 대표자라고 하기에는 합당치 않은 것처럼 보였다. 비공식 대원(도우미)인 박용규와 안기선으로부터 떠나온 조국 조선에 대하여 들은 바가 많다. 얼마나 오랫동안 조국을 떠나 있었던가!
10. 박용규는 나에게 세심한 관심을 가져다 주었다. 그는 미국에 해군 생도로 파미되었다. 아! 조국 조선은 우편제도 도로 세관 교사 광사 등등은 그 필요성을 주장하면서도 돈을 들여 가면서 해군 장교를 훈련하려는 해군 정책을 쓰지 않은 나라이구료!
정부의 부패가 어느 죄악보다도 커 정부 자체가 벌을 받고 있다. 지배자는 수세월 동안 전제전치, 불의, 폭악, 억압의 통치를 행하여 왔고 그 결과 벌과 어리석음으로 황폐와 파괴가 줄달음치고 있다. 이는 하나님의 섭리이다.[303)]
11. 밤 10시 와바쉬가(Wabash ave)를 걸어 갔는데 많은 낯선 부인들이 다가와서 보려 하고 있다.

303) underline은 필자가 친 것이다. 정경원과 박용규에 대하여 기록하고 있다.

p.173.

12. 매일 아침 가끔 비가 오고 습기가 많고 싸늘하고 안개가 낀다. 3일간 감기가 걸려 고생하였다.

13. 여러 종류의 종교적 교리가 기독교의 신앙심을 흔들어 놓으려 한다. 불교가 좋은 종교라면 불교도가 있는 곳에 선교사를 파견하지 않아도 된다고 한 부인은 말했다. 많은 부인들이 석가모니나 공자나 마호멧의 가르침에 열중하는 것 같다. 그래서 종교대회는 유익한 점이 많다.

(a) 동양적 종교에 대한 가능성 사상 합리성 논의 신앙법에 대하여 미국사회가 그 정보를 듣게 된다. 즉 논의가 요하지 않는 동양종교에 대하여 그러하다. 그 종교의 편견과 느낌은 기독교의 선교사들에 의하여 조종하여 고쳐주도록 하여야 한다.

(b) 구세주의 제자들은 인습에서 벗어나게 하고 오욕에 탈피시키려는 순수한 마음으로 선교사로 파송하지 않으면 안된다.

(c) 교회는 이름으로가 아니라 하나님 정신으로 뭉치지 않으면 안된다. 선교사업의 가장 큰 방해거리의 하나는 국내외에서 종파간의 추악한 대결구도이다.

(d) 기독교인과 교리간의 싸움이 시작되었다. 나는 지난 며칠 사이에 여러 가지 오고간 말중에 교인과 교리의 싸움은 교리가 이긴다는 보편적 신앙관에 대한 말을 들었다. 진실로 싸움이 있어 극렬한 피비린내나는 일이 있어서는 아니 된다. 그러나 말하고픈 것은 참 정신과 역사에 위배되지 않도록 타협과 인내가 절실히 요망된다.

p.174.

(e) 맥스 물러(Max Muller)와 같은 모든 사상가들에게는 기독교가 결국은 어느 다른 것 보다도 우수하다고 보일 것임에 틀림 없다. 종교대회가 여러 정부의 다양한 제도나, 증오할 전제정치를 한 조선과 대비되는 영국의 입헌군주제도의 유지나 장점에 대하여 토의하거나 들어본다면 누구든지 미국의 민주제도는 다소의 결점이 있으나 가장 훌륭한 형태의 정부임을 알 수 있다. 그래서 어떠한 제도가 판을 치더라도 기독교는 그들을 모두 압도하고 말 것이다.

25일 월요일 시카고

맑은 아침이다. 오전에는 종교대회에서 시간을 보냈다. 캔트린 목사(Rev. Cantlin)가 선교사업을 위한 기독교의 통합문제에 대한 중요한 자료를 나에게 주었다. 교회사가인 사프 박사(Dr. Schaff)가 교회의 재통합 문제에 대한 가치 있는 자료를 주었다. 알렌 박사와 부인 메리 알렌(Mary Allen)과 리리언 보넬(Lilian Bonnell)이 10시에 시카고를 떠났다. 십자군 병사 처럼 그들을 떠나는 장면을 보기 위하여 움직였다가 즐거운 마음으로 집에 돌아 왔다. 귀한 딸! 그 딸에게 하나님의 가호가 있기를! 그러나 한편 L. B. 부인이 자기의 뜻과는 반대로 행복한 미국을 떠나는 모습을 보니 참으로 슬픈 마음이 든다. 지주의 아름다운 딸 마가레트 허친스 양(Miss Mgaret Hutchinson)과 같이 게임을 하면서 2시간 즐겁게 시간을 보냈다.

p.175.

오늘 아침 나는 한 기독교 목사가 모든 기독교의 어두운 면과 광신적인 면에 대하여 강단에서 설교하였다는 말을 듣고 있다. 이는 얼마나 넌센스인가! 만약에 완고하게도 한 진리의 국면만을 보고 설교한 것이라면 극단적인 보편주의가 전체 인간의 측면을 뚫어 볼 수 없다.

26일 목요일 시카고

불교신자들은 자신만의 낮과 밤을 갖고 있다. 불교나 신도(Shitoism)나 많은 인도 이슬람 승려들은 강단을 지키고 있다. 시카고인들 처럼 부르는 높은 존칭을 갖는 승려를 제외하고는 일본 승려들은 그 지위가 미미하고 지극히 낮다. 일본 승려들의 사생활을 나는 알기 때문에 배로우스(Barrows) 박사의 말을 듣고 사람들이 불승을 순수하고 성스러운 사람으로 생각하는 것에 대하여 기쁜 마음이 들었다. 저녁 신문에 일본의 자유 사상가이며 학자인 하라이(Hirai)의 글을 읽었다. 그의 문체는 아름다웠으며 모호하고 형이상학적인 말로 썼으나 사람들의 마음을 사로 잡았다. 그러나 그의 글은 도덕적 측면에서는 허위로써 무용지물이다. 그는 미지의 선천적 실재로써 종교의 통합을 논하였다. 당시 그가 미지의 실재의 본질을 사유(思惟)의 본질로 생각한 것은 넌센스이다. 실재가 미지라면 어떻게 그 본질을 사유할 수 있을가? 그는 확정적 존재로써의 창조주를 무한(無限)적이고 불확정적 존재인 것을 보여 주려고 애를 썼다. 그는 지능 없는 인형 제작자가 지능력 있는 인형을 만들 수 없다는 것을 말하려 하였다.

p.176.

결론적으로 히라이는 모든 종교를 달리는 기차에 비유하여 “예수는 다만 제동수(制動手)에 불과하다. 예수를 가슴에 두지 말라. 성경을 찢어 버려라. 하나님은 성경속에 없다. 당신이 하나님이다."라고 히라이는 말했다. 히라이는 항해하는 사람들이 선상의 선원에게 발로 차고 선원의 운행에 대한 정보가 담겨져 있는 지도를 찢어버리고서 폭풍우가 부는 바다에서 안전 운행하라는 말과 똑같다. 이 어리석은 종교통합론자가 엔지니어를 때려서 그 엔지니어가 운행을 못하도록 철로를 부시고 평원과 산을 안전하게 가로 질러 가라고 충고하고 있다. 모든 멍텅구리 생각이 옛날부터 환영을 받고 있었다. 모든 비기독교적 강령이 기독교를 통합하여야 한다는 것은 명백한 사실이다. 삼위일체설을 부정하는 유니테리언파(Unitarians)와 그리스 정교의 보편구제론자(Universalists)는 불교쪽으로 기울어지고 있다. 인도 승려인 다마파라(Dhamapala)는 그리스 정교회 보편구제론 교회에서 설교하였다. 그러나 기독교의 극단적 자유를 추구하는 종파에 대하여 내가 반대하는 이유의 하나는 극단적적인 무한의 자유 문제 때문이다. 종교는 신앙이다. 많은 사람들이 빛을 찾기 위하여 영혼이 투쟁하는 미스테리(mystery)가 기독교이다. 보편구제론자들은 무한의 자유가 영혼을 식어들게 하는 의심을 낳게 하는 미스테리를 만들어 주고 있다.

27일 시카고

오후 6시부터 예술관의 문들에는 열성적 펜들이 몰려 왔었다. 문을 오후 9시까지 열지 않았기 때문에 입장객들을 찾아내기가 힘이 들었다. 입장객들에 끼어서 한발자국도 움직이지 못하였다. 종교대회 마감으로 많은 사람들이 참여하였기 때문에 콜럼버스홀과 워싱턴 홀에서 나누어 계속 대회를 열었다.

p.177.

400명 합창단을 거느리고 톰린스(Tomlins) 교수가 이끄는 아폴로 클럽(Appolo club)은 콜럼버스홀 겔러리에서 노래를 합창하였다. 그 합창곡은 내가 여지껏 들어본 곡중에서 가장 훌륭한 곡이었다. 그 음의 곡은 짧으면서도 핵심적인 포인트를 들려주었다.

모메리 박사(Momery)가 당시 시대를 이끌고 갔다. 그는 배로우 박사(Barrow)를 배출시킨 것은 큰 성공을 거둔 것이었다. 배로우 박사는 미국이 세계적 종교로 웅비하게끔 길을 이끌어 준 분이며 또한 시카고가 가장 훌륭한 세계박람회가 되게끔 한 사람이었다. 모준다(Mozoonda)는 '인간이 인간과 합치될 때 그것이 신과 합치되는 것이다.'라고 하였다. 대단히 젊고 핸섬한 러시아 귀족은 "러시아인들에 대하여 미국인들은 악마 같다고 생각하나 러시아인들은 미국인들이 천사라고 생각한다. 잠시나마 악마와 천사가 같이 있으면 깨우침을 얻는다. 교활이나 모리배가 존재하는 한 세상에 행복은 존재하지 않을 것이다."라고 하였다.

일본인 하라이(Harai : 히라이와 동일 인물인 듯 함-번역자 주석임)는 미국을 떠나면서 눈물을 흘린 일본 승려에 대하여 말하였다. 중국왕이 '모든 미국의 종교인들이 나를 대하듯 나의 백성들에게도 친절히 대해 달라.'라고 말했다. 일본의 신도(Shinto) 승려가 미국인들에게 800신(神)이 축복을 내려달라고 기도하였다. 중국의 광동에 대하여. "나는 그 도시명의 어원을 알아 보려 하였다. 영어든 불어든 인도어든 그 어원은 모두가 똑 같다."

p.178.

실론의 달마파라(Dharmapala)는 힌두교의 성령강림제에 의하여 몇

개의 단어가 비교적으로 하모니가 잘 되고 있다고 하였다.

한 아프리카 흑인승려로써 교양 있는 젊은이가 있었다. 종교대회의 의장인 보니(Bonney)는 "나에게 의지하지 마시오. 하나님에게 의지하시오. 세계에서 몰려온 마음이 순수한 남자나 여자가 종교대회를 성공의 길로 이끌어 갈 것입니다."라고 했다. 봄베이 법률가 갠디(Gandi)는 "내가 힌두교나 불교를 기독교로 돌리기를 내가 원한다고 봅니까? 하나님은 그러지 말라고 할 것입니다. 내가 기독교도가 힌두교나 불교도가 되기를 바랄가요? 하나님은 그렇게 하지 말라고 할 것입니다."라고 하였다. 그런데 자유나 관용 등등 이름으로 선택의 자유를 막아내지는 못한다는 것을 알아야 한다. 필라델피아의 평범한 사람들이 "동방의 명상에 잠긴 교주들! 서구사회를 이끌어 가는 일꾼들! 같이 평화스럽게 동포로 같이 살고 있는 것을 보시오."라고 말하였다. 유테인 힐취 박사(Hirch)는 세계종교에 관한 긴 페이퍼를 읽었다.

감리교 목사로 저명한 브리스톨 박사(Bristol)는 "세계종대회를 연후에 작은 사소한 일들은 줄어들고 큰 일들이 생기고 있다. 구세주 하나님이시여! 지도자인 모인 형제들이 하나님과 함께 할 것이다." 라고 말하였다. 스페인의 한 목사는 스페인은 수세기 동안 영국교회(성공회) 핍박속에 내려 왔다고 했다. 그는 종교대회 의장의 말을 듣고 영국교회 노선을 따르지 않으려 한다고 하였다. 체프만 하우(Chapman Howe)도 말을 하였다. 아르메트 주교(Armett)는 '흑인도 사람이냐?'라는 질문에 답을 주었다. 청중들은 그 답에 손수건을 흔들며 열광적으로 즐거워 하였다. 재치 있는 유색인이 '신사숙녀 여러분! 주교의 답을 들으니 기쁘다고 생각합니다.'라고 하였다. 카톨릭의 킨 주교(Keane)는 '카톨릭도 종교대회에 참가하여 기뽑니다.'라고 하였다. 종교대회는 래비 H.(Rabbi H.)와 어느 베네딕트 주교인 K의 기도로써 오전 11시에 끝이 났다.

28일 시카고

아침을 먹은 뒤 박람회에 갔다. 거의 모든 나라의 국기가 어떠한 건물에도 지붕에 날리고 있었는데 조선 국기가 보이지 않아 모멸감을 느꼈다. 아! 나는 아직도 내가 서울에 당도할 때까지 좌절과 창피함이 어느 정도나 깊고 넓을 것인지 알지 못하겠도다. 건축학적 기묘함을 지닌 건물들에 대하여 한두달 코스로 박람회장을 다니면 나에게는 말 할 수 없이 매력을 느낄 것 같다. 오! 헛되고 헛 될 것 같다. 그 이유의 하나는 박람회 재료들이 기후를 이겨내지 못할 것 같은 생각이 들어 그러한 것이다. 하나님을 경솔히 여겨 지어진 건물이라는 것이 이런데서 교훈을 얻을 수 있다.

p.180.

11시에 조선전시실에 가서 오후 5시까지 머물러 있었다. 왜 그러하였던가? 무엇을 하려고 그러하였던가? 나는 설명을 할 수가 없도다. 내가 조선전시실에 오래 머물러 있었던 이유의 하나는 전시품이 보잘 것 없었기에 그러하였다. 물품 전시를 하고 있는 조선인의 한 사람인 안기선은 지위가 낮은 박람회 종사인이다. 안기선은 입에서 풍기는 것으로 보나 도덕적인 면으로 보나 추접하고 게으르고 바보스럽고 음탕한 사람이다. 출품대원 정경원은 인색하고 완고한 사람이라고 한다. 박용규는 조선 전시실에서 가장 뛰어난 사람이다. 박용규는 조선이 비참한 상태에 있는 나라라는 것을 알고 있었다. 날씨가 1~2일 동안 오싹하고 좋지 못하였다. 나뭇잎들은 벌

써 브라운색을 띄었다.[304)]

10월 1일 일요일 시카고

오늘 시카고 날씨는 좋다. 제2장로교에 갔다. 길고 긴 연극 같은 예배, 기계적이고 순서에도 없는 예배를 목사는 반복하여 나의 마음을 불유쾌하게 하였다. 그래서 나는 유니테리언파 교회에 갔다. 신자들은 대단히 적었다. 이것은 의미가 있는 것이다. 목사는 관용과 통합에 대한 좋은 설교를 했다.

드렉셀 대로(Drexel) 이쁜 노변 정원 한군데서 박용규와 오랫 동안 대화를 나누었다. 조선 정부의 부패, 중국의 조선 간섭, 친족관계 대화는 대화에 있어 많은 고통을 느기게 했다.

p.181

박용규는 나에게 갑신정변을 기억하여 내가 관여하였거나 관여하였을 것이라고 추정하는 한국인은 나의 장래 안전에 도움이 안되니 어떠한 한국인이라도 만나지 말라고 충고하였다.[305)]

박용규와 헤어진 뒤 사우드 공원(South Park)쪽으로 산책하다가 호텔로 돌아 왔다. 산책로는 드레벨 대로(Drevel Boulevard)와 그랜드 대로(Grand Boulevard)이다. 이 두길은 시카고에서 가장 아름다운 대로이다.

---

304) underline은 필자가 친 것이다. 윤치호는 박람회장에 태극기가 보이지 않아 실망하였다고 기록하고 있다. 정경원, 안기선, 박용규에 대하여 기록하고 있다.

305) underline은 필자가 친 것이다. 박용규와 윤치호의 대화 내용을 기록하고 있다.

7일 토요일 시카고

주간(週間)에 있었던 일들은 다음과 같다.

1. 지난 월요일 유니온(Union) 도살장에 갔다. 그 도살장은 넓이가 640acres이다. 고용인이 35,000명이다. 매시간 900마리 돼지를 잡는다. 가축과 양들을 수없이 도살하였다. 도살장면이 너무 끔직하여 나는 3일 이상 어떤 고기도 먹지 못하였다.
2. 링컨 공원(Lincoln Park)을 방문하였다. 동물원과 식물원을 제외하고는 볼만한 데가 없었다. 나에게 혐오감을 일으켜 주는 한 미국식 정원 모양은 기학적인 균형과 붉은 꽃모양 기법이 지나치게 만든 것이었다.
3. 아름다운 부인들이 어느 미국지역보다도 이곳 부인들은 나에게 큰 매력으로 보인다. 그런데 서북지방 부인들은 남자와 같다. 전차에서 남자는 앉아 있고 여자는 서 있다. 나는 부인들에게 4번이나 자리를 사양하였다. 한 부인만이 나의 제의를 받아 들이고 이외 다른 부인들은 나의 자리 양보를 거절하였다. (서)북부여인들이 광산의 갱도 같다면 남부여인들은 확실히 향긋한 여인들이다.

p.182

4. "소년과 부인들이 8번이나 다친 곳이다. 여기를 앉지 말라." 예술관(Art Palace) 작은 입구 사자 조각상에 애처로운 경고 표지를 써 놓은 것를 읽었다.
5. "그러나 예술관 중국전시관은 어디로 들어 갑니까?"라고 '중국'이라고 쓴 명찰을 달고 비단 날염 시험이 끝난뒤 인상이 좋지 못하고 차분하지 못한 중국여인이 물었다.
6. 80,000평방마일이나 되는 나라의 많은 영혼들이 그들이 좋아 하

는데로 생각하거나 말하거나 행동할 수 없다는 것을 생각하니 정말로 질식할 것 같다. 상술에 재능 있는자가 시장을 갖지 못하며 야망이 있는자가 야망을 펴칠 공간이 없으며 애국자가 설 자리가 없으며 무도한 전제주의자가 나와 사람을 노예로 만들어 가며 거지와 우상이 우글거리며 인간은 생사의 가름길에서 죽어가고 있으며 물질적 부패와 부정이 매년 수천번이나 파괴를 일삼고 있다. 이같은 정치적인 지옥이 얼마나 오랫동안 지속될 것인가?

(나는 한국의 정치상을 생각하면서 타락한 지옥을 구해주기를 간구한다.)

7. 시카고에 돌아다니면 큰 유혹거리의 하나는 물건값이 싸다는 것이다. 시카고시의 거대한 상점의 하나인 '더 패어'(The Fair) 상점에서 영국 매코레이(Macaulay)상(像)의 아름다운 한 세트를 95c로 살 수 있었다. 더 못한 세트로 내쉬빌(Nashiville)에서는 2,50$를 주고 샀다.
8. 서북지방 남자들이 차안에서 부인에게 자리를 양보하는 것을 부끄럽게 생각하는 경향이 있어도 남녀평등에 대한 나의 기사도정신은 한국인이 아니라 미국인 기독교인에게 있고 명분을 중시하는 유교주의자에게 있는 것이 아니라는 것을 나는 기억한다.

p.183

9일 시카고

<u>화창한 날이다. '시카고의 날'(Chicago Day)이라서 오래전 시간부터 전차는 박람회 관람객을 실어 나르고 있었다. 시카고에 온 관람인</u>

은 50만명 이상으로 추산된다. 50만명을 생각하여 보라! 한국의 서울의 인구보다 많은 숫자이다. 이 많은 관람객이 시카고시에서 모두 잠자리를 구했다고 생각하니 이는 한 사람의 한국인으로써 기억할만한 가치가 있는 한 사건이다. 짧은 기간 달리는 전차는 운전사가 아무역에서나 승차하지 못하도록 하면서 손님을 실어나른다. 22가역(22nd Street Station)에서 차를 놓치고 나는 중심역인 콘그레스(Congress)로 가서 자리를 잡았다. 사람이 많아 나는 창문을 통하여 뛰어 내렸다. 나는 박람회장 어느 곳으로 가나 많은 관람인들이 왔다 갔다 하면서 밀리고 밀리었다. 모든 전시장은 불유쾌한 아우성으로 가득 찼다. 내가 오늘 본 가장 인상적인 장면은 톰린스(Tomlins) 교수가 지휘하는 수백명으로 구성된 콜럼비안 합창곡(Columbian choir)이다. 거대한 합창단은 홀에 자리잡고 있었다. 울려퍼지는 소리와 밴드 음악은 잘 어울려 퍼져 나갔다. 그 곡들은 '공화국 찬미가'(Hymn of the Republic), '조오지아 행진곡'(Marching through Georgia), '아메리카'(Ammerica), 홈 스위트 홈(Home sweet home)인데 나는 이처럼 잘 부르는 곡은 들어본 적이 없다. 밴드가 중지하고 합창단이 부드러운 합창가사를 반복할 때 영혼의 소리를 속삭이는 듯 하였다. 참석한관객들이 무의식중에 눈물을 흘렸다.306)

p.184

아이오와주(Iowa) 밴드를 선두로 하여 각주를 대표하는 소년 소녀의 퍼레이드가 각주가 연합하여 진행되었다. 아름다운 솜씨를 보여주는 그 퍼레이드는 나의 생각으로는 잘못한다고 생각되었다. 아! 한두번의 잘 하는 장면도 있었다고 하나 소년 소녀들은 조잡하고

306) 시카고날의 모습을 그리고 있다. underline은 필자가 친것이다.

거의 질서가 서 있지 않았다. 단순한 놀이에 불과하였다. 시카고인들은 노력에 반에 예술성을 잊고 있었다. 그들은 세밀한 완성 표방보다는 규모의 크기에 치중하였다.

오후 6시 영원히 화이트 시티를 이별하기 위하여 엘리베이터가 설치된 기차 정거장으로 갈 시간을 기다렸다. 너무나 복잡하여 그곳까지 걸어서 25분 걸리며 10피트 이상의 공간을 더 밀고 들어 가서야 하는 곳이다.

8시 30분 슬픔을 뒤로 하면서 그레샴 호텔(Gresham)을 떠났다. 그레샴 부인과 그녀의 어여쁜 딸 마가레트(Magaret)는 나에게 너무나 친절하게 대해 주었다. 심부름을 하였던 앤(Ann)은 얼굴과 행동이 너무나 이뻤는데 보이질 않았다. 나는 마음이 아파 어쩔줄 몰랐다.

10시 30분 시카고를 떠났다.

나는 시카고에 있는 동안 이상한 것도 보았고 듣기도 하였다.

1. 나는 발까지 머리카락을 서서 늘이트리더라도 마루를 쓸고 나갈 정도로 기르고 있는 4명의 부인을 보았다. 이 부인들은 모두가 키가 5ft 이상이었다.
2. 무게가 486 Ibs(파운드), 둘레가 10ft 1inch, 높이 3ft 7inch 호박을 보았다.

p.185

3. 종교대회 기간 paper들은 일본의 종교와 석가모니의 일생과 업적을 소개하는 것으로 가득 메워져 있었다. 내게 놀라운 것은 모든 이러한 사실에 대하여 감리교 지도자 헛친스(Hutchnson)는 일본의 종교는 무엇인가라고 물었다는 것이다. 아! 그는 신문 탐독자요 그 당시 감리교를 이끌고 있었던 지도자의 한 사람이

었다.

4. 종교대회 기간중 그의 말에 대하여 브리스톨(Bristol) 박사는 아메리카 도시들이 버린 보잘 것 없는 인간생활과 죄악과 비참함의 참상을 기록하였으며 현재 선교의 행위는 자멸상태라고 하면서 미국국내에서부터 자비로운 선교를 해야 하고 미국국내의 이교도부터 개종시킨 다음 해외이교도들을 개종시켜야 한다고 하였다. 시카고는 큰 곳이다. 그러나 나는 감리교 목사로부터 그렇게 많은 넌센스가 시카고에 많다는 소리를 듣고서 어떻게 무엇을 생각해야 할지 모르겠다. 자국내 선교에 대한 논의의 아이디어는 수세기 전부터 있어 온 것이다! 미국국내 선교에 열중하고 비기독교계 세계의 선교를 게을리 하는 아이디어가 지배할지라도 미국국내에도 이교도가 득세하거나 득세할 것이라는 것을 깨달아야 할 것이다! 외국의 선교를 유보하는 아이디어는 미국도시들을 참상으로 끌고 가며 죄악이 득실거리게 한다. 진실은 여기에 있다. 교회에 의하여 보살펴 주어야 할 사람들이 미국도시에 많이 있다는 것을 목사들이 알아야 한다.

p.186

미국국내 교회는 이점을 소홀히 하고 있다는 것을 알아야 할 것이다. 그러나 미국국내 전도를 소홀히 끌고 가는 목사는 목사로써의 임무를 져버리고 교회를 끌고 가는 실패작의 원인이 됨으로 결과는 무지한 선교로 타락해 버리고 말 것이다! 빈약한 사역! 게다가 이교도의 무리들, 소크라테스 플라톤 아리스토텔레스 등등의 웃음거리(조롱)와 허위가 미국에 차고 넘치고 있어 교회가 죄를 지고 이를 추방하여야 할 속죄양이 되어야 한다.

5. 시카고 기독교 목사인 톰슨(Thomson)은 어떤 일요일날 모든 인간은 기독교인 것처럼 하나님을 믿으며 선교사는 하나님을 자기의 가슴으로 품어야 하며 미국의 해외선교는 동양 출신 기독교교사들에 의하여 개종할 필요성이 있다고 말하였다. 만약 그가 기독교의 우월성에 대한 신념이 없다면 왜 그는 설교를 하려 하는지 상식으로 이해가 가지 않는다. 하나님은 이 먼 지방에 나를 성령 충만한 사람을 만들기 위하여 보내지 않았는가?
6. 헨리 드루몬드(Henry Drummond) 교수는 나에게 대단히 친절하였다. 지난 일요일 그와 만났을 때 그는 나의 어깨에 손을 얹고 인사를 하여 '세상에서 가장 큰 일을 하는 사람'처럼 깊은 인상을 받았다.

14일 토요일 벤쿠버에서

대초원, 험한 산, 여러 모양의 골짜기를 보면서 기후의 변화를 이겨가면서 지루한 여행 4일 끝에 기차는 안전하게 목적지에 도착하였다. 〔『韓國史料 叢書 第十九 尹致昊日記』 三, (大韓民國 文教部 國史編纂委員會, 1974), pp.144~186.〕

Table of Contents

A Scene of Modern Korean History

Chicago Columbian World's Exposition and Korea Exhibits

by Ph. D. Min-sik Lee

(7) Machinery Building

(8) Transportation Building

(9) Manufactures Building and Korean Pavilion

(10) Electricity Building

(11) Fine Arts Building

(12) Liberal Arts Building

(13) Anthropological Building=Ethnopological Building=Educational Building

(14) Woman,s Building

4) Conclusion

2. A Study of Korea Pavilion in Chicago Columbian World's Exposition

1) Forward

2) The Location of Chosen Pavilion

3) The Structure of Chosen Pavilion

4) The Exhibits in Chosen Pavilion

5) Conclusion

3. A Study of Chung Kyung Wan of Settlement in Chicago and World Feast in Auditorium Hotel

1) Preface

2) Chung Kyung Wan's Arrival at Chicago

4. A Study of Chai Mun Hyun, An Ki Sun, Pak Yong Kiu, and Surh, Kiu Beung in Korean Pavilion of Chicago World's Exposition

5. A Study of Korean Traditional Musicians on Columbian World's Exposition in 1893

3) The Study for Melodies
    (1) The Place for playing music
    (2) The Playing instruments
    (3) The Playing melody
4) The View of the Traditional Musicians in Career on the Korean Music Institution
5) Conclusion

6. Chung Kyung Wan Papers

1) An Dialogues between Chung Kyung Wan and Japanese Yum Jeoun Jin on the way to USA.
2) The Dialogues between Chung Kyung Wan and Japanese Yum Jeoun Jin in late March, 1893
3) The Visit of Japanese Yum Jeoun Jin and a Dialogue between him and Chung Kyung Wan
4) The Origin of the Customs of the United States of America and Europe
5) American Customs
6) The System of the Shops in USA
7) The System of the Roads in USA
8) The System of the Ships in USA
9) The Systenm of the Transportations in USA
10) The System of the Cars

7. Yun Chi-ho's Diary

ABSTRACT IN ENGLISH

1. A Scene of Enlightenment Culture in World's Exposition on the Shore of Lake Michigan

At first World's Exposition had begun at Hyde Park in London in 1851 under Prince Albert. Columbian World's Expisition opened at the shore of Lake Michigan in Chicago in 1893 after 42 years from London Exposition. U. S. A. built the buildings and facilities for exposition in Jackson Park, Washington Park, Midway Plaisance, and the piers under Frederick Law Olmsted and Louis Sullivan, and etc. The site of Fair has been 645 acres, the cost of all construction in ground $22,000,000, and the building construction of cost $8,000,000. The visitors were 27,529,400 for 6 months(May 1～Oct. 30). 47 nations exhibited on the ground. Important buildings are as following.

Administration, Agricultural Building(A), Horticultural Building(B), Live Stock Pavilion(C), Fisheries Building(D), Mining Building(E), Machinery Hall(F), Transportation Building(G), Manufactures and Liberal Arts Building(H · L), Electoricity Building(J), Arts Building(K), Anthopological Building(M), Forestry Building(N), Commissioner Woman's Building.

Korea(Corea) appointed Chung Kyung Wan as the agency for Fair in March 16, 1893. He participated at the opening ceremony in

May 1, 1893. Korean pavilion was situated at B sections in Manufactures and Liberal Arts building. It's area is 644ft^2. Korea exhibits Chest inlaid with pearl, Silk embroidery, Embroidery, Hemp cloth, Group Matting, Costumes, Bamboo window shades, bamboo combs, Stone boxes in the pavillion. Korean pavilion opened a banquet in the Auditorium Hotel in September 5, 1893 under Minister Resident Yi Sung Soo and Chosen Commissioner Chung Kyung Wan. I have an invitation, souvenir, the list of the exhibits(Group 90, 106, 101, 104, 121). Columbian World's Exposition is important significance in exporting Korean culture to western world on Korean history at first.

2. A Study of Korea Pavilion in Chicago Columbian World's Exposition

The Chicago Columbian World's Exposition was opened at the shore of Lake Michigan, at 42 years after open day of Great Exposition. Chosen participated at the Expo on Korean history at first. Chosen Commissioner was Chung Kyung Wan, and the sutes were Choi Mun Hyun and An Ki Sun. 10 Chosen traditional musiscians participated at the expo with them also. They participated in the opening day with Chosen Counseller Ye Sung Soo of Chosen Legation in Washington. They heard President Stephan Grover Cleveland's speech, and reading the “Prophecy” by William A. Croffut.

Chosen constructed the pavilion in the Manufacures and Arts Building. It Located B sections in it. It was a pavilion facing the west in it. The present place is North borther on the South Lagoon along Hayes Dr.

The area of ground of Chosen pavilion was 466ft^2. By Chung Kyung Wan Papers, Chosen pavilion were constructed by, Horace N. Allen and Ye Chai Yun between 1892~93.

3. A Study of Chung Kyung Wan of Settlement in Chicago and World Feast in Auditorium Hotel

It takes five days to reach from San Francisco to Washington by American Continental Rail Road. They reached to their journey's end by way of Ogden, Omaha, and Chicago, after they had stayed at Palace Hotel in San Francisco.

Generally Koreans reached at Union Station in Chicago in accordance with following in wake of another.

Minister Min Yong Ick reached at Union Station after staying at Palace Hotel in San Francisco. So Min set foot on Chicago for the first time as Koreans.

Afterward Minister Pak Jeung Yang reached also at Chicago by Continental Rail Road. But Pak did not stayed in Chicago. Soon he went to Washington by train.

Chung and his suits reached at Union Station in Chicago in April 28, 1893. They stayed at Palmer House in April 28~29, 1893. In

April 29, 1893, they removed to building number 275, 42st. They removed again in unknown another building, after Korean traditional musicians had returned to their country. Why did Chung remove the hotel? It is the reason that he lacked the money. He employed an American kitchen-maid. But he was cooking for himself really.

Chung managed, or participated in World Feast for Columbian World Exposition. In September 5, 1893, he opened the feast in Auditorium Hotel with Minister Ye Sung Soo. It went on by buffet style. Korean punch was strange to the foreigner. In October 11, 1893, USA opened the World Feast for the foreigners in Music Hall. Chung participated with his suits in the World Feast. In the World Feast, USA raised the Korean flag with other nation's in the wall of Music Hall, and in a celebration accessary. Foreigner participating in the World Feast think that the headgear of the Korean was strange for their eyes.

Korea had a moment to go on the world through September 5 feast or October 11.

4. A Study of Chai Mun Hyun, An Ki Sun, Pak Yong Kiu, and Surh, Kiu Beung in Korean Pavilion of Chicago World's Exposition

Chai Mun Hyun was born in Kaisung in 1856. His father was Chai Jae Won. He was appointed as a clerk of Korean Pavilion of

Chicago Columbian World's Exposition in 1893. He began to work, calling on a man of Japanese Pavilion, Yum Jun Jin. He arrived at Chicago with his colleagues, and stopped at Palmer House in April 28, 1893. In May 1(Open Day), he met President Stephan Grove Cleveland at Columbian Avenue in front of USA Pavilion in Manufactures and Liberal Arts under Horace N. Allen. He put many papers on the Korean articles which he had written the name and use of them. He was accompanied by Chung Kyung Wan to Washington. There he took a photo with Chung Kyung Wan, An Ki Sun, and Surh, Kiu Beung in June 5, 1893. I found the photo in National Institute of Korean History in June 24, 2005. He accomplished his duty, and returned to his country in December 18, 1893. Afterward he served faithfully at Means of Communication, etc. An Ki Sun was born between his father An Hyung Su and mother Junjuissi in 1865. He was appointed as interpreter for Korean Pavilion of Chicago Columbian World's Exposition in 1893. He arrived at Chicago with his colleagues in 1893. He have been to San Francisco, having led Korean Traditional Musician's returnning to his country. He was interested in USA life. He had a great joy, when he met many American girls on the building who called 'Hello'. He was accompanied by Chung to Washington. He served faithfully as Head man of Jin San County, etc. after he had returned to Seoul. He believed in Christianity, and was presented at Andong Church.

Pak Yong Kiu worked at Korean Pavilion as Assistant Commissioner to Chicago World's Columbian Exposition in 1893. He accompanied at Chung's journey to Saint Louis. There he was a good dancer, when he went with Chung in a hotel. Chung regarded envy Pak's dance. Pak met Yun Chi Ho in Chicago. Pak discussed with Yun to Korean progress in future. Afterward he served as a Chargé d'Affaires of Korean Legation in Washington. He served at an official translator at Mail News Paper in Seoul. He devoted himself to the independance of Korea. Surh, Kiu Beung early studied English in Korean Royal Academy. He came to Korean Pavilion with Pak Yong Kiu in 1893 in order to serve Assistant Commissioner to the World's Columbian Exposition in 1893. He spoke well English. King Kojong was struck by his English speaking. He helped for Korean Traditional Musicians to be admitted into Exposition ground. He returned to his country, after Roanoke College and Prinston University. By his daughter Anna S. Chesnutt, he made invitation to be an active service in USA for Spanish American war in 1898. Afterward he served as Mayor Inchun, etc.

5. A Study of Korean Traditional Musicians on Columbian World's Exposition in 1893

The 1893 year on Korean History is very significant, because Korea participated at Columbian World's Exposition at first. So it was made an era of a new Korea culture. After Korean Chung

Kyung Wan, Chai Mun Hyun, An Ki Sun, Korean Traditional Musicians 10, and etc. participated at the opening ceremony, they went into the Columbia Avenue near USA pavilion in Manufactures Building. Korean Musicians played there for President Stephan Grover Cleveland who came into the Manufactures Building in order to see an exhibits. The music was a kind of Hwang Pung Ak(A March Song for King). This is the first playing music in the overseas on Korean history. Afterward they played music in Korean pavilion until May 3, 1893. Korean musicians was Shin Hung Suk, Lee Jae Yong, An Paec Yong, Lee Kyung Ok, Lee Chang Up, Chae Ul Yong, Kang Sam Sik, Lee Kyung Yong, Lee Su Dong, and Chung Ki Yong. They played with Taikeum, Hyenkeum, Kayakeum, Haikeum, Kyobangko, Changko, Pipa, and Piri.

6. Chung Kyung Wan Papers

I had already introduced some Chung Kyung Wan Papers in History of Contemporary between Korea and the United States(Geundai Hanmi Guangaesa) by myself in 2001.

Now I translated into Korea Chung Kyung Wan Papers from January 15, 1893 to Nov. 9. It is as follow.

1) Receiving a letter from officer Min in Palace which have to return from native land to Seoul. 2) Leaving Chemulpo for America. 3) Arriving at Japan. 4) Crossing the Pacific Ocean and Arriving at San Francisco. 5) Arriving at Chicago and Attending at Columbian

Exposition. 6) Arriving at the Korean Legation in Washington and Calling on President Stephan Grover Cleveland. 7) Returning from Washinhton to Chicago. 8) Visiting St. Louis to Chicago. 10) Closing the Fair. 11) The Report to King for Columbian Exposition.

In this Papers, I translated into Korea the dialogues with Japanese Minister Yum Jean Jin and Chung Kyung Wan himself, Korean pavilion, exhibitions, the admirable system of American and European customs, American shops, American roads, American ships, American trains, American bus, American street-car, American bycycles, American hotels, American carts, and etc. For example, I will introduce that he saw the scene of petting between a man and his wife in a ship by the Papers. That is as follow.

"A man hugs his wife with his arms, and climbs up a tower as soon as his wife gets up every times on the seat. The man begins to pet his wife with his fingers in the side of her, speaking under his breath. His wife leaned on him to keep her body. After breakfast or dinner, they go around to the neighbourhood, embacing with one another. After returning to the lovely nest, they lie in the chair with lazy style. It seems to be a voice which a swallow is chatting on a girder, and a mandarin duck gathering from the South. I can not forget the scene, and them....."

Chung had many interests in female costume. I recognized that he interested especially in the female costume which was prominent (Chinese Character 凸 style) on the breast, and had a great interest for the steam engine also.

7. Yun Chi-ho's Diary

I translated into Korea Yun Chiho's Diary vol. 3 from August 12, 1893 to Oct. 14. I used the Diary as a text being published by National History Compilation Committee, Seoul, Korea, 1974. By Yun's Diary, he travelled from Washington to Chicago between August 14, 1893~Oct. 11. He called on Korean Legation, and met Philip Jaisohn in Washington for his travelling. It is said that he looked at the exhibits on Columbian World's Exposition building, and met Korean Commissioner Chung Kyung Wan by his Diary. It said that the sight of the Korean flags had a strong attraction to him from long ago. Yun had a contempt in his mind, seeing that Korean flag was not erected on the roof of Exposition building. He participated at the religious Parliament for Chicago staying. After four days of tedious ride over prairies by his Diary, he reached at Vancouver in Oct. 14, 1893 in way to Peking, China.

【참고문헌】

· 京城府 鐘路區 唐珠洞 127番地 安廓除籍謄本
· 『高宗純宗實錄』 中(探究堂, 1979)
· 『官報』
· 『大韓帝國官員履歷書』(國史編纂委員會, 1972)
· 독립기념관, 미국무부 소장, 한국관계문서
· 『美案』 1, (『舊韓國外交文書』 卷10 高麗大學校 附設 亞細亞問題研究所, 1967)
· 『承政院日記』高宗篇 12卷(國史編纂委員會, 1968)
· 『順興安氏族譜』 卷 1, 卷 5(順興安氏竹山耽津安氏大同譜所, 1980)
· 『尹致昊日記』(韓國史料叢書 第19)(國史編纂委員會, 1974)
· 『日省綠』 78(서울大學校 奎章閣, 1996)
· 『1877 丁丑 進饌儀軌』
· 『1887 丁亥 進饌儀軌』
· 『1892 壬辰 進饌儀軌』
· 『1901 申丑 進宴進饌儀軌』
· 『1902 壬寅 進宴儀軌』
· 『掌樂院樂員履歷書』 1915(大正 4年) 12月)
· 「鄭敬源文書」
· 『朝鮮』 1月號 5月號(朝鮮總督府, 1930)
· 『竹山安氏大同譜』(回想社, 1999)
· 『宗案』判尹公派(大韓民國 中央圖書館 登錄)
· 『統監府文書』8(國史編纂委員會, 1999)
· 安輔承, 『잊혀지지 않은 이들』(1988)

· 이민식, 『근대한미관계사』(백산자료원, 2001)(저작권심의조정위원회 제 c-2005-000709호)
· 이민식, 『세계박람회와 한국』(전남대학교 출판부, 2004)
· 崔承萬, 『나의 回顧綠 』(인하대학교 출판부, 1988)

· 「구한국출품위원과 만국박람회-사십삼년전의 회고담-」『신동아』 1936년 2월호.
· 安廓, 「千年前의 朝鮮軍樂」『朝鮮』 1月號(朝鮮總督府, 1930)
· 安廓, 「朝鮮雅樂曲解題」『朝鮮』 5月號(朝鮮總督府, 1930)
· 李民植, 「19世紀末 韓美關係研究」 1994年 12月 博士學位論文.
· 이민식, 「미시건 湖畔 세계박람회에서 전개된 개화문화의 한 장면」『韓國思想과 文化』(韓國思想文化學會, 2001, 9)
· 이민식, 「콜럼비아 세계박람회」『현대모터』 2002년 4월호.
· 이민식, 「여수 엑스포 문제를 계기로 살펴본 세계 박람회와 한국」『韓國思想과 文化』 제17집(한국사상문화학회, 2002, 9)
· 이민식, 「우리나라가 처음 참가한 세계박람회에 대한 연구」『대림대학 논문집』 제24집(안양 : 대림대학, 2002)(저작권심의조정위원회 등록번호 제C-2005-00710.
· 이민식, 「콜럼비아 세계박람회 조선전시실 복원문제에 관한 연구」『한국사상과 문화』 제24집(한국사상문화학회, 2004)
· 이민식, 「구미 첫 연주 국악은 황풍악」『연합뉴스』2005, 1, 7.
· 이민식, 「콜럼비아 세계박람회 악공에 관한연구」『韓國思想과 文化』(한국사상문화학회, 2005. 2)
· 이민식, 「최초참가 세계박람회 '한국관' 위치 확인」『연합뉴스』 2005, 1, 13.
· 이민식, 「개화기 한국문화의 출입구 유니온역, 시카고에서 발견」『재외동포신문』 2005년 6월 19일.

- 이민식, 「개화기에 나라의 독립을 얻으려고 미국에 간 정3품 정경원」 『재외동포신문』 2005년 6월 20일.
- 「韓國, 100년전 시카고대회 첫 참가」『朝鮮日報』 1993년 8월 6일
- 황풍악(저작권심의조정위원회 등록)

- A. A. Hart 1870 Railroad Map(Internet)
- Allen Papers
- I*nvitation to Dinner at the Auditorium in Downtown Chicago : Place Setting Souvenir of Korea Dinner*
- Ellswrth Ephemcca Box1 FF7, Chicago Public Library Special Collections Division
- Univercity Archives, Prinston University
- Place Setting Souvenir of Korea Dinner
- *Princeton University Alumini Directory* 18th edition, October 1, 1946.

- Alfred Heller, *World's Fairs and the End of Progress*(Corte Madera : World's Fair, Inc, 1999)
- *A Week at the Fair of the World's Columbian Exposition*(Chicago : Rand, McNally & Co., 1893)
- C. D. Arnold and H. D. Higinbotham, *Official Views of the World's Columbian Exposition*(Chicago : Press Chicago Photo-Gravure Co., 1883)
- David Garrard Lowe, *Lost Chicago*(New York : Watson-Guptil Publication, 2000)
- Dennis B. Downey, *A Seasons Renewal*(Connecticut : Praeger Publishers, 2000)
- Edward M. DeRouin, *Chicago Union Station*(Elmhurst : Pixels Publishimg,

2003)

· *Elivator Tower*(Chicago : Hale Elivator Company, 1893)
· Erik Mattiie, *World's Fair*(New York : Princeton Architectual Press, 1998)
· G. L. Dybward and Joy V. Bliss, *Annotated Bibliography : World's Columbian Exposition, Chicago 1893*(New Mexico : The Book Stops Here, 1992)
· G. L. Dybward and Joy V. Bliss, *Annotated Bibliography : World's Columbian Exposition, Chicago* 1893(New Mexico : The Book Stop Hehe, 1922)
· Herbert Howe Bancrot, *The Book of the Fair*(Chicago : The Bancroft Company, 1893)
· Horace Newton Allen, *Korea the Fact and Fancy*(Methodist Publishing House, 1904)
· James W. Shepp and Daniel B. Shepp., *Worlds Fair Photographed* (Chicago : Globe Bible Publishing Co., 1893)
· John Allwood, *The Great Exhibitions*(London : Studio Vista, 1977)
· John E. Finding and Kimberly D. Pelle, *Historical Dictionary of World's Fairs and Exposition, 1851～1988*(New York : Greenwood, 1990)
· John J. Flinn, *Official Guide to the World's Columbian Exposition* (Chicago : The Columbian Guide Company, 1893)
· John Zukowsky, *Chicago Architecture 1872～1922*(Munich : Prestel-Verlag, 1987)
· Moses P. Handy, *The Official Directory of the World's Columbian Exposition*(A Reference Book)(Chicago : W. B. Conkey Co., 1893)
· Rossiter Johnson ed., *A History of the World's Columbian Exposition Held in Chicago in 1893*(New York : D. Appleton and Company, 1897), vol.～Ⅳ.
· Ryan Ver Berkmoes, *Chicago*(Melbourne. Oakland. London. Paris : Lonely Planet Publications, 1998)

- Stanley Appelbaum, *The Chicago World's Fair of 1893(*New York : Dover Publications, Inc, 1980)
- The Official Directory of the World's Columbian Exposition, May 1, 1893~Oct, 30, 1893, F38MZWI 1893 D81 V.2, List of Awards (Foreign) as Copied for Mrs, Verginia C. Meredith, Chairman, Committee on Awards, Board of Lady Managers from the Official Records in the Office of Hon. Hohn Boyd Thacker, Chairman Excutive Committee on Awards, Washington. D. C.
- W. E. Hamilton, *"The Timer Saver,"*(Chicago : Rom 12, No. 283 South, Clark Street)
- *Week at the Fair*(Chicago : Rand, McNally & Co., 1893)
- Daniel Kane, "Korea in the White City : Korean Participation in the World's Columbian Exposition of 1893," *Transactions of Royal Asiatic Society of Korean Branch* vol., 77, 2002.
- http://www.roosevelt.edu/ganzhall/moreinfo.htm

찾아보기

(ㅁ)

(ㅂ)

(ㅅ)

(ㅇ)

(ㅈ)

(ㅊ)

(ㅋ)

眉山 李民植 博士의 國史 研究書

근대사의 한 장면

콜럼비아 세계박람회와 한국

저 자 | 이민식
펴 낸 이 | 육락현
표지디자인 | 박기성
편 집 | 김지숙
인 쇄 | 한진인쇄공사

인쇄 | 2006. 9. 1.
발행 | 2006. 9. 7.

등록번호 제2-1125호
등록일자 1991. 2. 11

펴낸곳 | 백산자료원
㉾100-193 서울시 중구 을지로 3가 334-1
전화 (02)2268-8668 팩시밀리 (02)2267-7710
http://www.paeksan.com
E-mail : pss1966@kornet.net

값 13,000원
ISBN 89-88435-85-0 93910

* 파본은 교환하여 드립니다.